始源の思索

ハイデッガーと形而上学の問題

田鍋良臣 *Tanabe Yoshiomi*

プリミエ・コレクションの創刊に際して

「プリミエ」とは、初演を意味するフランス語の「première」から転じた「初演する、主演する」を意味する英語です。本コレクションのタイトルには、初々しい若い知性のデビュー作という意味がこめられています。

いわゆる大学院重点化によって博士学位取得者を増強する計画が始まってから十数年になります。学界、産業界、政界、官界さらには国際機関等に博士学位取得者が歓迎される時代がやがて到来するという当初の見通しは、国内外の諸状況もあって未だ実現せず、そのため、長期の研鑽を積みながら厳しい日々を送っている若手研究者も少なくありません。

しかしながら、多くの優秀な人材を学界に迎えたことで学術研究は新しい活況を呈し、領域によっては、既存の研究には見られなかった溌剌とした視点や方法が、若い人々によってもたらされています。そうした優れた業績を広く公開することは、学界のみならず、歴史の転換点にある21世紀の社会全体にとっても、未来を拓く大きな資産になることは間違いありません。

このたび、京都大学では、常にフロンティアに挑戦することで我が国の教育・研究において誉れある幾多の成果をもたらしてきた百有余年の歴史の上に、若手研究者の優れた業績を世に出すための支援制度を設けることに致しました。本コレクションの各巻は、いずれもこの制度のもとに刊行されるモノグラフです。ここでデビューした研究者は、我が国のみならず、国際的な学界において、将来につながる学術研究のリーダーとして活躍が期待される人たちです。関係者、読者の方々共々、このコレクションが健やかに成長していくことを見守っていきたいと祈念します。

第25代　京都大学総長　松本　紘

目次

第一編　由来への帰還

第二編　将来への移行

凡例

一　ハイデッガーの著作からの引用は（　）内に略号、頁数の順で示した。略号については巻末の文献一覧を参照。
二　引用文中の強調はハイデッガー、傍線および〔　〕内の補足は引用者によるものである。
三　引用文中の〔……〕は省略および中略箇所を示す。
四　引用文中の改行は／で表わす。
五　〈　〉内は単語化しにくいハイデッガーの術語の訳語である。例えば Wovor は〈それに面して〉、Seinlassen は〈あるがままにすること〉と表記している。
六　ギリシア語の原語および訳語はカタカナで表記している。

はじめに

(1) 問題設定 ―― 始源の思索と形而上学の問題

ハイデッガーは『言葉についての対話より』(一九五三/五四年)のなかで、ある日本人に向けて次のように語っている。

問う人　この神学的な由来がなければ、私は決して思索の道へは達しなかったでしょう。由来はしかし、つねに将来に留まるのです。(GA12, 91)

この発言は、問う人・ハイデッガーが自身の思索の歩みを振り返り、その出発点がキリスト教神学にあったと述べる箇所でなされたものである。このなかで彼は、キリスト教神学という自身の思索の「由来」が「つねに将来に留まる」と謎めいた発言をしている。この発言を素直にとると、思索の出発点であるキリスト教神学の諸問題が、まだ見ぬ将来において再び回帰してくることを予言しているかのように読める[1]。だがハイデッガーの生涯を見た場合、たしかに青年期まではキリスト教の強い影響下で成長していたことは確認できるが、それが「将来」に渡って影響を及ぼし続けていたとは、少なくとも表面上からはわからない。事態はむしろ反対であったような気もする。いずれにせよ、これを受けた「日本人」の以下の発言を見れば、ここで言う「由来」や「将来」が必ずしも彼の人生行路のみを指しているわけではないことが明らかになる。

日本人　その両者〔由来と将来〕が相互に呼び合い、省慮がそうした呼声のなかに住みつくとすれば……。(ibid., 92)

ハイデッガーはすかさず、こう言葉を継ぐ。

問う人　そうすると真の現在になります。(ibid.)

「由来」がつねに「将来」に留まり、しかも両者の「相互の呼び合い」のなかに「省慮が住みつく」ことで「真の現在」が生じる。このような対話から見えてくるのはもはや単に一個人の経歴でなく、そもそも通常の時間理解ではない。将来と由来の連関のうちで現在が生起する、というこの思想は『存在と時間』(一九二七年)のなかで展開された現存在の「時間性」の議論と重なるものである。人間の現存在の存在意味である時間性において、将来とは既在する由来への帰還であり、そのなかで現在が生起する(本書第一章参照)。ハイデッガーによると、この統一的な時間性のうちで存在が理解され、存在の問いが可能になるわけだから(本書第三章参照)、由来と将来の間に住みつく「省慮(Besinnung)」とは、[2]まさしく存在の思索の歩みそのものと言えるだろう。『存在と時間』のなかで存在の意味がはじめて明確に問われたとき、ハイデッガーはすでに「全ての哲学の問い」が「そこから発源し、そこへと打ち返すところ」を見据えていた(SZ, 38, 436)。存在の問いが定位するこうした「そこからそこへ」こそ、彼の思索の全行程を貫き支配する「由来と将来」に他ならない。このような由来と将来が重なるところ、つまり存在の思索が向かう「そこからそこへ」の「そこ」にあたるものを、ハイデッガーはギリシア哲学の伝統を踏まえて「アルケー（ἀρχή）」と呼び、それを「始源（*Anfang*）」と訳している（GA22, 34）。『存在と時間』からはじまるハイデッガーの存在をめぐる思索は、この始源への歩みとして、始源の思索なのである。

　ではこのとき思索が向かう「始源」とは一体何か。さしあたりそれは「全ての哲学の問い」の始源と言えるが、そこには当然、歴史的な「形而上学の問い」も含まれてくる。周知のように「ハイデッガーと形而上学の問題」というこのテーマは、以前からハイデッガー研究上の重要な論点のひとつとして繰り返し取り組まれてきた。とりわけ近年は、いわゆる『ナトルプ報告』（一九二二年）や初期フライブルク時代の講義録など『存在と時間』公刊以前の重要な資料が大方出揃ったことにより、『存在と時間』へ至るハイデッガーの思想動向においてプラトンとアリストテレス読解の果たした役割の大きさが次第に実証的に明らかにされつつある。(3) これらの研究成果は目を見張るものであり、テキスト上の制約があった時期の研究に比して、たしかに隔世の感を抱かせるものであろう。昨今では、長らく読者を悩ませてきた『存在と時間』での独特な難語（いわゆる「ハイデッガー語」）のほとんどが、古代ギリシア哲学からの直訳であると暴露されるまでになっている。

　だがこうした研究動向は、これまで謎に包まれていた『存在と時間』成立の背景や舞台裏の「種明かし」に終始する面が強く、いきおい、ハイデッガー哲学の功績を古代哲学の新たな「復興」や「刷新」のうちに見出す傾向にある。しかしながら、たとえ『存在と時間』で語られた術語や着想の原型がことごとくギリシア哲学由来であるとしても、そのことが未完に終わったこの著作の本質と目的の解明にどれだけ寄与しうるだろうか。ハイデッガー哲学は純粋に「オリジナル」なものではなく、その源泉は古代ギリシア哲学であり、悪く言えばそのグロテスクに脚色された「コピー」ないしは「受け売り」にすぎない、ということ以外に何か決定的な事柄が明らかにされたか。実際その華々しい成果に比して、こうした研究からは『存在と時間』公刊以降の、とりわけヘルダーリン論や芸術論をはじめとするいわゆる中期以降の思想動向について、あまりうまく説明できていないように思われる。けれども、本来問うべきは『存在と時間』での優れた「哲学的」な思索と一九三〇年代半ば以降の「謎めいた」思想との間の連絡であろう。はたしてそこには一貫した連続性があるのか。あるいはかつて「転回」という語にしばしば読み込まれたように、やはり思想的な変節や断絶があるのか。

おそらくこの問題を解く鍵こそ、ハイデッガーの独特な「始源」概念にあると思われる。先ほど述べたように、存在の思索が目指す「全ての哲学の問い」の始源とは、形而上学を含む全ての哲学の問題が「そこから」発源してきた根源・由来である。この「そこから」という語を厳密にとれば、この始源は、本質上必然的に、哲学・形而上学の成立と展開に先行する次元に位置することになる。存在の探究はつねに、この先行する始源から／始源へとあらかじめ方向づけられているのである。そのことをしっかり把握しておくことが、彼の思想動向を理解し解明しようとするうえでは何よりも重要であると思われる。そこからすると、ハイデッガーが、少なくとも『存在と時間』において、古代哲学をはじめとする形而上学の学説について言及するとき、彼らの思想のうちにこうした先行する始源の根本経験の可能性、つまりそれらの本質由来を探っているとみなければならない（vgl. WM, 322）。『存在と時間』の冒頭で『ソピステス』の一節が掲げられたのも、何かプラトン哲学の忠実な「後継」や粗悪な「焼き直し」が意図されているわけではなく、西洋形而上学の始祖である偉大なプラトンにおいてさえも、存在の問いに対する「答え」が欠けているのみならず、そもそも存在がそのものとしては明確に問われていないし、それ以後の哲学史の展開においても適切な問いが一度として立てられたことはない、という今日まで続く哲学史上の「困惑」を強調するためであった（vgl. SZ, 1; KP, 239; WM, 380）。存在が問われたことがないということは、始源への歩みの可能性が閉ざされていることでもある。この歴史的にして原理的な洞察こそ、ハイデッガーをして「存在の意味への問いを新たに立てること」(SZ, 1) へと駆り立てた、いわゆる「存在忘却」の史実に他ならない。だがそれこそが、たしかに消極的な仕方ではあるものの、西洋哲学・形而上学全体を徹頭徹尾貫き支配してきた始源の根本経験そのものでもある。ここから、存在忘却というこの始源的な経験が何を意味し、どのようにして生起したのかを古代哲学にまで遡源して探究する、という『存在と時間』の研究課題が浮上する。そこに彼の西洋哲学史に対する基本的な構えの全てが結集している。ハイデッガーが存在一般の意味への問いを通じて哲学史の「解体」を提唱するのは、形而上学のはじまりと同時に決定的に隠蔽され忘却され続けてきた存在の根本経験を再び覚醒させることで、閉ざされた始源への歩みの可能性を今一度取り返し、哲学・形而上学の歴史に先立つ思索のより始源的な領域を新たに開拓せんと意図してのことである。またそれが『存在と時間』公刊以後のハイデッガーの思想動向の全てを規定し主導した根本洞察でもあろう。哲学・形而上学の隠れた始源を究明すること、それこそが幾多の紆余曲折を経てもなお晩年に至るまで情熱的に保持され続けた、彼の思索の唯一の課題に他ならない。『存在と時間』からはじまるハイデッガーの存在の思索は、終始一貫して、始源への歩みなのである。

われわれはハイデッガー自身のこうした思索課題を最大限尊重する。本書で問題にするのは、『存在と時間』公刊部の舞台背景やそこへと至る思想形成史ではなく、未完に終わったこの構想の本質と目的である。この問題設定からすれば「ハイデッガーと形而上学の問題」とはもはや、ハイデッガー哲学の独特な術語や道具立てをギリシア語からの「翻訳作業」とみなし、それを文献学的・歴史学的に整理し考証することではなく、存在の問いを手引きにして哲学・形而上学の始源へ向かおうとする彼の思想動向そのものの解明を意味する。『存在と時間』公刊部において開始され、たしかに途中まで実行されたこの始源への歩みを、ハイデッガーは『存在と時間』公刊直後に、つまりこの書の後半部分の仕上げにまさしく取り組んでいる時期に、「形而上学の基礎づけ」と呼び、それを『存在と時間』構想の本質的な目的に定めている〈本書第三章参照〉。この「形而上学の基礎づけ」こそ、ハイデッガー自身にとっての「形而上学の問題」に他ならない。ここからわかることは、『存在と時間』公刊部を主導した基礎的存在論、つまり「そこから〔伝統的な〕他の全ての存在論がはじめて発源しうる」（SZ, 13）ところ、すなわち「存在の問いの超越論的地平」の解明を狙った現存在の実存論的分析論は、ただしく「存在論の基礎づけ」にあたり、この形而上学の基礎づけ構想全体の出発点ではあるが、その全体を汲み尽すものではない、ということである。

ここで「形而上学の基礎づけ」というこの名称について、少し注意をしておきたい。「基礎づけ」といっても、それは何か老朽化して不安定になった「形而上学」という歴史的文化財を補強したり、維持・管理するために新しい土台を後から差し挟むことではなく、あるいは頑丈な基礎を打ってその上に新しい「形而上学」を構築・案出することでもない。形而上学や哲学一般、いわんや現代の諸科学はもはやそうした「基礎づけ」を必要とはしないだろう。ハイデッガーの言う「形而上学の基礎づけ」とはそのようないわば「定礎」の類いではなく、むしろ形而上学そのものの隠れた諸基礎、つまりそこから形而上学が発源し展開してきた歴史的で原理的な根拠・根源を、長い伝統のなかで凝り固まってしまった根本諸概念を解きほぐしつつ解体することを通じて、より根源的に露わにすることである。その意味でこの「基礎づけ」は、形而上学の埋もれた始源をもう一度、あたかもはじめてのように、「発掘すること」とも言い換えることができるだろう。

本書の目的は、『存在と時間』からはじまるハイデッガーの始源の思索を追究することにより、こうした「形而上学の基礎づけ」の道程の一端を照らし出すことである。始源への歩みを丹念に追い駆けることを通じてはじめてわれわれは、『存在と時間』公刊以後のハイデッガーの謎めいた思索動向を、他ならぬ『存在と時間』構想に即して明らかにできるはずである。[4] またそこからいわゆる「転回」の問題についても、思想のいかなる

「変節」や「転向」、「断絶」を意味するものでもなく、むしろハイデッガーの始源への歩みの「連続性」を示す徴表として、より根本的に捉え返すことができるようになるだろう。そのなかで『存在と時間』が途絶に終わった理由、いわゆるハイデッガーの「挫折」の問題に関しても、この構想の本質と限界という観点から検討することができるものと思われる。先取りして言えば、この「挫折」そのものがまさに「形而上学の基礎づけ」という壮大な試みの積極的な帰結であり、むしろ存在の思索の幸運な成果として明らかになるはずである。

(2) 構成

ハイデッガーにとって「始源」とは「そこからそこへ」の「そこ」として、哲学的思索の由来と将来が重なるところであると述べた。ハイデッガーの始源の思索は本質的に、哲学・形而上学の「由来への帰還」と「将来への移行」というこのいわば二重の始源への歩みを引き受けるのである。そのためこうした独特な歩み方に対応して本書の構成も大きく二編からなり、そのなかに全七章が配置される。それらの要旨を以下、簡単に述べておく。

第一編「由来への帰還」は四章から構成されている。

その出発点となる第一章では、『存在と時間』で展開された現存在分析の進展に即して、自己の「自立性」という現象の解明に取り組む。ハイデッガーは自立性という語を、およそ「自己」と呼びうるものであれば、伝統的な自我主観に対しても、また現存在の本来性／非本来性に対しても広く用いており、それがこの書における自己の本質解明を困難にさせるひとつの要因となっている。本章では、「立続け（ständig）」という語に注目することにより、これら多様に語られた「自立性（Selbständigkeit）」の本質区分を行うとともに、それら相互の連関を「基礎づけ関係」として明らかにする。この試みにより、現存在分析は近代的な自我論・主観性の基礎づけとして捉えられるが、こうした自己の自立性の究明はまた形而上学の基礎づけの端緒であると同時に、それ以後の始源への歩みがつねに立脚し続ける本来的な立場の確保も担っている。

続く第二章では一転、現存在分析における他者の問題に注目し、研究課題を「相互解放としての友情」の解明に設定する。その際、他者の本来的な可能性が開示される場面を「先駆的決意性」のなかに求め、そこから、他者との本来的なかかわりの具体的なあり方を「友の声」と呼ばれる現象に即して明らかかする。最終的に、「友情」の成立可能性を歴史的な「伝承」のうちに探るこの試みは、ハイデッガーの示唆する「道徳性の基礎づけ」の一端を明らかにするとともに、形而上学の基礎づけを遂行する際の形式的な構造・骨組みの提示をも担うものである。

第三章では、「現存在の超越」という現象の究明を通じて、『存在と時間』構想の核心をなす「存在の問い」そのものを問題にする。ポイントとなるのは、現存在の超越において露わになる「無規定的な存在者」への注目である。そこから、いかにして存在が問われまた答えられるのか、いわば存在の問い方と答え方が、時間性の超越論的な「地平的図式」を背景に浮き彫りにされる。本章の考察を通じてわれわれは最終的には、存在の問いの具体的な答えを「テンポラールなアプリオリ」という現象のうちに見出すことになる。こうした試みはまた、形而上学の基礎づけの「第一段階」に位置づけられる「存在論の基礎づけ（基礎的存在論）」の「具体的な仕上げ」に光を当てるものでもある。

第一編最後の第四章は、超越と同じく『存在と時間』公刊直後の時期に取り組まれた「神話」に関する諸問題を取り上げる。ハイデッガーが「神話」と言うとき、まさしく哲学の「由来」「始源」が念頭に置かれており、この始源的な由来との「再帰的なかかわり」のなかで、存在論と神学を根本体制とする形而上学が生起してきた、と考えられる。本章での考察を通じてわれわれは、神話問題への取り組みを存在論の基礎づけの徹底化であると同時に、形而上学における「神学の基礎づけ」をも担いうるものとして、基礎づけプログラムの第二段階にあたる「メタ存在論（形而上学的存在者論）」に位置づける。それにより、『存在と時間』構想の射程が古代ギリシア哲学に留まらず、さらにそれを越えて、遠く神話の領域にまで及んでいることが明らかになる。本章の試みは、本書全体を統括する要であるとともに、本書の試みの成否を決する試金石でもある。

第二編「将来への移行」は三章から構成されている。

第五章では、神話問題との連関を背景にしつつ、由来への帰還の最終局面で出会われる「自然（ピュシス）」の根本経験に注目する。すでにハイデッガーは『存在と時間』のなかで、自然科学の対象や道具の自然環境には汲み尽されない根源的な意味での「自然」についていくつか触れているが、『存在と時間』公刊直後からこの現象をより重視するようになる。本章では、いわゆる「自然災害」をも含む自然の根本経験が、暴力的で超力的な神的性格を帯びた「存在」として把握されることを確認し、最終的にはそれが神話問題を引き継ぐ事柄として、メタ存在論の行方に深くかかわっていることを明らかにする。

第六章では、自然の問題と連続する仕方で、存在の「隠れ」という根本動向を真理論の観点から検討する。ハイデッガーは、この隠れとの適切なかかわり方・思索の仕方を、「本来的な自由」あるいは「あるがままにすること」「放下」と性格づけている。ここに『存在と時間』構想を主導した超越論的な方法論の「挫折」と、それに定位した当初の問題設定の「限界」が見出される。けれども本章の考察を通じて、そうした事態は何ら消極的なものではなく、むしろ「形而上学の基礎づけ」としての始源への歩みに徹底したことによる積極的な成果であることが示されるとともに、この観点からいわゆる「形而上学の超克」へ向かう思想動向が跡づけられる。

そして第二編の最後であり、かつ本書全体の締めくくりにあたる第七章では、一九三〇年代中盤からはじまる一連のヘルダーリン読解に注目する。ヘルダーリンへの接近は、『存在と時間』構想の「幸運な」挫折と限界が導く新たな思索領域の探求を担うものである。ハイデッガーは、形而上学とは別様に存在を理解するヘルダーリンの詩作を通じて、「別の始源への移行」という思索の重要なモチーフを受け取る。この立場からすると、ギリシアの神話や自然(ピュシス)の根本経験は、哲学・形而上学の由来する「最初の始源」に位置づけられるとともに、将来のドイツの「別の始源」に向けて、よりラディカルな仕方で取り返されるべきものとなる。ここにハイデッガーの思索を決定づける「二重の始源への歩み」が具体的な姿で浮き彫りになる。本章の考察を通じて、形而上学の基礎づけを目指した始源への歩みが、ヘルダーリン読解を経ることで、「由来への帰還」から「将来への移行」へと変様する道程が示される。だがこの「変様」は決して『存在と時間』構想の否定や破棄、あるいは立場の撤回などを意味せず、むしろ思索の徹底が可能にした連続的な「移行」であり、われわれはそれを、『存在と時間』構想そのもののより始源的な再設定として受け取ることになる。

(3) 方法

本書は、『存在と時間』からはじまるハイデッガーの思索課題を「形而上学の基礎づけ」と捉え、その始源への歩みの解明を研究目的として定めている。その際、先ほど述べた各章の要約からもうかがえるように、従来の研究ではあまり注目されてこなかった事柄や概念(「立続け」「友情」「無規定的な存在者」「テンポラールなアプリオリ」「神話」「超力的自然」等)を考察の重要な手がかりとしている。しかしこれは何か奇を衒ったものではなく、あるいは他の研究との差別化を意図したものでもない。あくまでハイデッガーの思索と向き合ってきた筆者のこれまでの研究生活のなかで、必然的に、言うなれば事柄自身が筆者に言葉にするよう強いた結果である。そうした「事柄それ自身が要求するもの」(GA24, 467)に対して筆者は、できるだけ予断にとらわれることなく、力の及ぶ限り執拗に追い駆け続けたことにより、結果的には、あるいは既存のハイデッガー研究からは大きくかけ離れてしまったかもしれない。だがそれはむしろ、筆者なりの現象学的解釈の研究成果であり、率直に提示したいと思う。

このように本書では、比較的「マイナー」なハイデッガーの思索との始源をめぐる充実した対話あるいは対決を考察の最優先課題としている。そのため他の思想家・哲学者との比較対照や、本筋とあまり関係のない話題に拘泥することなど、議論の繊細な筋を見失わせかねないような手続きをとることはできるだけ控えている。また触れるべき二次文献・先行研究等に関しては注記し、必要ならば欄外で論を加えているが、これらについても議論展開の不要な混乱を防ぐため必要最小限に留めるとともに、本文上ではなるべく言及しないことにする。筆者は、本書を主導するこうした研究方法・方針を、他ならぬハイデッガーのカント研究の書『カントと形而上学の問題』(一九二九年)から学んだ。ハイデッガーはこの書において、カントのいわゆる「演繹論」の書き換えに注目し、そこにカントの「動揺」と「退却」を見出すことにより、当時隆盛を極めていた新カント派の主張を覆すほどの革新的なカント解釈を提示しえた。これはフッサールから学んだ現象学的方法を自家薬篭中のものにすることではじめてなしえた、ハイデッガー一流の研究成果である。もちろん同じことが筆者にできるなどとは夢にも思っていない。それでも、たとえ足元にすらおよばないにしても、本書での考察全てがハイデッガーから学んだ現象学的解釈(あるいは解釈学的現象学)の筆者なりの成果であることだけは確かである。

ハイデッガーは上記の『カントと形而上学の問題』のなかで、テキストの哲学的–現象学的な解釈を評してこう述べている。

〔……〕研究解釈は作品の隠れた内的な情熱に自らを委ね、この情熱を通じて言われていないもののうちへと入り込まされ、そして言われていないものを言うように強いられる、というつねに大胆なことを敢行できる。（KP, 202）

われわれは以下で、ハイデッガーの情熱だけを頼りに、「言われていないもの」のうちに入り込み、「言われていないものを言う」ことを試みる。これが本書を貫くモットーである。もちろん「言われていないもの」といえども、それは語られた事柄と無関係であるわけではない。そうではなく、むしろ語られた事柄それ自身を通じて、いまだ言われていない現象が現れ、まさしくわれわれが取り組むべき問題として言葉にするよう、他ならぬわれわれ自身に迫ってくるのである。『カントと形而上学の問題』が公刊されたのと同年の講義（一九二九年夏学期第二講義）のなかで、ハイデッガーが聴講者に向かって以下のように語るとき、彼はそのことを指示している。

本質的なものはしばしば、私がここであなた方に対して語るもののうちにではなく、私が黙しているもののうちに存している。このことをあなた方はしっかりと把握しなければならない。私があなた方に対して語るとき、じつに私はただあなた方に対してのみ何かを沈黙することができる。――私はここで哲学的な研究解釈を与えている、その際哲学的な諸問題のためにあなた方にぶつかっているものは、あなた方の事柄なのだ。（GA28, 354）

語られた事柄のなかにハイデッガーが「沈黙」した事柄と出会い、それをわれわれの事柄・問題としてよりラディカルに取り返すこと、そのことをわれわれは本書のなかで幾度となく繰り返すだろう。その際、ときにはハイデッガーを超えるような仕方で、あるいはハイデッガーの背後に回り込むようにして、事柄そのものへと向かうことが求められる。だがそれは決してハイデッガー自身が目撃していた諸現象の動向から離れ去ってしまうことではない。むしろこうした「大胆な敢行」こそが、ハイデッガーの書き遺した事柄の内実を適切に理解することに他ならず、それと同時にまた、彼が展開した現象学的方法を忠実に踏襲することそのものでもある。本書の考察が依拠し、その道行をあらかじめつねに導き照らすのは、あくまで現象学的な方法から掴み取られ、語り出されたハイデッガー自身の言葉である。

注

（1） ハイデッガーの思索をキリスト教神学の伝統から照らし出そうとする試みはいくつかあるが、とりわけ否定神学との関係に注目しつつ、初期から晩年までの思索を追究した研究として、茂牧人『ハイデガーと神学』知泉書館、二〇一一年を参照。

（2） ハイデッガーはすでに一九三〇年夏学期講義のなかで、「省慮」を「道の準備と確保に仕えるため」の「事柄への道」あるいは「途上にいること」として、いわゆる「道」の問題系から性格づけている（vgl. GA31, 178f.）。

（3） こうした研究に先鞭をつけたものとして以下の二つを参照。Theodore Kisiel, *The Genesis of Heidegger's Being and Time*, University of California Press, Berkeley/Los Angeles, 1993; 細川亮一『ハイデガー哲学の射程』創文社、二〇〇〇年。

（4） 轟は、『存在と時間』公刊直後のいわゆる「形而上学構想」を、『存在と時間』の「体系構想」とは別ものでありそこに何らかの思想的変節を見る従来の研究を批判しつつ、むしろそれこそが『存在と時間』構想に他ならず、何よりも「存在の問い」の必然的な展開であると主張している（轟孝夫『存在と共同 ― ハイデガー哲学の構造と展開』法政大学出版局、二〇〇七年、特に第三章参照）。本書もこの見解を共有するとともに、「存在の問い」が「根源的共同体」の思想に通じているというこの主張の帰結に対しても賛同するものである。

第一編　由来への帰還

第一章　自己——自立性について

『存在と時間』の目的を一言で言ってしまえば、「存在一般」の意味を問い、それに「時間」という答えを与えることである。それに向けた準備としてハイデッガーは、『存在と時間』公刊部の全体を使って、人間の存在を分析している。というのも、ハイデッガーによれば、人間だけが何らかの仕方で「存在」を理解しており、その「理解」も、そしてそこからなされる「存在の問い」も、またもや人間自身の存在の仕方に帰属するからである（SZ, 5ff.）。ハイデッガーは、人間に独特なこうした入り組んだあり方を強調するために、あえて「現存在（Dasein）」という術語を用いる。「存在の問い」を適切に立てるためには、まずこの問いそのものを問いうる現存在自身の存在が解明されなければならない。それが「現存在の分析論」あるいは「現存在分析」と呼ばれる試みの大意である。

それを遂行するにあたって最初に触れられるのが、「実存」と「各自性」という現存在のあり方である。実存とは、現存在がその存在においてその存在それ自身にかかわっていることであり（ibid., 12）、各自性とは、そのような実存の仕方、現存在のあり方がそのつどつねに「私のものであること」を意味している[1]（ibid.,

41f.）。こうしたいわば「各自的な実存」は、後に議論される本来性や非本来性といった現存在の諸様態全てを貫く根本規定とされ、その意味で、現存在のいかなるあり方にも通底する骨組み、いわば基礎的な本質構造にあたるものである（ibid., 42ff.）。実存する現存在がつねに「私のものである」というこの基本構造は、現存在についての一切の言及に対して人称代名詞を用いることを要求する。そのため現存在を問題にする際の適切な問い方は、「現存在とは何か」ではなく、「現存在とは誰か」とならなければならない。

この「誰への問い」は現存在分析の要所で繰り返し問われ、そのつど新たな展開を導く重要な基点となっている。その際ハイデッガーは一貫して、この問いに対し「自己（Selbst）」と答える。この答えはもちろん、実存の各自性を念頭に置いたものである。現存在分析とは要するに、各自的な自己の実存解明に他ならない。そしてその背景には、現存在の自己を「自我（Ich）」や「主観（Subjekt）」とみなしてきた伝統的な人間規定・人間観に対する、ハイデッガーなりの「批判」が存している。

近代以降の哲学あるいは心理学の伝統において、人間の「自己」は「自我」や「主観」と同一視される傾向にある。それらの本質は、「諸態度や諸体験の変化において同一のものとして一貫して保たれ、その際にこれらの多様性と関わっている」（SZ, 114）ということである。ハイデッガーによれば、こうしたいわゆる「自我同一性」の規定は、「恒常的（beharrlich）」あるいは「常住不変的（fortwärend）」と形容されてきた形而上学的な「実体」「基体」概念の本質規定そのものに他ならない（ibid.）。言うまでもなく、自己が自我主観としてこのように実体・基体概念から捉えられたのは、デカルトの「コギトの発見」に由来する。この「発見」は人類の長い歴史のなかでは比較的最近の出来事であるが、その支配力は強く、カントからフッサールに至るまでおおよそ「自己意識」を主題とした哲学はすべて、本質的にはこの「自己＝主観＝実体」という根本枠組みのなかを動いている。自己意識が自我主観として万物の基体の地位を与えられることにより、世界はこの意識が表象する単なる対象・客観となってしまった。しかしそれに付随して、主観からどのように客観へ至るのか、逆に客観はいかにして主観に知られるのか、そもそも主観は客観的な世界の「実在」をどうやって証明しうるのか、といった認識論上の問題が発生する。カントが「哲学のスキャンダル」[2]と呼んだこのアポリアを何とかしない限り、自己は世界から深淵によって分かたれたままであり、あたかもカプセルのなかに閉じ込められたような閉塞状態に陥ってしまう。それは「内面」世界という心理学の広大な領野を開きもするが、その反面、「外部」世界とのつながりを希薄にし、そのリアリティを喪失しかねない危険性をはらんでいる。

ハイデッガーが「現存在は誰か」という問いに対して「自己」と答えるとき、この自己は、いささかも世界から分離してはおらず、逆に世界の内にいること、「世界内存在」をその根本体制としている。そこには、「世界喪失的」な自我主観の支配から脱却し、肥大した自己意識の閉塞状況を打ち破ることで、人間的な現存在のリアルな実存を救い出そうとする、ハイデッガーの野心的な狙いがある。[3]それゆえ、実存する現存在の存在が「私のもの」であり「自己」であるという規定は、もはや第一義的には自我主観や自己意識を意味せず、むしろそうした伝統的な人間像・自己把握に対する批判的解体を担うものとして受けとめられなければならない。だが「批判」あるいは「解体」といっても、それは何か伝統の否定や廃棄などを意味しない（vgl. SZ, 22f.）。それどころか、「デカルトは『スム（我在り）』の存在の意味を規定していない」という洞察の下で展開される「現存在の存在論」、つまり自己性の解明は、「『コギト・スム』の不明瞭な存在論的諸基礎を明るみに取り出すこと」をひとつの積極的な課題とすらしている（ibid., 24）。ハイデッガーは、デカルトが「絶対確実な基礎」に据えた自我の存在のさらなる「諸基礎」を掘り出してみせる、と豪語するのである。この発言を裏づけるように、『存在と時間』の草稿のひとつとなった一九二五年夏学期講義では、現存在の卓抜な根本確実性としての「死の確実性」がデカルトの「コギトの確実性」よりも「真正」なものとされ（GA20, 437f.）、また『存在と時間』でははっきりと、自我や主観的意識の「明証性」「確実性」が死への先駆の確実性に「由来している」と言われる（SZ, 265）。ゆえに、こうしたいわば「根拠－発掘（Grund-Freilegung）」（ibid., 8）の意味において、『存在と時間』で展開された現存在分析は、近代的な自我論・主観性の「基礎づけ（Grundlegung）」にあたると見てよいだろう。「絶対に疑いえない」とされた自我主観・自己意識の根底をさらに疑う（問う）ことで、人間存在を最高度に疑わしきもの（問いに値するもの）としてよりラディカルに捉え返すこと、それが現存在分析に課せられた目的のひとつである。しかしながら、予告された『存在と時間』第二部第二編のデカルト編は未発表であり具体的な遂行はなされずに終わったため、この試みの詳細な内実をうかがい知ることはできない[4]。それでも、公刊部の議論がこの「基礎づけ」に向けた準備にあたるのであれば、デカルトやその継承者と目されるカントへの充実した諸言及が物語るように、その土台となるものはすでに提示されていると思われる。もちろん『存在と時間』構想全体の目的からすれば、それはいまだ「存在の問い」を仕上げるための準備作業のひとつにすぎない。だが、自己の問題系を従来の「主観－客観関係」に解消することなく、それ以前の次元へと引き戻し、より根本的な仕方で展開しうる可能性を提起しえた現存在分析の意義は、哲学史的に見て決して小さくはないだろう。

ではハイデッガーは一体どのようにして自我論の基礎づけを遂行しようとしたのか。それを解く鍵としてわれわれが注目するのは、『存在と時間』のなかで一見何気なく用いられており、そのため従来は全く注目されてこなかった「立続け（ständig）」という副詞・形容詞、あるいはその名詞形である「立続性（Ständigkeit）」という言葉である[5]。まず、自我主観は「そのつどすでに立続けに眼前するもの」（SZ, 114）と呼ばれる。ハイデッガーによれば、自我主観の恒常的－常住不変的な同一性は伝統的には、それ自身も反省によって見出されたひとつの客観的－対象的な眼前物として、自己の眼前的な「立続性」、つまり「眼前的な自立性（Selbständigkeit）」

とみなされてきた。しかし「眼前的」とは「非‐現存在的」な存在者の規定であるため、実際に実存している自己そのものを表わすには「不適切」である（ibid., 115）。これに対して、ハイデッガーが現存在分析の「適切」な端緒に据えるのは、われわれの「最も身近なあり方」としての日常性である。この日常的な自己のあり方もまた、「立続けに自己を喪失している」という意味で「非自立性（Unselbständigkeit）」と呼ばれ、やはり自己の立続性＝自立性の観点から把握されている。無論その反対可能性である「立続けに自己を獲得したあり方」としての本来性が「本来的な自立性」であることは言うまでもない。いずれにせよハイデッガーは伝統的な自我主観に対しても、実存の本来性／非本来性に対しても、自己の存在を規定する際にはつねに「立続け」というあり方に着目しており、自己の「立続性」「自立性」を引き合いに出している。このことを引用によって確認しておく。

「自我」が現存在の実存的な規定のひとつであるとするなら、この規定は実存論的に研究解釈されなければならない。〔……〕現存在がそのつどただ実存的に彼の自己であるならば、〔自我としての〕自己の立続性は、自己の可能的〔日常的〕な「非自立性」同様、実存論的で存在論的な問題設定を、自己の問題系への唯一適切な通路として要求する。（SZ, 117）

ハイデッガーは、自我主観としての眼前的な「自己の立続性＝自立性（自我同一性）」であっても、日常的な自己の「非自立性」であっても、「自己の問題系」へと適切に接近するためには、現存在分析の「実存論的で存在論的な問題設定」が欠かせないと言う。ここでは言及されていないが、本来的な自立性についても同じことが言えるだろう。そうであるなら、現存在分析における自己の「自立性」の議論を、「立続け」というあり方に注目して追究することにより、ハイデッガーの目論む自我主観の基礎づけの道程が解明できるはずである。ひいてはそれが形而上学の基礎づけを目指す、『存在と時間』構想全体の解明に向けた第一歩になるとも思われるが、こうした観点から自己の自立性を究明した試みは管見では見受けられない。「立続け」や「立続性」がいまだハイデッガーの重要な術語として捉えられていない限り、それは当然であろう。

そこで以下の考察では、『存在と時間』において語られている自己の自立性を、「立続け」という語に注意しつつ、現存在分析の進展に即して解明することを通じて、自我論・主観性の基礎づけの道筋を探ろうと思う。手順としてまずは、日常性おける「非自立性」を確認し（第一節）、つぎに不安において開示される「本来的な自立性」の本質を「実存論的自同性」として捉えることで、各自的な自己の全体構造である「慮り（Sorge）」を明らかにする（第二節）。そして最後に、現存在の時間性のうちに自立性の直接的な根源を求めることにより、本来的な自立性が伝統的および日常的な自己の基礎にあたることを論証する（第三節）。本章の試みを通じて、実体的な「自我の同一性」の存在論的な根拠に実存的な「自己の自同性」を見出すハイデッガーの洞察を跡づけるとともに、『存在と時間』構想全体を貫く現存在の自己の基底的な立場を浮かび上がらせたい。

第一節　日常性における自己――世人の非自立性

(1) 日常的な自己理解

「日常性」の分析は、既述のように、現存在分析の出発点に位置する。日常性とは、われわれが「さしあたりたいてい」世界の内で存在している「最も身近な」あり方であり、「無差別性」によって特徴づけられる。無差別性とは、ハイデッガーの規定によれば、本来性／非本来性といった実存の特定のあり方がいまだ区別されていない状態、現存在の「平均性」を指す（vgl. SZ, 43, 53）。ハイデッガーはこうした無差別的で平均的な日常性を、「世界一般の構造」や「世界性」といった、「事実的な現存在のいかなるあり方においても、存在規定的なものとして一貫して保たれている本質的諸構造」（ibid., 17）、すなわち、実存のいかなる様態からも中立的でアプリオリな「実存カテゴリー」を取り出すための手がかりとしている。

その端緒で注目されるのが、「諸物」をあらわすギリシア語「プラグマタ（πράγματα）」である。この言葉は諸物が「プラクシス」、つまり「行為」において出会われていることを暗示している。ここからハイデッガーは諸物の「特殊に『プラグマティック』な性格」（ibid., 68）に注目し、有名な道具分析を展開するわけだが、その成果は後にプラグマティストたちの共感を呼ぶようにもなる。[6] だが本章にとってはこの先の議論が肝心であるため、詳細な議論は避け、重要なポイントのみを以下五点に要約するに留める。①ハイデッガーは「プラグマティックな性格」をもつ諸物を「道具」とみなし、道具とかかわる行為的なあり方を「配慮」と名づける。②配慮には独特な物の見方「配視」が備わっているが、それは「行為がその視をもつ」（ibid., 69）ためである。③道具を性格づける〈～するため（um-zu ...）〉という行為の視点は、様々な道具の指示連関を導き、現存在の環境全体を秩序づけている。たとえば靴は履物として「履くため」に使用され、さらに靴の使用は「歩くため」の道路を指示し、道路の使用は「学ぶため」の学校を指示する。④それゆえ配視のなかで得られる存在者の「理解」は、そのつど「～ができる（können）」という行為の可能性に向けて自分の存在を「企投」することに基づく[7]（ibid., 143; GA20, 412）。⑤この道具の指示連関・趨向連関を最後までたどっていくと、最終的にはもはやいかなる指示もないところ、つまりすべての行為がそれを目指してなされる究極的な「何のために

（Worumwillen）」へと帰着する。

ハイデッガーはこの「何のために」にあたるものを、われわれ現存在の自己であると言う。すると道具の指示連関とは畢竟、この自己自身を目的とした「意義づけ連関」となるが、[8] ハイデッガーはその全体を「有意義性」と捉え、「世界一般の構造」を規定する「世界性」として概念把握している。注目すべきはこのときの自己理解の仕方である。日常性において現存在は、自己自身を直接理解してはおらず、そのつどのかかわる道具から間接的に「反照的」な仕方で理解している[9]（vgl. SZ, 15f., 119）。しかしこのように理解された自己は、「自己」といえどもすでに特定の誰かではなく、「人がそれ自身をたいていは区別していないような人々、人もまたそのうちにある人々」（ibid., 118）という意味で、不特定多数な「他者たち」でもある。自己も他者も道具の使用者として、または仕事の従事者として、道具から間接的に理解されている限り、そこにはいまだ本質上の区別はない。たとえば靴のサイズやハンマーの種類は、それだけで直ちに使用者本人を特定しうるものではなく、用途に応じて使い勝手がよければ誰が使おうと基本的には「誰でもいい」のである。

ハイデッガーは、道具の配慮から理解されたこの「誰でもその代わりとなれる」ような他者たち、つまり自他の本質区分を欠いた日常的な現存在のことを、「中立的な者、世人」（SZ, 126）と呼ぶ。そうすると共存在としての現存在は本質的に、自己だけでなく「他者たちのために『存在する』」（ibid., 123）ことになる。日常的な現存在の行為は、無差別的な他者たちの「ために（umwillen）」、匿名の世人を目的にしてなされるのである（ibid., 129）。こうした他者との目的的なかかわりは、道具の配慮との区別において「顧慮」（ibid., 121）と呼ばれ、ひとつの実存カテゴリーとして析出されている[10]。

(2) 非自立性

けれどもこのような自他の無差別性にも拘わらず、道具の配慮をめぐって生じる他者への顧慮において、現存在は他者たちとの「区別」をたいていの場合気にしている。われわれには「他者たちとの区別についての慮りが立続けに存する」(SZ, 126)のである。ハイデッガーは、他者との共存在において「立続け」に気にかけられているこうした区別の存在を、現存在の「離立性(Abständigkeit)[11]」と呼ぶ(ibid.)。だがそれは単なる空間的な「間隔」のことではなく、実はこの離立性こそが自他を平等化・平板化へ強いており、現存在の独自性を根絶やしにするまさしく「立ち枯れ(abständig)」の実存的な由来に他ならない。われわれは他者たちの振舞いをつねにチェック・監視しており、「世間」から逸脱しないように(たとえば「流行」に遅れないように)、要するに「目立たない」ように自他の行為を規制する。ここには世人への立続けの「隷属」傾向が潜んでおり、それが日常的な平均性・無差別性を先行的に特徴づけている(vgl. ibid., 127)。われわれはこうして、ほとんどそれと気づくことなくいつの間にか、「誰でもないゆえに誰でもある」ような世人の支配下に入ってしまっているのである。

このように世人は「常識」とかいわゆる「世間の空気」を押しつけることで現存在の振舞いを拘束している。だがその反面、世人の支配は現存在にとって都合のよいものでもある。なぜなら、われわれは世人の意見、「世論」や「時代の声」等に従うことで、自分のそのつどの責任を放棄し、全てを他人に委ねてしまうことができるからである。日常的な判断、物事の被解釈性の一切はあらかじめすでに世人が下しており、その世人も特定の誰かではないわけだから、いつまでも「世人は立続けに、『人』が世人を証人として呼ぶことをいわば提供する」(ibid., 127)ことができる。本来は誰もが「責任」を有するはずなのに、結局誰も責任を取ろうとしない、この世人なるものは、責任の所在が曖昧な無責任極まる存在であるとも言える(vgl. ibid.)。世人支配に追従し、それ自身も一人の世人として振舞う日常的な現存在は、他ならぬ独自な自己のいわば「自己責任(Selbstverantwortung)」というものをつねにすでに放棄している。ここでは、「現存在とは誰か」という問いは、その本来的な「答え(Antwort)」を立続けに失い続けているのである。

ハイデッガーは、こうした自己喪失的なあり方をしている日常的な現存在のことを端的に「世人自己」(ibid., 129)と呼び、ここにこそ現存在の「最も身近な『立続性』」(ibid., 128)が見られると指摘する。その意味するところは、直後に「この立続性は、何かの恒常的な眼前存在ではなく、現存在の共存在としてのあり方に関係している」(ibid.)と言われているように、もはや自我主観の実体的な同一性を意味せず、むしろ世人のあり方では独自な自己がそのつどつねに「いまだ見出されていない、ないしは喪失されてしまっている」(ibid.)ことを指している。それでもこの場面で、「世人が非自立性と非本来性という仕方で存在している」(ibid.)ことのうちに、一層誇張して言えば、世人自己の離立性における「非自己-立続性(Unselbst-ständigkeit)」のうちに、われわれの注目している自己の立続性=自立性は、消極的な仕方であるとはいえ、たしかに看取されている。けれどもこの立続性はあくまで、「目立たなさ」「手頃さ」「居心地のよさ」を通じて、本来的な自己の存在を立続けに隠蔽し、偽装するほどに強力な世人の支配体制を構成するものである。それゆえハイデッガーは本来的な自己の自立性を取り戻すために、こうした「目立たないほど堅固で強力な」世人の立続けの「偽装を破り裂く」(SZ, 129)必要性を強調するわけだが、まさしくそのなかで、本章にとって決定的なことが以下のように指摘されている。

本来的に実存する自己の自同性は、体験の多様性において一貫して保たれている自我の同一性からは、あるひとつ

の裂け目を通じて存在論的に分離されている。（SZ, 130）

ここでハイデッガーは、本来的な実存の「自己の自同性（Selbigkeit）」と実体的な主観の「自我の同一性（Identität）」とを存在論的‐実存論的に区別している。現存在分析における自我主観の基礎づけを追究しているわれわれにとって、「裂け目」と呼ばれるこの区別は極めて重視すべきものであるが、それが一体何を意味するのか、この指摘だけでは不明瞭である。それを明らかにするためわれわれは次節以降、自己の本来性の開示の仕方に注目していく。

第二節　本来性における自己――本来的な自立性

⑴ 不安と実存論的自同性

ハイデッガーは自己の本来性を開示するために、まずは現存在の本質構造をなす気分、理解、語りといった「諸開示性」の分析へと向かう（vgl. SZ, §28–§29）。その結果浮上するのが、「諸開示性の根源的な全体性」あるいはその「設計図」としての「慮り」である（vgl. ibid., 181）。ハイデッガーの見通しでは、この慮りの開示と共に「現存在は、それ自身が確かな仕方で単純化されて接近可能になる」（ibid., 182）はずである。しかし諸開示性は、さしあたり日常性への頽落傾向にあるため、強力な世人支配の下では、自己はたいてい世人自己として無差別的に理解されてしまう。そこでこうした強固な頽落傾向に対するいわば抵抗点として注目されるのが、

「不安」という根本情態性である。不安は類似した気分である「恐れ」との対比において、その卓抜な実存論的性格を露わにしてくる。

ハイデッガーによると、恐れとは「内世界的」な存在者について現存在が抱く気分である。われわれは何かを恐れるとき、すでに〈それに面して（Wovor）〉いる。われわれは自己の存在の〈ために（Worum）〉それを恐れ、そこから立ち去ろうとする。このとき恐れを感じさせる何かは、私を「脅かすもの」として明確に意義づけられ、規定されている。その意味で恐れとは、たとえどれほどの驚愕であろうとも、あくまで世界の有意義性から生じてくる日常的な気分と言える（vgl. ibid., 140ff., 341）。それに対して不安は恐れのような明確な対象を持たない。不安においてわれわれを脅かすものはつねに無規定的で漠然としている。不安の〈それに面して〉は眼前にも手許にも「どこにもない」。逆に言えば、「それ」を理解するためにはあれこれの存在者は完全に「無意義」であり、全く「重要ではない」（ibid., 186）。不安が開示するのはこうした「無」としての世界、「無意義」にして「無気味」な世界なのである。だがそうはいっても、不安においてあれこれの存在者やまして世界そのものがどこかへ消失してしまうわけではない。いやむしろ逆に、一切の規定や意義づけを拒絶するという仕方で、つまり徹底的な沈黙を強いるなかで世界は、「胸をしめつけ、息がつけなくなるほど近くに」（ibid.）肉迫してくる。まさしく、「不安の〈それに面して〉は世界そのものなのである」（ibid., 187）。このとき世界はそのものとして、日常的な曖昧さのベールの一切をはぎとられ、無に限界づけられながら、いわば「無常[12]」とでも形容すべきむき出しの様相を「直接的」（ibid.）に曝している。

そしてそれとともにここでは、これまで自明的であった世人自己としての自己理解もまた得られ難くなっている。なぜなら、そこでは世界の有意義性や道具の趣向性全体がもはや「それ自身において崩壊している」（ibid., 186）ため、道具や世人の被解釈性から間接的に自己理解を得るという馴染みの通路が寸断されてしまっているからである。「不安はこのようにして現存在から、頽落しつつ『世界』と公共的な被解釈性から自分を理解するという可能性を奪い取る」(ibid., 187)。現存在はここで日常的な自己理解が得られず、不安を抱く自分自身の存在の〈ために〉当惑し、狼狽せざるをえない。一切の肩書とともに、文字通り自己理解の「自明性(Selbstverständlichkeit)」を喪失するまさにそのとき、「現存在とは誰か」という件の問いは最高度に先鋭化され、その答えは極めて「不確かな(fragwürdig)」ものとなるのである。だがこの自己への問いは、ハイデッガーの次の指摘によって直ちに答えられる。

けれどもこの世界は存在論的には本質的に世界内存在としての現存在の存在に属している。したがって不安の〈それに面して〉としての無、つまりは世界そのものが明るみになるなら、そのことは、不安が不安がる〈それに面して〉は世界内存在それ自身である、ということを意味している。(ibid., 187)

不安が直接開示する世界そのものは、現存在の根本体制「世界内存在」を構成している。それは自己の本質構造であるから、不安の〈それに面して〉とは不安がる自己自身の存在と言うこともできる。もちろん既述のように、このときの自己を道具や周りの環境から間接的に理解することはできない。その現れ方は、世界同様、自己自身に向けた直接的な開示なのである。そのなかで何らかの自己理解もたしかに得られているとは言える。が、この理解を導く企投の向かう先、つまり自己が〈それのために〉不安がる理由もまた、他ならぬ自己自身の存在であった。そうすると不安において、自己は自己自身に〈直面〉しつつ、自己自身の〈ために〉不安がるということになる。不安の〈それに面して〉と〈それのために〉は同じ自己自身なのである。このことは、この両者が明確に区別された恐れの気分とは対照的である(ibid., 188)。さらに不安の現象をより詳細に見れば、不安は不安が開示するもの(自己の存在)のうちに属している情態性であるから、不安の開示作用と同時に開示する不安自体もまた開示されてしまっていることが分かる。要するに不安において、開示するものと開示されるものは同時に「同じもの（das Selbe）」として現れるのである。ハイデッガーは、不安がはじめて赤裸々な仕方で露わにする「自己（Selbst）」のこうした卓抜なあり方を「実存論的自同性」と呼び、ここに現存在の本来性にとって本質的な「個別化」を指摘する（ibid.）。この個別化を通じてようやく自己は、他者との本質的な区別を獲得することができ、世人支配による自己喪失的な非自立性から脱却しつつ、「本来的な自立性」に向けて解放されうるようになる。つまりそこではじめて本来的な自由を手にする可能性が開かれるのである。[13]

けれども現存在はたいていの場合、こうした非日常的で「異常」な状況には耐え切れず、名状し難い世界そのものの現れや、自己の本来的な可能性から「離反」することで「逃避」をはかろうとする（ibid., 184f.）。不安のなかで自己自身と向き合うことのうちにはすでに、そこから逃避する可能性、すなわち非本来的な頽落の可能性も開示されている。ハイデッガーは、不安において殊更に露わになる現存在のこうした逃避傾向にこそ、日常性への頽落を特徴づける「閉塞性」が存していると言う（ibid.）。つまり、執拗に無差別化を強いるあの世人支配は、実は現存在自身の自己逃避的なあり方に根づいていたと言うのであるが、そのこと自体が逆に、不安が日常性にとっての根本気分であることを証している。不安は稀な経験として、たしかに日常性からは隠される傾向にある。にも拘らず、「〔不安の〕無気味さは現存在を立続けに追い立てており、明確ではないにしろ世人への彼の日常的な〔自己〕喪失性を脅かしている」（ibid., 189）のである。加えて、不安そのものが根本情態性として自己の本来性に属することを考えれば、不安のこの立続性としての「立続けの追い立て」という性格は根本的には、自己の本来的な自立性に由来するものと見て差し支えなかろう。本来的な自立性は非自立的な世人自己を立続けに追い立て、脅かし、揺さぶり続けることを止めない。その沈黙の無気味な「呼声」が世人支配の間隙をぬって自己自身に届くことは滅多にないけれど、「〔本来的な〕自己の立続性は〔……〕頽落の非自己‐立続性に対する本来的な対抗可能性なのである」(ibid., 322)。そうすると、世人が立続けに本来性を隠蔽するのは、立続けの脅かしというこの「本来的な対抗可能性」から日常性自身を防衛するため、と言えるだろう。しかしそれは裏を返せば、非本来的な自己の立続性＝非自立性が、根本的には、本来的な自己の自立性からの消極的な発源形態であることを暗に示している。その意味で、非‐自立性の否定辞「非‐」とは、本来的な自立性から離反し、それと対抗することを通じて、それ自身の独裁体制を維持・強化しようとする、世人支配の本質由来を密かに告示する語である。

(2) 慮り構造

不安のもたらす個別化は今や、本来性と非本来性という実存可能性を明確に「区別[14]」するとともに、現存在を両者の面前にもたらしている(vgl. SZ, 191)。ここで現存在は、自己を獲得するのか(＝本来性)、それとも喪失するのか(＝非本来性)、自己選択の決断を迫られる。前者だと世人支配に抗うことになり、後者だと屈することになる。この状況は、両者の区別自体が隠され曖昧にされたままの日常性とは、明らかに異質な実存状況と言える。ここで注目すべきなのは、選択の結果がどうであろうと、いずれにせよこのとき現存在は自己の最も独自な実存可能性とかかわっているという点である。ハイデッガーはこうした「可能性とのかかわり」自体を、現存在が企投のなかで自分自身の「存在可能」を気にかけること、つまり「～が肝心であること(es geht um ...)」と捉え、各自的な実存の本質構造として取り出している。そしてこれと連関して突然、「それ自身に先立つ」という現存在のあり方が以下のように指摘される。

最も独自な存在可能への自由存在と、それとともに本来性と非本来性の可能性への自由存在は、不安における根源的で基本的な具体化のうちで現れている。だが、最も独自な存在可能に関わっている存在が存在論的に意味していることは、現存在はその存在においてそのつどすでにそれ自身に先立って存在していることである。(SZ, 191)

この「それ自身に先立つ存在(Sich-vorweg-sein)」は直後に、「それ自身を超え出ること(über sich hinaus)」とも言い換えられる。だが「それ自身に先立つ」とか「それ自身を超え出る」といっても、それは自己自身の個別化にかかわる動性であるから、自己とは異なる何か別のものへと越え行くことではない。むしろそこには、「現存在が自分自身に引き渡され、そのつどすでに世界の内に投げ込まれていること」(ibid., 192)、すなわち被投性が属している。というのも、現存在がそこに向けて自身を企投する諸可能性とはつねに、「現存在がそのうちへと投げ入れられてしまっている」事実的な諸可能性に限られているからである(ibid., 284)。「実存する現存在は決して彼の被投性の背後に帰来することはない」(ibid.)。さらにハイデッガーは、ここで越えられる「それ自身」のことを、他者と無差別的な「世人 - 自己の意味での自己」(ibid., 193)とみなしている。したがって、「それ自身に先立つ」とは要するに、世人支配からの解放と本来的な自己の取り戻しという上で見た不安の現象を、自己の側から捉え返したものと言うことができるだろう。不安に襲われる現存在は、世人自己を企投的に越え行きつつ、同時に本来的な自己自身へと被投的に「引き渡される(überantworten)」。つまり、現存在が世人を「超え出る(überhinaus)」なかではじめて「誰への問い」はその最も独自な「答え」を受け取ることができる。日常的に放棄され続けてきた自己の「責任」は、不安を通じてようやく本来的に理解され引き受けられうるのである。だがそこにこそ、独自な自己から離反し、再びあれこれの存在者の許へと向かうあの頽落の可能性も存していた[15]。

ハイデッガーは不安を通じて露わとなる以上のような自己の動的諸契機（企投・被投性・頽落）を、「（内世界的に出会う存在者の）許での存在として－それ自身に先立って－すでに（世界の）内に存在すること」と統一的にまとめ上げ、それを「現存在の存在論的な構造全体の形式的に実存論的な全体性」、要するに、自己存在の全体構造とみなし、「慮り」と名づけている[16]（ibid., 192）。この慮り構造こそ先に触れた、諸開示性（理解・気分・語り）の全体構造であり、現存在を見通すための「設計図」と言われたものに他ならない。自分自身の可能性をいつもすでに気にかけている自己の実存は、本来性／非本来性に拘わらず、その本質においてつねにこの慮り構造のうちに保たれている。それはまさしく、現存在のいかなる様態にも通底するとされた、各自性の実存論的構造そのものと言えるだろう（vgl. ibid., 42f.）。

けれども、先ほど同じく自己の本質として見出されたのは、不安において露わとなる「実存論的自同性」であった。さらに前節の最後では、こうした実存的な「自己の自同性」が実体的な「自我の同一性」と区別されてもいた。そうすると、今明らかにされた慮り構造とこれらの関係は一体どうなっているのか。このことが問題となる。それを考えるうえで重要な指摘が、慮りを論じたこの同じ箇所で以下のようになされている。

それゆえ慮りとはまた、自我の自我自身との孤立した関係を第一義的にもっぱら意味しているわけでもない。配慮や顧慮との類推から、〔慮りを〕「自己慮」と表現するならばそれは同語反復であろう。慮りが自己との特殊な関係を意味しえないのは、この自己が存在論的にはすでに、それ自身に先立つ存在を通じて性格づけられているからである。（SZ, 193）

ここには慮りというあり方の、配慮や顧慮に対する卓抜さが表明されている。配慮は非現存在的な存在者との関係であり、顧慮は他者との関係であった。両者とも、現存在が自己とは異なるものとかかわる際の関係である。ハイデッガーは、これらから類推して、自己を気にかける「慮り」を「自己慮（Selbstsorge）」と呼ぶことは「同語反復」であると言う。それはつまり、慮りにおける自己の「可能性とのかかわり」が他の関係に比して何か特別なものであることを意味している。それは何か。ここで注目すべきは、関わるものと関わられるものとの区別の存在である。そもそも何かと何かとの間に何らかの「関係」が成立するためには、その前提条件として両者があらかじめ区別されていなければならない。配慮される物は現存在とは異なるものとして「非現存在的」と呼ばれていたし、顧慮される相手は自己との「離立的」な区別における「他者」であった。それゆえ、慮りがこれら配慮や顧慮のように「特殊な関係を意味しえない」ということは、自己自身の「可能性とのかかわり」にはこうした特定の区別が存しないということでもある。この区別のなさこそ、特定の区別を前提にした配慮や顧慮と決定的に異なる慮りの独自な点と言える。そしてそれこそが、先に見た自己の本質をなす実存論的自同性に他ならない。不安を抱く自己は自己自身に直面しつつ自己自身のために不安がるのであり、これら全ての「自己」は区別しえぬ同じ自己自身なのである。この観点から見れば、先に慮り構造を特徴づけた企投と被投性の統一、つまり「それ自身に先立って－すでに世界の内に存在すること」も、世人を「越え行くもの」とそれ自身を「引き受けるもの」とが同じ自己自身であること、と捉え返すことができる。いや、こうした自己の動的な統一性それ自体がすでに実存論的自同性に基づいている、と言うことすらできるだろう。

ここからさらに、実存的な「自己の自同性」と実体的な「自我の同一性」との「裂け目」と言われた存在論的な区別の意味も明らかになる。先ほどの引用でも言われていたように、自我の同一性とは「自我の自我自身との孤立した関係」として、多様に変様する諸体験間の眼前的な区別を通じて一貫して保たれる「眼前的な自立性」である。他方、不安のなかで露わになる自己の自同性は、このような「自己関係」ではなく、そもそも客観的には区別しえない自己の「実存的な自立性」であった。しかしそうはいっても、ハイデッガーによれば、実存論的に把握されたこの自己の自己性（Selbstheit）・自同性は自我同一性に反対する対立概念などではなく、むしろ「自我（私）-自身（Ich-*selbst*）」という言い回しにも見られるように、こうした実体概念自体の「可能性の前提」を担うようなより根源的な自己のあり方を意味する（vgl. SZ, 318; WM, 157; GA26, 241ff.）。つまり、実存的な「自己の自同性」は実体的な「自我の同一性」の存在論的な根拠にあたると言うのである。そもそもそれ自身が自同的で自立的な自己でなければ、自我同一性を保持するどころか、それ以前に多様な諸体験を客観的に区別することすら覚束ないだろう。(17)

第三節　根源性における自己——自立性の根源としての時間性

(1)「自立性」の二重の意味——立て続けに-立ち続けること

以上の考察から得られた「自立性」に関する結論はさしあたり次のようになる。すなわち、実体的な自我主観の同一性＝眼前的な自立性も、世人自己の非本来的な自立性＝非自立性も、それぞれ異なる仕方ではあるが、根本的には本来的な自立性に基づく、と。そうするとここで、①自我主観の自立性と世人自己の非自立性との関係はどうなっているのか、②この両者はそれぞれどのような仕方で本来的な自立性から生じてきたのか、という二つの問題が持ち上がるだろう。以下では引き続きこれらの解明を目指すが、それをより明瞭に遂行するためにあらかじめ、ハイデッガーが「自立性」というこの言葉そのものに込めた本質的な「二重の意味」について確認しておくことが有効である（vgl. SZ, 322）。ひとつ目は、「立て続けの自己」という意味である。それは、自己の継続的な（beständig）時間性格を表している。もうひとつは、「自己が立場を獲得してしまっている（Standgewonnenhaben）」という意味である。これは「その立場に立ち続ける自己」という意味で、自己の滞留的な場所性格を表している。しかしこれらはあくまで、「自立性」という同じ自己の現象を構成する二側面であるから、言うなれば、「自己が継続的に確固たる立場に留まること（die besändige Standfestigkeit）」（ibid.）として、より事柄に即して言えば、「自己がそれ自身の立場に立て続けに-立ち続けること」として統一的に把握されなければならない。[18] われわれはここに、いわば「現時」と「現場」という「現」の二重性格からなる「現-存在」の本質構造を読み取ることができるだろう。

ハイデッガーは以上のように自立性の二重の意味を整理したあと、われわれの考察を方向づける決定的なことを口にする。

> 完全に概念把握された慮り構造は、自己性の現象を内包している。その解明は、現存在の存在全体性がそれとして規定された慮り、この慮りの意味を研究解釈することとして遂行される。（SZ, 323）

慮り構造としての「自己性の現象」、すなわち本来的な自立性は、[19]「慮りの意味」の解明を通じて、ようやくその根底から明るみへともたらされると言われている。ハイデッガーの言う「慮りの意味」とはもちろん、現存在の根源性として解釈される根源的時間性を指す。したがってこの指摘は、自立性の根源は時間性の解明を通じて明らかになる、とも言い換えることができる。そうであるなら、先ほどの自立性に関する二つの問いは、根源的時間性の解明をまってはじめて十分に答えられることになるはずである。

(2) 自立性と時間性

a 自立性の根源としての時間性 —— 超越論的同時性

ではいかにして時間性は本来的な自立性の根源と言えるのか。仮にそうだとしたなら、本来的な自己理解においてすでに何らかの時間性格が現れていたはずである。本来的な自己が直接的な仕方で開示され理解されるのは不安においてであった。そのなかで自己の自立性、すなわち「立て続けに - 立ち続けること」の本質は、実存論的自同性として明らかにされた。そのときこの自同性は、不安における開示するものと開示されるものとが「同時に」同じ自己であることを意味する、とわれわれは先に強調して述べた(本書29頁以下参照)。「同時に」とはまさしく時間規定に他ならない。そうするとこの語がここで指し示すものこそ、本来的な自立性の本質にかかわる時間性格ということになる。しかしながら一見したところ、『存在と時間』のなかで「同時に」というこの語は語られていない。けれどもそのことが直ちに考察の見当違いを意味するわけではないだろう。われわれはあの場面で、たしかにこの語が指し示す現象と出会っていたのである[20]。本書の冒頭で述べたように、語られている事柄から語られていないものを見てそれを言葉にすることこそ、哲学的・現象学的な解釈に独自な研究方法であるとするなら(vgl. SZ, 21; KP, 202; GA21, 406)、われわれはこの語に強いられるままに事柄それ自身へ近づき、それをより鋭く語り出さなければならない。一体あの場面で、「同時に」というこの言葉は何を意味していたのか。またそれは本来的な自立性といかなるかかわりをもつのか。

この現象が垣間見られた実存論的自同性とは、慮り構造の本質として特定の区別を前提としないものであった。したがって今問われている「同時に」という現象は、たとえば「同時刻に」区別可能な複数の私が、いわゆるドッペルゲンガーのごとく、現在眼前に並立しているような自己分裂的事態ではない。その場合に成立する「同時性」とは、現前する者たちの間の「同時刻性」を意味しており、それはハイデッガーの議論にしたがえば、存在者の「内時間性」に基づく「今連続の純粋継起」という通俗的時間概念に依拠した時間理解である(vgl. SZ, §80)。またこの場面では「それ自身に先立つ」という動性も、個別化との連関で指摘されていた。この「先立ち」は現存在分析を導く超越論的な先行性と理解しうるから(vgl. ibid., 38)、この次元で現れる同時性とは、自己の自同性を個別的にアプリオリな仕方で構成しているいわば超越論的な時間現象と言える。裏面から言えば、同時性が超越論的に現れるところでのみ自己は不二の存在として唯一的に現出しうるのであり、先立つものにとって引き受けるものは一回限りのこの同じ自己自身であるということになる。このとき同時性は、企投の「先立ち」と被投性の「引き受け」とを同じ事柄として、言うなれば両者を結合する役割をしている。もちろん「結合する」といっても、それは眼前的に区別された別々のものを事後的に連結することではなく、より厳密に言えば、「先立ち」がそのまま同時に「引き受け」となること、いわば自己性の時間的な「同－化」現象を意味する。この「そのまま同時に」と言われる統一的な同－化現象のなかではじめて区別しえない自己の自同的な自立性が獲得されるわけだから、超越論的同時性とは自立性が成立するためのまさに可能性の条件と言えるだろう。本来的な可能性への企投的な先立ちは、そのまま同時に、被投的な自己自身への立ち帰りを担うのであり、この立続けの統一的な動性そのものが自己の自同的な自立性の確保をアプリオリに保証しているのである。

ハイデッガーは、自立性の根本でつねにすでに作動しているこうした超越論的な動性のことを、「それ自身をそれ自身へ到来させること(*Zukommen*-lassen)」と言い表し、この自己到来を指して「将来(*Zukunft*)」と名づける(ibid., 325)。そしてこの将来が向かう自己の被投的な存在を「既在性」と呼び、この既在性と将来との連関について以下のように指摘している。

> 現存在が、そもそも私は既在的－であるとして存在する限りでのみ、現存在は帰－来するという仕方で自分自身へと将来的に到来しうるのである。本来的に将来的に、現存在は、本来的に既在的である。〔……〕現存在が将来的である限りでのみ、現存在は本来的に既在的でありうる。既在性はある仕方で将来から発源している。(ibid., 326)

本来的な自己への将来は同時に、既在する自己自身への帰来である。そのなかで同時性は、将来と既在性という現存在のあり方を超越論的に同－化している。さらに、この「既在しつつ将来する」という一連の動性から、「環境的に現前するものを行為的に出会わすこと」としての「存在者の現在化」も生起すると言われる(SZ, 326)。ハイデッガーは、こうした「既在しつつ現在化する将来」という統一的な動性を指して「時間性」と呼ぶのだが、先ほど「慮りの意味」と言われたように、この時間性の析出自体が慮り構造に即してなされている。そのため、時間性を構成する「それ自身へ（将来）」「それ自身に帰る（既在性）」「その許で出会わせる（現在）」といった三つの動性もさしあたり、慮り構造の三つの構成契機「企投」「被投性」「頽落」に対応したものである。それゆえ「既在性は将来から発源する」と将来の「優位」(ibid., 329) が主張される限り、企投もまた他のあり方に比して第一義的なものとみなされていることになる。

　さらにハイデッガーはこれら三つの動性を時間性の「諸脱自態」と捉え返し、将来優位に基づくそれらの統一的なあり方を、「現存在は、なお存在しつつ、すでに存在した、すなわち既在しつつ立続けに存在している」(ibid., 328) と言い表す。時間性と慮り構造との対応関係を考えると、この「立続けの存在」が自己の自立性と連関することはもはや疑いえないだろう。この指摘は、時間性が自己の自立性のまさしく立続けの動性に他ならないことを示している。それゆえ、諸脱自態の動的な統一性を指して、「時間性は存在するのではなく、時熟する（sich *zeitigt*）」(ibid.) と言われるとき、このsichという再帰代名詞のうちに、諸脱自態のなかで「立て続けに‐立ち続ける」自己の自立性を読み取ることは、たしかに強引ではあるが、付会な解釈ではないだろう。そうであるなら、この「時熟」は「自己を熟させる」という意味で自己化・自立化の根源と解することができる。ハイデッガー自身、「自立性は現存在のあり方であり、それゆえ時間性の特殊な時熟のうちに基づく」(ibid., 375)と明言している。その限りにおいて、諸脱自態の統一を担っている「…しつつ」という進行形的な分詞は、時熟自身の脱自的で統一的な立続性を意味するだけでなく、自立性の成立を立続けに可能にしている、先ほど見た超越論的同時性の微妙な同‐化現象を表していると言える。

b　伝統的および日常的な自己の時間性格 ── 根源的時間性の水平化

以上の考察から、本来的な自立性の根源が時間性の時熟にあることが明らかになったかと思われる。そして既述のように、本来的な自立性のうちには自我主観の自立性および世人自己の非自立性が根ざす以上、これらの自立性それぞれについても、根源的な時熟の何らかの変様態として捉え返すことができるだろう。以下ではそれを究明することで、上で問われていた自立性に関する二つの問題、すなわち、①自我主観の自立性と世人自己の非自立性との関係、②この両者と本来的な自立性の関係、を明らかにしたいと思う。その手がかりとしてまずは、本来的な自立性と同様、伝統的な自我主観および日常的な世人自己それぞれの自己理解において密かに現れていると考えられる時間性格を、『存在と時間』第二編第六章の議論に即して明らかにしておく。

まず、自我主観の自立性は、実存的な自己を「基体と思い込まれた常住不変性」とみなすことに起因していた(vgl. SZ, 322)。この眼前的な「常住不変性」あるいは「恒常性」をハイデッガーは、「立続けの現前性(Anwesenheit)」(ibid., 423)と呼ぶのだが、「常住」や「恒常」、「現前」といったこれらの表現は、まさしく時間規定そのものと言える。このことは伝統的な自我主観ないし実体概念がすでに、それらに見合った何らかの時間理解から先把握されていることを暗示している（vgl. SZ, 23ff.; KP, 240ff.）。ハイデッガーによれば、ここで理解されている「時間」とは、先に触れた「今連続の純粋継起」としての通俗的時間概念である（SZ, 420ff.）。この時間把握において、未来は「まだない今」であり、過去は「もうない今」を意味し、現在は「現前する今」として、それ自身再び「立続けの現前物」、つまりは実体・基体とみなされている。[21]

他方で日常的な世人自己も、〈～するため〉構造を通じて意義づけられた、〈～するための時間〉から理解されており、ハイデッガーはそれを「配慮された時間」とか「世界時間」と名づけている（ibid., 405, 414）。そこでは時間自身が〈～できる時間〉として、あたかも有用な道具のごとくみなされているため、この時間理解にとって、未来は「期待できる予期」であり、過去は「想起や保持できる〔自己〕忘却」を意味する。だが、「予期」や「忘却」自体はつねに現存在の「現在」のあり方であるから、結局のところ、それらは全て〈～するための今〉に基づいていわば「実践的」な観点から規定されていることになる。日常性のなかで現在は、そのつどの行為と結びつくことにより、他の時称に比して優位を占めるのである（ibid., 417）。加えて日常性は本質上、誰に対しても開かれた「公共性」を有しており、そのことは配慮された世界時間についてもあてはまる（ibid.）。しかし誰もが共有できる時間とは、逆に言えば、「誰も属さない公共的時間」（ibid., 425）であり、それは畢竟、世人に支配された時間、誰のものでもない時間に他ならない。ハイデッガーはここに、「配慮物に忙殺されて、それ自身を喪失しつつ、配慮物のために自分の時間を喪失する」という独特なあり方、つまり日々の業務に追い回され「立続けに時間を喪失し、決して時間を『もつ』ことのない」現存在の非自立的なあり様を指摘する（ibid., 410）。この場面での「時間をもてない」とは要するに、自己の独自な時間を立続けに喪失していることであり、ひいてはそれが世人の自己忘却・非自立性の本質をなしている。われわれはここに、日常性における時間性の非本来的な時熟様態を見て取ることができるだろう。

これに対して本来的な自己は、「決して時間を喪失せず『つねに時間をもつ』」(ibid.) と言われる。というのも先に見たように、本来性を取り戻した自己の自立性そのものが、時間性の根源的な時熟そのものに直接根差しているからである。そうすると、非自立性が本来的な自立性からの離反であるのなら、世人自己の立続けの時間喪失性とは、つまるところ、根源的な時間性からの立続けの離反・逃避であるとも言えるだろう (vgl. ibid., 424)。最も独自な自己の本来的な時間性から立続けに目を背けることで、日常性は自己忘却的で時間喪失的な公共的時間を立続けに構築している。いやむしろこの「日常性」という名称そのものがすでに、こうした非本来的な時間性の表示なのである (vgl. ibid., 371f.)。そのなかで時間性の将来優位という本来の構造は隠蔽され、代わって「今が一番大事」とか「今が良ければよい」というような現在優位の思想が日常的な時間理解の主導権を握ることになる。ハイデッガーはそこに、根源的な時間性の消極的な時熟様態である「水平化」を見出し、まさしくそこから「今連続の純粋継起」としての通俗的時間概念も生育してきたと指摘する (vgl. ibid., 405)。つまり、誰もが共有できるまでに水平化・平均化した公共的時間こそが、そのつど均質・均等な「今、今、今…」の「今時点」を形成し、それが誰にとっても測定可能ないわゆる純粋時間の「客観性」や「普遍妥当性」を保証していると言うのである (vgl. ibid., 329, 417)。もちろんこうしたこと自体は、数学的 - 物理学的な時間理解があたかも唯一絶対の時間概念であるかのごとく振舞っている通常の時間理解においては徹底的に隠蔽されている。この構図が、既述した自己の隠蔽・閉塞状況と同型のものであることはもはや言うまでもないだろう。

以上の考察から今や、先に触れた自立性に関する二つの問いに対して、時間性に依拠しつつそれぞれ次のように答えることができる。すなわち、①通俗的時間概念を手引きに成立する自我主観の自立性は、公共的時間から理解された世人自己の非自立性に基づく、②これらの自立性は、根源的時間性の時熟に直接根差した本来的な自立性から、この時間性の非本来的な時熟様態である水平化を通じて発源してくる、と。

＊

本章の冒頭で触れたように、これらの結論はひとまず「絶対確実な基礎」とみなされた近代的な自我論・主観性のさらなる「諸基礎」の究明にかかわるものと考えられる。そうだとすればわれわれは本章の考察を通じて、『存在と時間』第二部第二編で予定されていたコギト・スムの存在論的な基礎づけの筋道に対し、何らかの光を当てることができたのかもしれない。けれども、形而上学全体の基礎づけを目指す『存在と時間』構想そのものにとってみれば、本章で取り上げたような議論は、構成上もまた事柄から言っても、いまだ「存在の問い」を仕上げるための準備作業の域を出ない。このことは繰り返し押さえておくべきことである。この存在問題の観点からすれば、本章で見てきた論点のなかで最も重要なのは、実体的な自我の本質特徴である恒常的－常住不変性の存在論的な意味である。既述のようにそこには存在一般を「立続けの現前性（ウーシア）」と見る伝統的な理解が存しており、基礎的存在論にとってはこの存在理解のうちに時間性格を見抜くことが超越論的地平を開示する際の不可欠な工程となってくる。このことは本書第三章で改めて取り上げることになる。それでも本章で見てきたような自己の自立性に立脚してハイデッガーの存在の思索は展開していくわけだから、自立性という現存在の自由な「立場」は本書全体にとってもつねに確保しつつ立ち帰らなければならない、考察の重要な基地ないし基点となるだろう。本章で明らかにした自立的な自己は、以下の全ての章で登場する「現存在」の本来の名であり続けるのである。

注

（1）現存在の「各自性（Jemeinigkeit）」と「そのつど性（Jeweiligkeit）」が、自己性と時間性の連関を背景にして、本質的に共属することについては以下を参照。Franz-Karl Blust, *Selbstheit und Zeitlichkeit. Heideggers neuer Denkansatz zur Seinsbestimmung des Ich*, Königshausen und Neumann, Würzburg, 1987, S. 45.

（2）Immanuel Kant, *Kritik der reinen Vernunft*, Felix Meiner, Hamburg, 1998, S. 36. 篠田英雄訳『純粋理性批判（上）』岩波文庫、一九六一年、五四頁。

（3）この点に関して、講演『形而上学とは何か』の最初の日本語訳（湯浅誠之助訳『形而上学とは何ぞや』理想社出版部、一九三〇年）── おそらくハイデッガーのテキストの最初の邦訳でもある ── に寄せられた「序言」のなかに、フッサール現象学を念頭においたであろう次のような一文がある。「人間の意識の記述ではなく、人間における現存在を概念把握しつつ目覚めさせることが〔筆者の〕道であり、その道の途上でわれわれは、哲学の数少ない単純でかつ困難な問いへの帰路を再び見出すのである」（Vj, 210）。晩年のゼミナール（一九六八年）での以下の発言も参照。「デカルトに捧げられた『存在と時間』の諸節は、意識の牢獄から抜け出そうとする、あるいはむしろ、もはやそこには帰るまいとする最初の試みを描出している」（GA15, 293）。

（4）一九二七年夏学期講義の翻訳者の一人である溝口は「訳者後記」のなかで、同講義の第一部第二章と第三章が『存在と時間』第二部第二編のデカルト編に対応するものであると指摘している（溝口兢一、松本長彦、杉野祥一、セヴェリン・ミュラー訳『現象学の根本諸問題　ハイデッガー全集　第二四巻』創文社、二〇〇一年、四八七頁参照）。たしかにデカルトのレース・コギタンス（思惟する物）のレース（物）概念が、中世の被造物を継承しており、さらにそれが古代の制作物にまで遡る、という哲学史的な基礎づけはこの講義の特に第一部第二章でなされており、おそらくそれは『存在と時間』第二部第二編の表題「デカルトの『コギト・スム』の存在論的な基礎と『レース・コギタンス』の問題系のうちへの中世存在論の継承」（SZ, 40）が示すように、この編の特に後半のテーマであったと思われる（vgl. SZ, 24f.）。しかし、ハイデッガーがここで問題にしているコギト・スムの存在論的な基礎づけ、つまり表題の前半のテーマは、あくまでも現存在分析に基づくものである以上、そうした歴史学的な考証のみで事足りるはずはない。実際、第二部第二編が予告された『存在と時間』第六節では、表題の前半部と後半部が分けて整理されている（ibid.）。そうすると同講義の第一部第三章がこれに相当するのかといえば、そうとも言い切れない。というのも、そこでの考察はもっぱらカントの「人格性」概念の検討に終始しており、決して現存在分析に基づいたコギト・スムの基礎的解明ではないからである。

（5）ständig は通常、まさしく伝統的な実体・基体概念を形容する「不断の」「恒常的な」「絶えざる」等に訳されるが、本章はこれらの訳語では見過ごされかねない微妙な事態、他ならぬ実体・基体概念の根幹にかかわる根本現象を扱うため、ハイデッガーが込めたドイツ語のニュアンスをより生かして「立続けの（たて／たちつづけの）」と訳し、その名詞形であるStändigkeitも、いささか破格ではあるが「立続性」と訳している。なおこれらの訳語および本章の着眼点は、辻村がständigの語を「立て続けの」と訳していることから得た（辻村公一、ハルトムート・ブッナー訳『有と時　ハイデッガー全集　第二巻』創文社、一九九七年参照）。

（6）ハイデッガーの道具分析を「テクノロジーへの決定的な第一歩」と評したドレイファスの研究は、アメリカのプラグマティックなハイデッガー解釈の代表的なものである（cf. Hubert Dreyfus, "Heidegger's History of the Being of Equipment", in: *Heidegger. A Critical Reader*, ed. by H. Dreyfus & H. Hall, Brackwell Publishers, Cambridge, 1992, p. 182）。同じくプラグマティックなハイデッガー解釈のドイツの代表的な研究者としてはゲートマンが挙げられる。彼は二〇世紀初期のドイツ哲学の流れを「意識から行為へ」と規定し、そのなかでハイデッガーを「二〇世紀ドイツ哲学における最初のラディカルな言語プラグマティスト」と位置づけている（vgl. Carl Friedrich Gethmann, "Vom Bewußtsein zum Handeln. Pragmatische Tendenzen in Deutschen Philosophie der ersten Jahrzehnte des 20. Jahrhunderts", in: *Pragmatik. Handbuch pragmatischen Denkens Bd. 2; Der Aufstieg pragmatischen Denkens im 19. und 20. Jahrhundert*, hrsg. von Herbert Stachowiak, Felix Meiner Verlag, Hamburg, 1987, S. 230）。

（7）理解と行為可能性とのこうした関係性に注目したゲートマンは、解釈や判断一般の論理学的な形式（S ist P）の基礎を「これは〜するためにある（Dies ist zum ...）」という「行為述定（Handlungsprädikator）」のうちに求めている（vgl. Carl Friedrich Gethmann, *Dasein: Erkennen und Handeln. Heidegger im phänomenologischen Kontext*, Walter de Gruyter & Co., Berlin, 1993, S. 293）。また『存在と時間』を「可能性の哲学」と評する九鬼は、理解における「可能性との出会い」の側面を強く受け止め、Verständnisという語を「会得」と訳している（九鬼周造『九鬼周造全集　第三巻』岩波書店、一九八一年、二一六頁参照）。

（8）人間の現存在を行為の目的とする背景には、カントが踏まえられている（vgl. GA21, 220; GA24, 242）。

（9）ハイデッガーは一九二七年夏学期講義のなかで、「諸物」からの「反照」によって得られる日常的な自己理解を、「反省」を通じて観察・定立される近代的な自我主観に「先立つ」ものとして位置づけている（vgl. GA24, 226f.）。

（10）「顧慮」の本来的／非本来的な実存様態に関しては次章で触れる。

（11）このAbständigkeitという語は従来、「疎隔性」「懸隔性」等と訳されているが、本章ではständigという言葉に注目しているため、他者から「離れて立続ける」という意味を込めてあえて「離立性」という聴きなれない言葉で訳している。

（12）西谷はニヒリズムを構成する「虚無への解体」をハイデッガーの「無化」に重ね、そこで「存在するものがすべて、本質的に仮現の相を現してくる」事態を「無常」と性格づけている（西谷啓治『宗教とは何か　宗教論集Ⅰ』創文社、一九六一年、一二三―一三九頁参照）。

（13）不安の個別化がもたらす自他の本質区分は、もはや日常性における非本来的な区別・離立性ではなく、いわば本来的な区別とでも言うべきものである。この区別は「死への先駆」において最も先鋭化すると考えらえるが、これについては次章で改めて取り上げる。

（14）ハイデッガーは「非本来性」という語の否定の接頭辞「非（Un）」に、不安において開示される現存在の根本的な「無性」を見ている（vgl. SZ, 285）。このことからも、本来性と非本来性の「区別」ひいては自他の本質「区分」は、その根源を「不安の無」のうちに有していることがわかる。

（15）ハイデッガーは頽落への逃避傾向を「非本来的な先立ち」とみなし、それを現存在の「傾向（Hang）」と「衝動（Drang）」というあり方に即して分析している（vgl. SZ, 195）。

（16）ハイデッガーによれば自己の本質構造を「慮り（Sorge, cura）」に見るこうした思想は、彼のアウグスティヌス研究に由来するとのことである（vgl. GA20, 418）。

（17）東の次の指摘はこの事態を的確に突いたものである。「たとえば昨日の私と今日の私とが同一の私であると語ることは、二つの私を外に並べて比較した上で、両者の相等性〔＝自我同一性〕を語ることでは決してない。逆に同一の私〔＝自同的な自己〕から昨日の私と今日の私とが同一の私だといえるわけである」（東専一郎『同時性の問題』創文社、一九七五年、二八二頁）。

（18）自立性のこの二重の本質規定は、既述した全ての「自立性」（自我主観の自立性、世人自己の非自立性、本来的な自立性）に対して妥当するものと考えられる。しかしこの規定を踏まえてこれらの自立性それぞれについて再解釈を行うことは、本書にとってそれほど重要でもなく、また煩雑であるためここでは割愛する。

（19）ハイデッガーはここで「自己―立続性〔自立性〕」が意味することは、実存論的には、先駆的決意性に他ならない」（SZ, 322）とも述べており、本来的な自立性の具体的なあり方を「先駆的決意性」に見ている。先駆的決意性とは、現存在の「本来的な全体存在可能」を意味し、自己の「根源性」である「根源的時間性」を開示する最後の鍵となる重要なあり方である（vgl. SZ, 234）。それゆえ自立性の観点から先駆的決意性を論じることも可能であるが、先駆的決意性については次章で論じる「他者」の問題のなかで取り上げるため、重複を避けてここでは扱わない。また自立性は時間性の具体化としての「歴史性」の展開のうちにも見出されるのだが（vgl. SZ, 332, 375）、これについても同様の理由で割愛する。

（20）『存在と時間』のなかで明言されてないとはいえ、ハイデッガーがここでわれわれと同じ「同時性」を見ていることは確実であると思われる。たとえば同時期の論考『根拠の本質について』（一九二九年）では、時間性の三つの脱自態、将来・既在性・現在に対応して、「三重の基づけ（Gründen）」が想定されており、このうち将来と既在性にあたる「世界建立」と「基盤の受け取り」に関して、両者の成立は「同時的」と呼ばれ、時間性の時熟の観点から注目されている（vgl. WM, 165f.）。

同年の『カントと形而上学の問題』でも、カントが「矛盾律」を定式化する際に「同時に」という時間規定を削除したことについて触れる箇所で、この「同時に」という語のうちに「自己がその最内奥の本質において根源的に時間それ自身である」というまさしく根源的時間性が読み込まれている（vgl. KP, 194f.）。さらに時期は下るがシェリングを扱った一九三六年夏学期講義では「神の永遠性」に言及するくだりで、「根源的な同‐時性が存するのは、既在存在と将来存在が互いに自己主張し合い、現在存在と等根源的に、時間それ自身の本質充足として相互にぶつかり合うことにおいてである」と言われ、この「根源的な同時性」がまた「本来的時間性の打撃、瞬間」あるいは「そのつど一回的な唯一性」として、いわゆる「留まる今（nunc stans）」に代わって神の「永遠性の本質」のうちに見出されている（vgl. Schel, 136）。ちなみに「永遠性」あるいは「無限性」の本質に、有限な時間性を位置づけるこのような思想は『存在と時間』でもすでに語られている（vgl. SZ, 423ff., 427 Anm. 1）。なお東も時間性の諸脱自態の統一性のなかに、自己が「同じ有を生き同じ時を生きる」という「自己の有の同一性（自同性）ないしは同時性」を見ており、それが「死の自覚」においてことさら問題化してくると指摘する（東、前掲書、一七八頁以下参照）。キルケゴールの「同時性」を背景にしたこの解釈はまさしく、われわれが見ている自己の自同性と同時性の連関そのものとかかわるものと思われる。

(21) ここには実体と時間をめぐる伝統的なアポリアが存する（vgl. SZ, 423）。すなわち、実体の成立は時間を前提し、逆に、時間の成立は実体を前提にし、両者は堂々巡りを続けることになる。

第二章　他者——友情について

前章では『存在と時間』における自己の問題を論じた。本章では一転して、前章で見てきた論点を踏まえつつ、現存在分析における「他者」の問題を扱うことにする。形式的に言えば、ハイデッガーは他者との「共存在」を世界内存在の「等しく根源的」な構造に位置づけている（SZ, 114）。したがって、現存在分析としてなされた他者への取り組みは自己の問題と同様、「存在の問い」へ至るための準備作業の一環をなし、ひいては形而上学の基礎づけを目指す『存在と時間』構想の重要な構成契機となりうるものである。何よりも、この問題に取り組むことで、形而上学の基礎づけにおいて問題となるだろう、プラトン・アリストテレスをはじめとする先人たちとの哲学的なかかわり方を探ることができる。しかしながら周知のように、ハイデッガーの他者論はこれまであまり積極的に受け入れられてこなかった。そのことは、『存在と時間』に対して刊行当初から今日に至るまでずっと張りついたままである、「他者不在」という支配的なレッテルが何よりも雄弁に物語っているだろう。もちろんそのように受容された責任の大部分は、他者の問題を十分に展開しきれなかったハイデッガー自身にある。だがそれをもって直ちに、『存在と時間』の哲学を「他者なき思想」と断じるのはあまりに早計と言わざるをえない。事実、こうした従来型のハイデッガー批判に抗して、ハイデッガーの他者論を積極的に見直そうとする動きが近年少なからず見受けられる[1]。それらは総じて、ハイデッガーの議論の不十分さを認めつつも、そのなかに従来は看過されがちであった他者との本来的なかかわり方を探り出そうとする傾向にある。

その際、一様に注目される概念が、『存在と時間』のなかで二度ほど語られた「率先的顧慮（die vorspringende Fürsorge）」という現存在のあり方である。「解放的」とも形容されるこの顧慮は、なるほど他者を世人支配から解放し、その独自な本来性に向けて自由にすると言われている以上、他者との本来的なかかわりと言えるかもしれない。だがすでにレーヴィットが指摘しているように、この顧慮は一見すると他者への一方的な関係に留まっており、そこには共存在にとって本質的な「相互性」が欠落しているようにも見える[2]。ただハイデッガー自身は、もちろん充実した議論には至っていないものの、この率先的顧慮のうちに「本来的な相互性」を指摘している（SZ, 298）。率先的顧慮が他者の解放を目的とするものであるなら、この相互性はひとまず、「互いを解放し合う」という意味での「相互解放」と解することができよう。実は『存在と時間』の草稿のひとつにあたる一九二五年夏学期講義のなかで、ハイデッガーはこうした「相互解放」について触れており、それを「友情（Freundschaft）」と呼んでいる（GA20, 387）。そうすると率先的顧慮における相互性の問題は、ある種の「友情論」として展開しうる余地が出てくると思われるが、管見では、この問題を十分な仕方で追究した研究はいまだ見受けられない[3]。

そこで本章は、『存在と時間』における相互性の問題を、友情論という観点から考察することを目指して、まずは率先的顧慮の規定を確認し（第一節）、つぎに他者の本来的な可能性の開示を「先駆的決意性」のなかに求める（第二節）。そして率先的顧慮の具体的なあり方を「友の声」と呼ばれる現象に即して明らかにすることにより（第三節）、最終的には、相互解放としての友情の成立可能性を歴史的な「伝承」のうちに探ろうと思う（第四節）。本章の試みを通じて、ハイデッガーの思索のなかに世代を超えて通じ合う「友情」の新たな可能性を取り出すとともに、この問題の『存在と時間』構想における方法論的な意義についても検討したい。

第一節　率先的顧慮 —— 他者との直接的な連関

『存在と時間』のなかで「率先的顧慮」が最初に言及されるのは、第二六節においてである。ハイデッガーはそのなかで率先的顧慮を、他者との非本来的なかかわり方を意味する「代行的顧慮（die einspringende Fürsorge）」と区別する形で規定している。それを要約すると概ね以下のようになる。まず代行的顧慮とは、その名称からもうかがえるように、「配慮において他者の代わりとなり、他者のために代行することができる」（SZ, 122）ような他者との関係である。「代行」とは要するに、他者がなすべき仕事を、他者に代わって引き受けることだが、それにより「他者は、依存的で支配された者」（ibid.）となる。この顧慮は、現存在の自己性にとって本質的な「『慮り』を他者からいわば取り去り」（ibid.）、その結果「他者の自己」は喪失されてしまう（vgl. ibid., 128）。このとき他者は、第一義的にはもはやその人自身からではなく、道具や従事している仕事、つまり「配慮されるべき事柄」から間接的に理解されている。こうした他者理解は自己理解同様、日常性を支配している不特定多数の他者たち、自他の区別を欠く無差別的な世人に特徴的なものである。これに対して、他者との本来的な関係である率先的顧慮は、「他者の実存的な存在可能において他者に率先し、その結果、他者から『慮り』を取り去るのではなく、はじめて他者に『慮り』そのものを本来的に与え返す。この顧慮は、本質的に本来的な慮り――つまり他者の実存に関与し、彼が配慮する何かに関与するのではない」(ibid., 122) と言われる。「率先する」とは、他者に先んじて何かを行うことであるが、それが先の「代行」と異なる点は、ここでは他者理解が、従事する事柄・「配慮する何か」から間接的にではなく、他者自身の本来的な可能性から、その意味で直接的に得られているということである。ゆえにここでの「他者の実存への関与」とは、他者への直接的な関与と言えるだろう。(4) そのなかで率先的顧慮は、他者に対してその本来的な可能性・慮りを「与え返す」と共に、世人支配からの解放を「手助け」しつつ、彼の本来化を促すのである (ibid.)。

ハイデッガーはさらに、これら二つの顧慮における相互性についても、自他が同じ事柄に従事する際のいわば共同の配慮の観点から言及している。代行的顧慮においてそれは「雇用 (angestellt)」と呼ばれ、「同じ事柄の許で雇用されている人々の相互存在はしばしば不信のみで養われている」(ibid.)。他方、率先的顧慮では共同の「尽力 (Sicheinsetzen)」であり、それは「各々独自につかみとられた現存在から規定されている」ため、「本来的な結束 (*eigentliche* Verbundenheit)」という相互存在に基づくとされる (ibid.; vgl. GA21, 224)。「この本来的な結束がはじめて、他者を彼の自由において彼自身へと解放するという正しい即事性 (Sachlichkeit) を可能にするのである」(SZ, 122)。ここには他者解放に関与しうる「同じ事柄への正しい配慮」(GA21, 224) としての、いわば本来的な配慮の可能性が示唆されている。

では以上の要約を踏まえてここで、冒頭で触れた一九二五年夏学期講義における「友情」のくだりを見てみよう。この発言は主として「世人における相互存在」、つまり先ほど「不信」と言われた非本来的な相互性に関してなされている。

世人における相互存在は〔……〕ひそかに聞き耳を立て合うことである。相互存在のこうしたあり方は、極めて直

> 接的な諸連関のうちにまで入り込む。そうして例えば、友情はもはや第一義的には、世界のうちで決意し、互いを解放し合う相互尽力のうちに存するのではなく、友情ということで思念されていることを他者がいかにうまく装っているかについて、つねにあらかじめ注意を向けること、つまり絶えざる監視のうちに存することになる。（GA20, 387）

「聞き耳を立て合う」とか「絶えざる監視」という事態は、まさしく「不信」と重なるものである。それと対照をなす「極めて直接的な諸連関」としてハイデッガーは、「決意し、互いを解放し合う相互尽力」を挙げ、それを「友情」と呼んでいる。「尽力」は先ほど、率先的顧慮における共同の配慮として、結束という本来的な相互性に基づくと言われた。その相互性がここでは、消極的な仕方ではあるが、「相互解放（互いを解放し合うこと）」とみなされている。ゆえにひとまず、ハイデッガーは相互解放としての友情を本来的な結束のうちに見ている、と形式的には言えるだろう[5]。しかしながら、上で確認した『存在と時間』第二六節において、率先的顧慮は「他者を解放する」とは言われるものの、「相互解放」については全く言及されていない。それどころか、日常性においてはそもそも上述の二つの顧慮自体が区別されておらず、他者との相互存在もたいていそれらの「多様な混合諸形態」（SZ, 122）のうちで現れる、と言われる。それでも、結束が「各々独自につかみとられた現存在」、つまりは本来性を取り戻した個別者同士の間で成立する以上、それはたしかに、非本来的な代行的顧慮とは明確に異なる関係、要するに、世人支配から解放された者同士の関係であることはたしかであろう。だがたとえそうだとしても、そのような関係が直ちに相互解放を意味するわけではない。はたして率先的顧慮において、本来的な結束のなかで、相互解放はいかにして成立するのか。

第二節　先駆的決意性における他者の問題

この問題の着手点としてまずは、先ほどの引用のなかで、相互解放が「直接的な連関」とみなされていることに注目したい。他者との直接的な連関・関与といえば、すでに率先的顧慮における他者理解がそうであった。繰り返して言うと、率先的顧慮において他者は、配慮物からではなく、他者自身の本来的な可能性から直接的に理解されている。この可能性はもはや世人のそれではない。世人を特徴づけた代行可能性は、率先的顧慮の視野からはすでに脱落しているのである。だがここで次のような疑問が生じてくるだろう。そもそも他者との「直接的な連関」などということは本当に可能なのか。

(1) 死への先駆と「現存在を追い越していく他者たちの実存諸可能性」

それを探るためにわれわれは、不安において露わになる現存在の「死への先駆」という卓抜なあり方を取り上げたい。というのも、死とはまさしく、「そこにおいて代理可能性（Vertretbarkeit）が完全に挫折する」（SZ, 240）と言われるように、他者による代行が全く不可能な実存の根本可能性を意味するからである。あらゆる可能性に先立って、自己の死と先駆的にかかわるなかで、現存在は「自身を世人から奪い取ることができる」（ibid., 263）可能性を手にする。それはまた、前章で見たように、不安が現存在の本来性／非本来性という実存可能性の区別を明瞭化することでもある。ここではもはや、道具の配慮や他者への顧慮は現存在の自己理解にとって「役に立たない」（ibid.）。だがそのことは決して、死への先駆において世界や他者が消え去ることを意味するのではない。ただ現存在の自己理解が、彼の使う道具や従事する事柄あるいは他者の視線からではなく、「第一義的に彼の最も独自な存在可能」(ibid.) から得られるようになるだけのことである。ではこのとき他者は一体どのような姿で現れるのだろうか。以下の発言のなかにそのヒントとなりうる指摘が含まれている。

> 最も独自な、終わり〔死〕から規定された諸可能性、つまり有限なものとして理解された諸可能性、そうした諸可能性へと自由になるなかで、現存在は次のような危険を追放している。すなわちその危険とは、現存在の有限な実存理解に基づいて、それ〔現存在〕を追い越していく他者たちの実存諸可能性を誤認したり、あるいはまた他者たちの実存諸可能性を誤解しつつ自己の実存諸可能性へと無理やり押し込めたりして――その結果、最も独自な事実的実存を放棄してしまう、という危険である。(ibid., 264)

ここで言われていることを以下三点に要約する。①死への先駆において徹底的に個別化されるなかで、現存在は自己の有限性を理解する。②そこでは自他の可能性を混同するような「誤認」――いわゆる「感情移入論」や「類推説」のように自己の心情を他者のうちに投影するような間主観的態度など――は一切排除される (vgl. SZ, 124ff.)。③こうした誤認の「追放」を通じて自己の「最も独自な事実的実存」が確保される。この場面でハイデッガーはたしかに、「他者たちの実存諸可能性」について触れている。ハイデッガーによれば、それらは「現存在を追い越す (überholend)」という仕方で現れるのだが、この言い回しは死の「追い越しえなさ (unüberholbar)」と対照的である。他者の実存諸可能性は、自己がどうしても「追い越しえない」自らの限界・死と向き合うなかで、それをもはるかに「追い越していく」ものとして、いわば死の肩越しに露わになる。死は自己の「全体性」を限界づけているから、このときの「追い越していく」他者の可能性は、自己のいかなるあり方にも属さない、つまり現存在の全体性のなかには決して入り込みえない、その意味で、純粋な非-自己的可能性と言いうるだろう。だが「非－自己的」といってもそれは、自他無差別的な世人の自己喪失性のことではなく、むしろこの「非－」は、自他の端的な区別性を意味している。死による自己の個別化・有限化は、本来性／非本来性といった実存可能性を区別しつつ、自他の本質的な区別化をも担うのである。この区別性はすでに「他者が追い越していく」という表現のなかにも読み取ることができるが、自己の側からするとそれは、自己の死が他者にはどこまでも「無連関的（unbezüglich）」に留まることを意味する（vgl. ibid., 250f.）。逆に、死のこうした無連関性に基づいてはじめて他者は、自己の全体性を「追い越していく」という仕方で現れうるとも言える。そして他者の可能性が開示されるなら、死への先駆は同時に、自己理解だけではなく、何かしらの他者理解をも担っていることが推察される。別言すれば、自己の全体性への企投のうちにはまた、他者の可能性への企投も存しているはずである。はたして世人でもなければ、もちろん自己でもない「他者」の理解とは一体どのようなものか。ハイデッガーはこの場面で、たしかに以下のような「他者理解」について言及している。

> だが無連関的な可能性として死が個別化するのは、ただ追い越しえない可能性として、〔死が〕共存在としての現存在を、他者たちの存在可能に向けて理解させるために他ならない。（ibid., 264）

けれども他者理解が成立するのであれば、死の無連関性といえど、そこにはやはり他者との何らかの連関性が担保されていなければならないだろう。だがそのようなことは全くの矛盾ではないか。他者との無連関性からいかにして連関性などという事態が出てくるのか。(6) ここで注目すべきは引用のなかで、無連関的な死が「他者たちの存在可能に向けて理解させる」と言われている点である。この「理解させる（verstehend zu machen）」という使役的な言葉を強く解釈するなら、それは死による指示と受けとることができよう。無連関的な死が自己の個別化・有限化をもたらすとともに、自他の根本区分を担いつつ、さらには他者の可能性をも「理解せよ」と命じるのである。このとき他者の可能性は、「追い越していく」ものとして、もはや無差別的な世人のそれではなかった。そうするとこの局面での他者理解は、配慮物からではなく、他者との直接的な連関性のなかで得られることになる。つまり死への先駆のなかで、率先的顧慮に特徴的なあの他者へと直通しうる通路が確保されているのである。死をめぐる他者との無連関性と連関性は何ら背反するものではない。むしろ自己の死が他者には「絶対的[7]」に無連関的であるからこそ、まさしくそれゆえに、自己とは全く異なる他者自身のいわば純粋な可能性が直接的な連関のうちで開示され、その理解が可能となるのである。

(2) 決意性と「他者たちに対する責め」

だがここで理解される他者の可能性が、たとえ非-世人的にして非-自己的なものであるとしても、それを直ちに他者の「本来的な可能性」とみなしてもよいのか。その確証はどこで、またどのようにして担保されるのか。そもそも自己の死はなにゆえ、他者理解を指示するのか。率先的顧慮が問題となる以上、これらの問いは不可避である。そのためにはまず、この局面での他者の現れ方、開示のされ方が問われなければならない。他者が世人や自己とは異なる仕方で現れるとすれば、当然その開示のされ方も特異なものとなるはずである。もちろんハイデッガーはこの事態を見逃しておらず、「良心の呼声」と「決意性」との関係を説明する箇所で、次のように語っている。

〔……〕〔良心の〕呼びかけは決意性の仕方で理解されうる。このとき本来的な開示性はそこに基づいた「世界」の発見性と他者たちの共現存在の開示性をも等根源的に変様する。だが手許的な「世界」が「内容的」に別の世界となるのではなく、他者たちの輪が取り換えられるのでもない。とはいえやはり、手許物を理解する配慮的な存在と他者たちとの顧慮的な共存在は今や、最も独自な自己の存在可能から規定されるのである。(SZ, 297f.)

「良心の呼声」とは現存在を本来性へと呼び起こす沈黙の「異様な声のような何か」(ibid., 277)であり、それを聴き理解することが自己自身を選択する決断の仕方としての「決意性」である。その決意性がここで本来的な開示性として、世界や他者たちの現れ方、開示の仕方をも「等根源的に変様する」と言われている。注意すべきは、このとき変様するのはあくまでも世界や他者を開示する自己のあり方であり、配慮や顧慮の仕方であって、決して世界や他者それ自体ではないということである。この「変様」についてここでは、配慮や顧慮が「最も独自な自己の存在可能から規定される」と言われているが[8]、上で見たように、自己の本来的な可能性はあらかじめ死への先駆を通じて規定され、限界づけられていた。そうすると決意性が開示する「他者たち」とはまさしく、自己の死によって絶対的に区別されつつも、直接的に接近可能となった、あの「追い越していく」他者たちということになる。決意性は自己を、このような「他者たちとの顧慮的な共存在のうちへと突き入れる」(ibid., 298)のである。ハイデッガーはさらに、このときの他者との変様したかかわり方、まさしく本来的な顧慮に関して、以下のように続ける。

〔良心の呼声を聴くという〕自分自身への決意性が現存在をしてはじめて、共存在する他者たちを彼らの最も独自な存在可能のうちで「ある」がままにし、この存在可能を率先的－解放的な顧慮のうちで共に開示するという可能性へともたらす。決意した現存在は他者たちの「良心」になりうるのである。(ibid.)

ここでハイデッガーははっきりと、決意性が他者たちを「彼らの最も独自な存在可能のうちで『ある』がままにする」と述べ、それを「率先的 - 解放的な顧慮」と呼んでいる。するとやはりハイデッガーは、この局面で開示される他者の可能性を、他者自身の本来的な可能性として理解していることになる。もしもこのような他者理解が正当なものであるなら、ハイデッガーの言うように、「決意した現存在は他者たちの『良心』になりうる」こともあるいは可能であるかもしれない。決意した現存在は他者についてのいわば「本来的な理解」に基づいて、他者にその本来的な可能性を与え返すのである。このとき他者からすれば、この者は他者自身をその本来性へと呼び戻すという点でたしかに良心の呼声のような役割を果たしていることになるだろう。しかしながら、繰り返し問うが、他者の可能性を「本来的」と言いうる根拠は何か。それが示されない限り、この主張は単なる絵空事にしか聞こえない。一見ハイデッガーはこの問題に関して沈黙しているようにも見える。だがわれわれは以下の「行為」についての発言のなかに、その手がかりとなりうる指摘を見出すことができる。

> 呼声を理解する〔決意した〕現存在は、彼が選んだ存在可能に基づき、最も独自な自己をそれ自身において行為させる。そのようにしてのみ現存在は責任的でありうる。だがいかなる行為も事実的に必然的に「良心を欠く」。なぜならいかなる行為も〔……〕そのつどすでに他者たちとの共存在のうちで、他者たちに対して責めを負ってしまっているからである。(ibid., 288)

ハイデッガーはここで、良心の呼声に従ってなされる本来的な行為、[9] いわば決意した行為が、他者たちの「責め(Schuld)」を負うと明確に述べている。行為が必然的に「良心を欠く」と言われるのは、この行為が道徳的な過失を犯しているからではなく、むしろある行為が良心の呼声を聴くこと、つまり良心を持とうとすること(決意性)に基づいてなされる限り、その行為はつねに他者に対する責めを引き受けざるをえない、と考えられているからである。逆に言えば、他者に対する責めが自らの「良心のなさ」として捉えられているからこそ、他者のために良心を持とうとするし、他者を目指して良心の呼声を聴きつつ行為することができる。これは注目すべき事態である。[10] 責めとは良心の呼声が証し立てる、自己の「無的な根本性格」のことであり、それは「私から私へ」の呼びかけのなかで開示されるため、通常自己の問題系において取り上げられる傾向にある。またそれを論拠に、『存在と時間』の「他者不在」を非難する向きも少なくない。だが引用から明らかなように、ハイデッガーは自己の根本的な「有責性（Schuldigkeit）」のうちに、自己に対する責めだけでなく、他者に対する責めをも見ている。そしてこの責めが、他者に対する「負債」や「罪過」といった日常的な有責性、つまり「欠如」や「欠陥」を特徴とする非本来的な過失から実存論的に区別される限り（vgl. SZ, 281ff.）、それはまさしく他者に対する本来的な責めと理解できるだろう。そうであるなら良心の呼声が証し立てるこうした他者への有責性こそが、決意した行為を通じて他者を他者自身へと解放し、その本来的な可能性（最も独自な存在可能）のうちで「あるがままにする」よう、自己を率先的顧慮へと強いていると考えられる。他者の可能性を「本来的」と言いうる根拠はここにある。上で見たように、死が他者理解を指示するのも、死への先駆が決意性を通じて、すなわち「先駆的決意性」において、こうした他者への責めをつねにすでに引き受けてしまっているからであろう。

第三節　率先的顧慮としての友の声

以上の考察から、死への先駆が他者との直接的な連関を通路づけ、良心の呼声を聴く決意性が他者の本来的な可能性を開示する、ということが明らかになったかと思われる。まとめて言うなら、先駆的決意性が他者を直接的にその本来的な可能性において証示しうるのである。だがこのことはいまだ、率先的顧慮が「他者を解放する」ための準備段階にすぎない。われわれが解明を目指す友情とは、さらにこの率先的顧慮における相互性・相互解放であった。したがって次に問うべきは、率先的顧慮の具体的なあり方であろう。率先的顧慮はいかにして他者に通じ、伝わるのか。換言すれば、他者はいかなる仕方でこの顧慮を受け入れ、そこから自身の解放へと向かうのか。要するに、どうやって「決意した現存在は他者たちの『良心』となりうる」のか。問われるべきは、本来化をめぐる他者への責めと良心の呼声との関係性である。

ここで『存在と時間』第三四節における「伝達」の分析に注目したい。というのも、他者に何かが「通じる」「伝わる」とはまさしく伝達を意味するからである。ハイデッガーによると、実存論的に解釈された「伝達（Mitteilung）」とは、一方から他方への情報送信などではなく、同じ事柄を「共に‐見せること」で、他者たちと「共に‐分かつこと（mit-teilen）」（SZ, 155）と規定される共存在のあり方である。それは他者への顧慮であると同時に「語り」の一様態でもあるが（vgl. SZ, 162）、語りには本質上、次のような「傾聴」が属しているとハイデッガーは言う。

〈～への傾聴〉は、共存在としての現存在が他者たちに向けて実存論的に開かれていることである。その上傾聴は、各々の現存在が自分の許に担っている友の声を聴くこととして、現存在がその最も独自な存在可能へと、第一義的に本来的に開かれていることをも構成している。現存在は理解するから聴く。理解しつつ他者たちと共に世界内存在するなかで、現存在は共現存在と自分自身に対して「聴従的」であり、この聴従性のうちに所属している。（ibid., 163）

ハイデッガーは、「傾聴」というあり方が他者たちに対して開かれているだけではなく、それがまた「友の声」

このような指摘はこの第三四節にしか見られない。だが本章にとってここで語られている事柄は決定的な意味をもつ。れはまさに、「友」なる者が他の現存在の本来化にかかわる場面、すなわち率先的顧慮の成立を描いているからである。友の声による伝達とは率先的顧慮に他ならない。[11] この友は他者の本来化を手助けしうる限り、ハイデッガーの規定に即せば、それ自身「独自につかみとられた現存在」、つまり本来的な現存在と言える。とはいえ友の声といっても、それは何か発声や言表において聴かれうる類いの音声ではない。むしろハイデッガーによれば、「真正な聴きうること」は世人の雑談を打ち破るような「本来的な沈黙」(ibid., 165) のうちでこそ成立する。加えて上で見たように、率先的顧慮は決意した本来的な行為においてのみ可能であるから、友の声もそうした行為を通じて発せられ、また聴かれうると考えられる。

こうしたいわば沈黙の行為から発せられる友の声は、それを聴く者に対して、その者自身の本来的な可能性を直接提示する。この声を聴く者はそのとき、自身の本来的な可能性を理解するよう直接促されるのである。[12] だがこうした自己理解は、この引用箇所では明示されていないが、まさしく良心の呼声を聴くこと、つまり自己自身の決意性の問題でもあった。本来化への選択的決断はあくまでも、自己自身の決意性のうちでなされなければならない。そうでないとそれを手助けした行為は、現存在から慮りを取り去る行為、つまり世人の代行と何らかわらなくなる。友の声はただ、その声を聴く者たちそれぞれに対して、彼らの本来的な可能性を提示しうるにすぎず、それを選ぶのはどこまでも、各自の決断にかかわる自己自身の問題である。いやむしろそのことだけを、友の声は沈黙のなかで訴えかけていると考えられる。この直接の訴えかけこそ、「現存在は他者たちの『良心』になりうる」と言われたことの真相であろう。友の声は、それを聴く者たち自身の本来化を求めており、この声を聴き理解した者は、その応答として、自己の良心の呼声を聴き、自らを本来化する責めを負うのである。[13] 引用の最後に言われた、「現存在は共現存在と自分自身に対して『聴従的』である」という指摘は、そのことを暗に示すものと思われる。

このように自己の本来化をめぐって、他者との本質的な応答関係が成立するのであれば、ここにはたしかに本来的な相互性があると見てよいだろう。[14] まさしく「沈黙は相互存在において現存在をその最も独自な存在へと呼び起こし取り戻しうる」(GA20, 369)のであり、逆に、「こうした沈黙したあり方から真正な聴きうることが生じ、そのなかで真正な相互存在が構成される」(ibid.)のである。それを可能にする条件は、沈黙のうちで友の声と共に良心の呼声を聴くこと、とひとまず定式化できる。そしてそこに「友」が関与する以上、この相互性・応答関係にこそ「友情」と呼ばれた相互解放の成立可能性は求められるべきである。しかしながら、友の声が自己の解放に関わるとしても、そこからどのようにして「相互解放」などという事態に至るのか。「相互」という語を厳密にとるなら、ここで解放されるべきもう一方の相手は、自己の解放を手助けした者、つまりは友自身ということになる。だがそもそも友とは、すでに解放された本来的な現存在ではなかったか。それがなぜ再度、本来性へと解放されなければならないのか。

第四節　伝承における相互解放

ここで想起すべきは、友の声への傾聴が、それを聴く者の本来的な可能性だけでなく、同時に友としての他者自身へも開かれている、と言われていたことである。友とは本来的な現存在であるから、仮にこの傾聴のなかで相互解放が成立するとすれば、そのとき友はその本来的な可能性のなかで理解され、またそこへと解放されるのでなければならない。ところで他者の本来的な可能性を開示するのは、自己の側では先駆的決意性であり、そこでは自己自身の本来的な可能性が選択・決断されていた。そうすると相互解放の問題は、友の声の求めに応じて自己を選択するとき、この選択そのものが友の解放といかなる関係にあるのか、つまりは、自己選択と他者解放との連関の問題に極まることになろう。それを問うためにはあらかじめ、そもそも選択されるべき自己の実存可能性が具体的にはどこから、またどのようにして開示されるのかを突きとめておく必要がある。

ハイデッガーによれば、死への先駆を通じて自己の可能性はすべて有限化されるが、「しかしながら、実存の事実的な諸可能性は死からは取り出されえない」(SZ, 383)。というのも死への先駆の徹底は、事実的な諸可能性へと投げ返されること、つまり「被投性」への帰還に他ならないからである。現存在は、死へと先駆する自己の「有限な自由の独自な超力」のうちで、同時に、被投的な諸可能性を「自分自身に引き渡されていることの無力」として決意性のなかで引き受けるのである (ibid., 384)。「無力な超力」(ibid., 385) とも言われる先駆的決意性のこうした卓抜なあり方（到来的帰還）のうちに、ハイデッガーは「自己-立続性（自立性）」の実存論的な意味を指摘するのだが (ibid., 322)、それが根源的には将来と既在性の超越論的同時性から発源することは前章で述べた。だがここでのハイデッガーの指摘によれば、先駆的決意性が帰還する被投性の極限は、死とともに現存在全体をつねにすでに限界づけている「生れ (Geburt)[15]」にある (ibid., 373)。死への先駆（将来）はそのまま同時に「始源への存在」(ibid.)、つまり生れへの帰来なのである。そうすると死が限定する諸可能性はすべて、根本的にはこの生れに由来していることになる。現存在はこのとき、死と生れという自己の存在の両極限から、最もラディカルな個別化としての有限化をこうむっている。ハイデッガーは、この有限化が、死とともに「『生れ』が実存のうちへと取り込まれた」(ibid., 391)、その意味で「運命的」となった個々の現存在に対して、偶然的で非本来的なあれこれの可能性すべてを追放し、目指すべき「目的を端的に与える」(ibid., 384)

と述べる。[16] こうして本来的に理解され選択された事実的な実存可能性は今や、引き受けるべき「運命の単純さ」(ibid.) となり、そこに「根源的な歴史」を構成する現存在の「歴史性」が見出されることになる。われわれはここに、以前「立て続けに－立ち続ける」と規定した自己の自立性の具現化した姿を指摘することができるだろう (vgl. ibid., 375)。

ハイデッガーはこの瞬間、決断すべき諸可能性が「遺産 (Erbe)」から開示されると言う (ibid., 383)。それにともない、可能性の選択は「遺産の引き受け」として「伝承」と呼ばれることになるが、それは自己自身の本来性の取り戻しを担うから「自己伝承」(ibid.) とも言われる。だが他方で、遺産が開示するのは「伝来した諸可能性」(ibid.)、つまり「伝承された現存在理解」(ibid., 385) に属する、かつて存在した他者たちの実存可能性でもある。遺産の伝承において現存在は、自己だけでなく、他者の可能性をも一緒に引き受けるのである。ハイデッガーはそれを「可能性の取り返し (Wiederholung)」と名づけ、こう説明している。

> 自身へと帰来しつつ、自己伝承する決意性はそのとき、伝来した実存可能性の取り返しとなる。取り返しは明確な伝承であり、すなわち現に既在している現存在の諸可能性のうちへの帰還である。既在する実存可能性の本来的な取り返し —— 現存在が彼の英雄を選ぶこと —— は、実存論的には先駆的決意性に基づいている。(ibid., 385)

ハイデッガーはここで、既在する可能性の「本来的な取り返し」を「英雄を選ぶこと」とみなしている。だが「取り返し」といっても、それは何か過ぎ去ったものの復古や復興などを意味しない。なぜならハイデッガーによれば、遺産とかかわる「もはや実存しない現存在」は決して過ぎ去らず、たいていは世人の支配的な被解釈性によって忘却されているにしても、実存論的には「現に－既在している (da-gewesen)」からである (vgl. ibid., 380)。「伝承」とは、遺産が開示するこうした他者の既在的な可能性を、自己の本来性とともに、世人支配から「取り返すこと」に他ならない。そしてこの「本来的な取り返し」が「先駆的決意性に基づく」と言われる以上、取り返されるべき他者の可能性とは、間接的に理解された非本来的な代行可能性ではなく、直接的な連関性のなかで開示される、他者の本来的な可能性である。つまり、「このこと〔取り返し〕は、現に既在する現存在を、その既在的で本来的な可能性において理解する」(ibid., 394) のである。

ハイデッガーはさらに、こうした「取り返しはむしろ、現に既在している実存の可能性に返答する」(ibid., 386) とも言うが、遺産の伝承が自己の本来化・解放を担うのであれば、この「返答」はまさしく、友の声に対する応答と解しうる。遺産には既在する行為者としての友の声が、その行跡とともに宿るのである。だがこの応答にはまた、既在する友を世人の忘却から取り返し、その本来的な可能性へと解放することも含まれていた。これを友の側から見れば、友の声は、それを聴く者たちの解放を促すだけでなく、同時に友自身に関して、世人の伝統的な被解釈性から解放し、再び彼に本来性を与え返すよう遺産を通じて訴えかけているとも考えられる。[17]

このように遺産の伝承において、自己選択と他者解放とが同時に成立しうるとすれば、われわれはここにこそ相互解放としての友情の成立可能性を見出すことができるだろう。だがそのためにはあらかじめ、遺産のなかで自他の可能性が相互に結びついていなければならない。換言すれば、伝承され、取り返されるべき実存の可能性は、自他共に共有可能な、いわば共同の可能性でなければならない。遺産の伝承とは本質的に、その意味で「共同運命 (Geschick)」なのである (vgl. ibid., 384ff.)。だが「共同」と言っても、それは自他の混同や無差別的な世人の公共性を意味しない。そもそも自らの時間を「もてない」世人は、決して「運命を『もつ』ことはない」(ibid., 384)。そうではなくこの局面での可能性の共有・共同運命こそ、死と生れの各自性により絶対的に区別された個々人の相互性、以前に結束と言われた、あの解放者同士の決意性に基づく本来的相互性と言える（vgl. GA24, 408）。相互解放としての友情は、世人の何か「べたべたとなれなれしく近づくこと」（ibid.）を意味せず、あくまで自立した個別者同士の本来的な結束においてのみ生起しうるのである。いやむしろ、相互解放という関係性自体が第一義的な結束とも言いうるだろう。

この結束に関してハイデッガーは、同じ時期の講義のなかで「ここ〔結束〕から今日われわれがコミュニケーションと性格づけているものも生じてくる」（GA21, 224）と述べている。さらに結束を構成する自立した個々人の自己選択から、「人間の共同体のような何か」（GA26, 245）や「現存在と現存在の間の根源的な交際（commercium）」（ibid., 270）が可能になるとも言われる。要するにハイデッガーは、人間のコミュニティ・共同体の成立基盤を、結束としての共同運命のうちに求めているのである[18]。それが『存在と時間』において物議を醸した、以下の「問題発言」の背景をなしている。

> それ〔共同運命〕でもってわれわれは共同体、民族の生起を特徴づけている。〔……〕同じ世界のうちでの、また特定の諸可能性に向けた決意性のうちでの相互存在のなかで、諸々の運命はあらかじめすでに導かれている。伝達のなかで、闘争において、共同運命の力ははじめて自由になるのである。（SZ, 384）

これまでの議論を踏まえるなら、この発言はもはや、ペゲラーの言うように「やはり唐突であり、思想本来の動向にほとんど反した[19]」ものとは断定できない。すなわち、「伝達」とは遺産を通じて発せられる友の声の伝承であり、「闘争」とは、そうした伝達・伝承のなかで共有され、「共に－分かち合われた」可能性に基づき、互いに結束して挑む、いわば共闘のことである。この共闘に参加する者は、既在する友の求めに応じ、「闘争的な継承と忠誠」（SZ, 385）をもって「同行」（ibid., 163）しなければならない。それこそが、本来的な共同の配慮と言われた尽力にあたるものと思われる[20]。そしてこの尽力が、「決意性のうちでの相互存在」としての相互解放・友情を担う限り、それはまた互いのための尽力、まさしく本章第一節で引用した「決意し、互いを解放し合う相互尽力」(GA20, 387)となる。このとき尽力すべき共同の事柄は、遺産を引き継ぐ際の状況のうちでそのつど瞬間的に開示されると考えられる。そうであるなら遺産の伝承にこそ他者解放を担うとされた「正しい即事性」(SZ, 122)、すなわち事柄との本来的なかかわり方・配慮の可能性が求められるべきであろう。[21] ハイデッガーはここに「共同運命の力」の解放を見、「共同体、民族の生起[22]」としての歴史の本質を見出すのである。

友情として規定された相互解放の可能性は今や、遺産の伝承のうちに求められている。これは既在者との関係という意味で歴史的な友情形態だと言える。われわれはここに、形而上学の忘却された歴史である「ウーシア〔存在〕ヲ巡ル巨人ノ戦イ」(ibid., 2)を再び焚きつけ、そこにより根源的な仕方で参加しようとする、ハイデッガー自身の決意性を見出すこともできる(vgl. KP, 239)。『存在と時間』公刊直前の一九二六/二七年冬学期講義でなされた次の発言はそのことを強く示唆する。「人はプラトンをラディカルに取り返したときにだけプラトンを追い越すことができる――そしてそのことは、諸問題それ自身をはじめて即事的に理解することに他ならない」(GA23, 32)。だとすれば、ハイデッガーの考える友情とは結局のところ、今日を生きている者同士のいわば世代的な交わりには通用しないものなのだろうか。そうではない。ハイデッガーは遺産の伝承を、まさしく「世代のうちで、世代と共に」(SZ, 384f.)見ている。そもそも歴史性の分析は『存在と時間』第二部で予定されていた、哲学史の「解体」としての「本来的な歴史学」を準備するものだが(vgl. ibid., 20ff., 39f., 392ff.)、この試み自体、「今日の頽落的な公共性からの解放」を意図した「今日の脱現在化」を念頭に構想されている(ibid., 397)。この構想は、遺産の伝承を決意した「瞬間」だけが、「今日を本来的に開示する」というハイデッガーの確信に基づく(ibid.)。共同運命を引き受ける者は、そこからさらに、自分の世代の解放へと向かうのである。おそらくこの解放もまた、率先的顧慮における友情が担うのだろう。

ハイデッガーはこの問題を詳論することはなかった。けれども、一九二八／二九年冬学期講義のなかでゲーテとシラーの友情について触れ、「真の偉大な友情は〔……〕共通の事柄に対する真正な情熱のうちで成長し、維持される」（GA27, 147）と述べている。文学史の教えるところでは、彼らの友情は、既在する「古代精神」の継承に尽力し、いわゆる古典主義を牽引しつつも、互いに独創的な作品群を同時代に生み出しえた。[23] この事実は、相互解放としての友情が、歴史的な側面と世代的な側面の交叉する場所で成立可能であることを十分物語っている。同様のことは『存在と時間』に掲げられた、いわくつきの献辞「尊敬と友情を込めて捧げる」が示すように、他ならぬフッサールとハイデッガーの関係についても言えよう。だがそれだけではない。ハイデッガーは同じ講義のなかで、将来の者たちに対する責任についても言及し、「われわれは忘れてしまっているが、何かを意志するあらゆる世代の第一の課題は、その世代が、来るべき世代のために犠牲になることである」（ibid., 39）と述べている。この「犠牲になる」世代はまた「先駆者」（ibid.）とも言われるが、これらの発言のうちに、本章で見てきたような、先駆的決意性に基づいた友情関係を読み取ることは可能であろう。ハイデッガーの「友情」概念は、既在者や同世代の者たちだけではなく、将来の者をも射程に収めうるのである。[24]

＊

では以上のような他者論・友情論は、形而上学の基礎づけを目指す『存在と時間』構想にとってどのような意義があるのだろうか。本章を終えるにあたって最後にこの問題を検討したい。もちろん本章で見てきた諸問題が「存在の問い」に定位した現存在分析に属することは論を俟たない。だが、他者や友情、あるいは良心や責めが問題となる以上、やはりまずは道徳や倫理学とのかかわりに注目すべきであろう。事実ハイデッガーは、自己の有責性を主題とする第五八節のなかで「善悪」の問題に触れ、悪が善の「欠如態」として考えられている限り、伝統的な善悪の観念は、価値の問題も含めて「眼前物の存在論」に由来しており、そのため、「決して責めという実存論的な現象に近づくことはできない」と述べている（SZ, 286）。けれどもこの指摘は、決して善悪の基準や道徳性一般の理念を無視したり、いわんや廃棄・否定することを意図したものではない[25]。むしろその逆である。ハイデッガーはこの指摘の直後に、こう続けている。

この本質的な有責存在が等根源的に「道徳的」な善と悪にとっての、すなわち道徳性一般とその事実的で可能的な諸形態にとっての可能性の実存論的な制約である。道徳性を通じて根源的な有責存在が規定されることはできない、なぜなら、道徳性は自分自身のためにすでに有責存在を前提にしているからである。（ibid.）

ハイデッガーの主張は明白である。すなわち現存在の有責性こそが、眼前性への伝統的な定位に代わって、善悪や道徳性一般の「可能性の実存論的な制約」になるべきだ、と彼は言うのである。そうであるなら、有責性を析出しうる現存在分析は、ちょうど前章で論じた自我主観の場合と同様、道徳性一般の実存論的な「諸基礎」を開示する試み、その意味で、いわば「道徳性の基礎づけ」を担うものとして受けとめることができる。この有責性にはまた、本章で見てきたように、他者に対する責め、それに基づく率先的顧慮や相互解放としての友情、さらには伝承や結束、共同運命や民族・共同体といった諸事象が本質的に結びついている。したがってこれらの問題も有責性同様、ハイデッガーが考える限りでの道徳性一般の実存論的な諸基礎を構成するものと見てよいだろう。もちろん『存在と時間』のなかでこの観点からの議論が全面的に展開されているわけではないし、そもそも彼の第一義的な主眼が道徳や倫理学の問題に向けられているのでもない。それでもハイデッガーは、たとえわずかな言及しかないとはいえ、『存在と時間』構想のうちにたしかに「道徳性の基礎づけ」

にかかわる問題を見ていることは間違いない。(26) 形而上学の基礎づけという壮大なプログラムには、他者や共同体をめぐる「倫理学的」な根本問題も帰属するのである。

だがより『存在と時間』構想そのものに引きつけて考えるならば、自己の本来的な可能性への将来が同時に、既在する他者たちの本来的な可能性への帰来である、という現存在の歴史性の議論は、カント・デカルト・アリストテレスと遡源しつつ、形而上学の歴史全体を「解体」することで、偉大な先人たちの哲学の隠された根本可能性をより根源的に「取り返そう」とする、「形而上学の基礎づけ」そのものの基礎的な構成・設計図としても受け取ることができる。要するに歴史性の問題は現存在分析の内容のひとつをなすだけでなく、『存在と時間』構想全体を主導する形式的な方法論、つまり先ほど触れた「本来的な歴史学」がそこで展開されうる基盤形成とみなすこともできるのである。そうすると、伝承として捉えられた「歴史的」な取り返しを担う英雄の選択、すなわち、本章で見てきたような友の声に対する応答は、『存在と時間』構想自体を鼓舞するいわば思索の原動力の役割を果たしていることになる。ここにはハイデッガー自身と偉大な先人たちとの間の「哲学」をめぐる本来的な友情関係が見え隠れしている。

ハイデッガーによれば、ギリシア語のピリア（友情）には「好きなものをめぐる戦い」という意味があり、この語を含むピローソピア（哲学）は「好きなものの理解をめぐる戦い」として、そもそもその語義からして友情に基づく営為である（vgl. GA27, 22f.）。ハイデッガーは『存在と時間』の公刊から間もない一九二八／二九年冬学期講義において、プラトンの『第七書簡』の一節（341 c）を引用しつつ、この辺りの事情についてこう触れている。

事柄をめぐるこうした相互の努力が生起するとき、哲学することもまた生起し、〔このことは〕「突然、火から火花が一方から他方へ飛び移るようであり、そのようにして、飛び移る火花は明るみと光をもたらし、その内部で存在が見えるようになる」。(ibid., 221)

ハイデッガーがプラトンと共に言うように、共同の事柄をめぐる「相互の努力(Miteinander-sich-bemühen)」が「哲学すること」であるとするなら、その情熱を点火する火花の「飛び移り(überspringen)」こそ、まさしく友情に基づく率先的顧慮と言える。そのとき友の声は「突然」、つまり瞬間的に存在の明るみをもたらし、その声を聴く者たちの「今日」を引き受けるべき本来的な状況として開示する。ハイデッガーその人にとってこの友情の火花は、他ならぬ『存在と時間』を構想させ、執筆に向かわせることで、彼の運命を何人も代理不可能な一回限りの思索の道へと導いた。同講義でなされた以下の発言は一般論としてのみならず、ハイデッガー自身の証言として聴き取ることができる。

それゆえ哲学することが生き生きと活動的であるのはただ、哲学することが他者によって再び根源的に自立的に目覚まされ、この意味で取り返される場合のみである。実際、取り返しつつ更新することは、それが真正であるなら、決して単なるコピーではない。(ibid., 226)

「真正な取り返し」が単なるコピーではない理由は、それが取り返すべきもののさらなる根源にかかわるからである。古代哲学にまで遡源する『存在と時間』構想は、プラトン・アリストテレスが開始した西洋形而上学の歴史全体を基礎づけるために、彼らを越えてさらにその始源にまで帰還しなければならない。はたしてこの壮大な帰還の行き着く先はどこか。そのとき『存在と時間』構想はどのような問題にぶつかり、何ゆえ途絶を余儀なくされるのか。しかしながらこれらを一足飛びで問う前にわれわれは、肝心要の「存在の問い」そのものを追究しなければならない。ここまで見てきた自己および他者をめぐる現存在分析はそもそも、何か新手の哲学的人間学に貢献することを意図したものではなく、最終的にはこの存在の問いの仕上げを準備するものであった。

以上の考察をもってわれわれはひとまず、はなはだ荒削りではあるが、存在の問いに近づくための準備を整えたことにする。次章ではここまで考察してきた諸論点を踏まえつつ、いよいよ存在の問いをめぐるハイデッガーの取り組みについて見ていくが、その際、『存在と時間』公刊直後に試みられた「現存在の超越」をめぐる諸議論が何よりも重要であると思われる。

注

（1）比較的最近の研究として以下の二つを参照。松本直樹「真理と自己 ―― 前期ハイデガーにおける対人関係論 ――」『倫理学年報』第五四集、日本倫理学会編、二〇〇五年、九九―一一三頁。魚谷雅広「自律性と二義性 ―― ハイデガーとレーヴィットにおける「他者」 ――」『倫理学年報』第五七集、日本倫理学会編、二〇〇八年、二一七―二二九頁。

（2）Vgl. Karl Löwith, *Das Individuum in der Rolle des Mitmenschen*, Wissenschaftliche Buchgesellschaft, Darmstadt, 1969, 1. Aufl., 1928, S. 79ff. 熊野純彦訳『共同存在の現象学』岩波文庫、二〇〇八年、一九五頁以下参照。ビンスヴァンガーはレーヴィットのこうした見解を批判的に継承し、ハイデッガーにおいて「根源的な相互性」が欠落した理由を「死」や「慮り」の偏重に求め、代わって「愛（Liebe）」こそが人間の根源的な相互性を補完しうると述べる（vgl. Ludwig Binswanger, *Grundformen und Erkenntnis menschlichen Daseins*, Ernst Reinhardt Verlag, München/Basel, 1964, 1. Aufl., 1942, S. 167f.）。ハイデッガーは後年、ビンスヴァンガーのこの主張に対して、『存在と時間』でも「現存在自身が根源的な相互存在として規定されている」と反論し、「慮り」を単なる主観意識としか見ない彼の「誤解」が、「実存論的な、つまり存在論的な意味」の無理解に由来すると指摘している（ZS, 151）。さらにハイデッガーは「慮りは『愛』と対立的に区別されうるものではなく」、むしろ「現存在の基礎的存在論的な規定を手引きとする愛の規定は〔……〕〔ビンスヴァンガーの規定よりも〕本質的により深く、広範なものであることが期待される」と言い、「愛」のもつ積極的な実存論的意義についても示唆している（ibid., 237f.）。

（3）ペゲラーはハイデッガー哲学のなかに、キリスト教的な隣人愛とは異なる、「相互に彼らの独自性や相違性に委ねられた」

あり方、そのような他者関係として、まさしく率先的顧慮における「友情」を指摘し、それを伝統的な友情論（アリストテレス、ヘーゲル、ニーチェ）と突き合わせている（vgl. Otto Pöggeler, *Neue Wege mit Heidegger*, Karl Alber, Freiburg/München, 1992, S. 277ff., 395)。本章にとってこうした試みは注目に値するものだが、しかしそこでも、ハイデッガーの友情概念を特徴づける相互解放についてはいまだ主題的には十分捉えられておらず、したがって、『存在と時間』の枠組みのなかでいかにして相互解放としての友情が成立しうるのか、という問題は検討されていない。またドスタルも率先的顧慮のうちに親子関係や師弟関係をも含む広い意味での「友情のある形態」の可能性を指摘している（cf. Robert Dostal, "Friendship and Politics. Heidegger's Failing", in: *Political Theory*, Vol. 20, No. 3, 1992, pp. 406–407)。しかし彼によれば、率先的顧慮を性格づける「跳躍」や「率先」といったあり方が友情にとって重要な「一体感（togetherness）」や「相互性」といった対等の契機を軽くしてしまうため、「友情それ自体」を考える上では不適切であり、結局のところ、友情の問題はハイデッガーの存在の問いには馴染まない、と結論づけられる（ibid., pp. 409–410）。アリストテレスの友情論やプラトンの指導者論との比較を用いた彼の分析は興味深いが、ただし彼の議論は、本来的な「結束」を「世人としての関係」(ibid., p. 407) とみなしたり、また「他者たちのための尽力」を代行的顧慮の「修正」(ibid., p. 408) と誤解したり、そもそも相互解放への視点が欠落しているなど不十分な点が散見される。それでもこうした難点は、ハイデッガー哲学のうちに「この〔友情〕現象のための小さな場」(ibid., p. 399) を見出そうとした彼の先駆的な功績を何ら損なうものではない。

（4）それゆえ、ハイデッガーは他者を「道具を介して」間接的にしか見ておらず（和辻哲郎『人間の学としての倫理学』岩波文庫、二〇〇七年、二二四頁以下参照）、そこには他者との「出会いの直接性」が欠落している（vgl. Michael Theunissen, *Der Andere: Studien zur Sozialontologie der Gegenwart*, Walter de Grunter & Co, Berlin, 1965, S. 171) というよく知られた批判は、非本来的な他者理解にのみ的中するにすぎず、かえってハイデッガーの見ていた他者との本来的な関係の看過を言外に告白している。この点に注目した研究として、壽卓三「相互存在の存立地平 —— ハイデガー存在論の倫理学的意義」『倫理学年報』第三三集、日本倫理学会編、一九八四年、一〇七頁を参照。

（5）率先的顧慮を「他者たちの私からの解放」と見るトイニッセンは、ハイデッガーの本来的な相互存在を「他者たちと私の間の一切の直接的な結びつきの解消」であると消極的に解釈する（vgl. Theunissen, op. cit., S. 179）。けれども率先的顧慮はあくまで他者を世人支配から解放するのであるから、トイニッセンの言う「私からの解放」は厳密には「世人‐自己からの解放」と限定的に言い直さなければならない。そのうえで本来的な相互性を、まさしくトイニッセンとは逆に、自由となった現存在同士の直接的な結びつき・結束と見るハイデッガーの主張を検討するべきである。この点を考える上で、一九二八年夏学期講義での以下の発言は示唆的である。「本来的な実存関係としての共存在が可能であるのはひとえに、あらゆる共実存者（jeder Mitexistierende）が各々本来的に彼自身でありえ、またそうである場合だけである。だが相互性のこうした自由は現存在一般という性格をもつ存在者の自己規定の可能性を前提としている。そして、いかにして本質的に自由な者としての現存在が、事実的に結ばれた相互存在の自由において実存しうるのかは、ひとつの問題である」(GA26, 175)。

(6) この問題に関して吉本は、死の「無－連関性（Un-bezüglichkeit）」を積極的に解釈し、そこにこそ追い越していく他者との「原－交渉性（Ur-bezüglichkeit）が開示される」と見ている（吉本浩和『ハイデガーと現代の思惟の根本問題』晃洋書房、二〇〇一年、三九頁）。管見ではこの主張は、この問題に関する最も踏み込んだ解釈である。最終的に吉本は、死への先駆のうちに「他者に対する謙虚」という注目すべき倫理的な性格を見出すにいたるのだが（同上、四三頁参照）、それでもなぜ無連関性が「原－交渉性」と解しうるのか、その理由を十分には提示しえていないように思われる。

(7) 死に直面した現存在について一九二五年夏学期講義では、「共存在もその具体化において無関係（irrelevant）になるぐらい絶対的」（GA20, 439f.）と言われる。この「絶対的（absolut）」という形容詞は、他者の絶無・消失を意味するのではなく、文字通りの意味で、自己の「解放（absolvere）」と、そのなかで獲得される自立性あるいは独立性（Eigenständigkeit）を表現している。

(8) 同様の趣旨の発言は一九二八年夏学期講義でも見られる。「現存在が自己自身を選ぶことのうちで、現存在は本来的に、まさしく他者たちとの彼の共存在〔顧慮〕を、またまさしく現存在的ではない諸存在者の許での彼の存在〔配慮〕を選んでいる」（GA26, 245）。

(9) 周知のように『存在と時間』では、存在者とのかかわり・行為を意味する「配慮」や「許－存在（Bei-sein）」、あるいはその時間様態である「現在」は、もっぱら頽落的な場面で議論されている。だが「瞬間」という本来的な現在が指摘されているように、ハイデッガーが本来的な配慮や許－存在、つまり存在者との本来的なかかわり・行為を見ていたことは、十分に展開されてないとはいえ、『存在と時間』での数少ない言及からも明らかである（vgl. SZ, 263, 297ff., 326ff.）。「趨向と有意義性」を主題とした第一八節では、現存在は「本来的あるいは非本来的な存在可能から〔……〕ある〈する－ため〉へ指示されている」（ibid., 86）という指摘もあるように、世界の有意義性には本来的な可能性が排除されているわけではない。本章第一節でも述べたが、筆者は本来的な配慮・行為を「共同の尽力」や「正しい即事性」と呼ばれる現象に見ている（拙論「ハイデッガー行為論の本来的射程」『文明と哲学』第三号、日独文化研究所編、二〇一〇年、一六一－一六九頁参照）。

(10) このような「良心のなさ」と「他者への責め」の連関性については一九二五年夏学期講義での以下の発言も参照。「だが行為者は、ゲーテがすでに言ったように、つねに良心を欠いている。私が本来的に良心を欠いて存在しうるのはただ、私が良心を持とうとすることを選択した場合だけである。／行為者は良心を欠いている、すなわち彼は相互存在において必然的に『責め』となる。それは彼があれこれの過失を犯しているという意味ではなく、現存在が他者との行為する共存在として、そうしたものとして、それ自身（eo ipso）責めがある、という意味である〔……〕」（GA20, 441）。

(11) 「友の声」に関しては従来これを、良心現象の日常的な解釈である「良心の声（Stimme）」――そこから「良心の呼声（Ruf）」が析出される――とみなすのか、それとも本来的な共存在を構成する「卓抜な他者の声」とみなすのかで解釈が分かれている。例えば辻村は前者をとり（辻村公一、ハルトムート・ブッナー訳『有と時　ハイデッガー全集　第二巻』創文社、一九九七年、二四八頁参照）、ヘルマンやペゲラーは後者をとる（vgl. Friedlich-Wilhelm von Herrmann, *Hermeneutische Phänomenologie des Daseins*, Bd. 3, Vittorio Klostermann, Frankfurt am Main, 2008, S. 114; Otto Pöggeler, op. cit., S. 277f.）。だがハイデッガー自身は前者、つまり「叱責」「警告」「呵責」を特徴とする日常的な良心解釈を、非本来的な「公共的良心」「世人の声」と呼び、もっぱら本来性を隠蔽する契機とみなしている（vgl. SZ, 278, 290ff.）。したがって筆者は、本来的な可能性を開示しうる「友の声」を「良心の声」と解するには無理があると考え、後者の見解に与している。なお後者の立場をとるものとして他にデリダの論考が有名であるが、中期・後期思想をも射程に入れた広範な議論にも拘わらず、そこでは率先的顧慮に関する考察が欠落している（cf. Jacques Derrida, *Politiques de l'amitié*, Galilée, Paris, 1994, pp. 343-365 鵜飼哲、大西雄一郎、松葉祥一訳『友愛のポリティックス２』みすず書房、二〇〇三年、一七九頁以下参照）。

（12）フィンスクは友の声の開示射程を現存在の死にまで拡張する（cf. Christopher Fynsk, *Heidegger. Thought and Historicity*, Cornell University Press, Ithaca and London, 1986, p. 43）。たしかに友の声が本来的な可能性の開示に関与する以上、この解釈は一定の正当性をもつかもしれない。けれども、そこから反転して直ちに「現存在は他者の死を理解でき、それに参与できる」（ibid.）とは言えない。なぜなら、本来的な次元での「他者の死」は自己の死と対称的なものではなく、全く別の独自な現象であり、その理解やかかわり方もまた独特なものが求められるからである。そもそも「他者、汝とは〔……〕第二の自我のようなものではない」（GA21, 236）。そうである以上、ハイデッガーの言うように、われわれは「死んでいく者〔他者〕が『被る』存在の喪失そのもの」には絶対に接近できない（SZ, 239）。ただしこのことは、他者の死に対する理解が完全に閉ざされていることを意味しない。むしろこの「接近できないこと＝無連関性」こそ、この現象を理解するうえで重要な性格のひとつであると言える。ここから他者の死の存在論的‐現象学的分析という新たな課題が浮上してくる。ハイデッガーの議論を踏まえてこの問題におそらく最初に取り組んだ氣多は、いわば「死体の現象学」とでも言うべき考察を展開し、その帰結として「死の共同体的次元」という注目すべき問題領野を切り開いている（氣多雅子『宗教経験の哲学 —— 浄土教世界の解明』創文社、一九九二年、二一七頁以下参照）。

（13）良心の呼声と友の声をめぐるこうした応答関係については、論考『根拠の本質について』（一九二九年）の以下の指摘も参照。「そしてただ遠さへと聴きうることだけが、自己としての現存在に対し、共現存在への答えの覚醒を時熟させるのだが、現存在はこの共現存在との共存在のうちで、自我性を放棄することができ、それにより自身を本来的な自己として獲得するのである」（WM, 175）。ケッテリングは最初の「遠さ」を、良心の呼声を特徴づける「遠さから遠さへ」（SZ, 271）の動性と重ねることで、「自己の〔本来的な〕構成に際しての共現存在の積極的な協力」を指摘し、ここに「『存在と時間』に対する決定的な新しさ」として「本来的相互存在のようなもの」を見出している（vgl. Emil Kettering, *NÄHE. Das Denken Martin Heideggers*, Günter Neske, Pfullingen, 1987, S. 132f. 川原栄峰監訳『近さ　ハイデッガーの思惟』理想社、一九八九年、一二四頁以下参照)。ケッテリングは相互性に関するこうしたハイデッガーの「訂正」が『存在と時間』公刊直後に噴出した「対話の哲学者たち」からの批判に対する「反応」だと見ている(ibid. 同上)。だが本章で明らかにしてきたように、言及箇所は少ないものの、ハイデッガーは『存在と時間』のなかでも、またそれ以前の諸講義でも本来的相互性の問題を見ている。したがってこの発言はケッテリングが言うほど「新しい」ものではないし、ましてやハイデッガーの「訂正」と言えるものではない。それを踏まえて再度この発言に注目するなら、まず文中の「共現存在への答え(Antwort)」とは他者からの何らかの要求・求めを前提としたものと言える。そしてそれが友の声による本来化の求めであり、他方「遠さへと聴きうること」が良心の呼声を聴くことに相当するなら、ケッテリングの言うように、ここにはたしかにわれわれが明らかにしたものと同型の本来的相互性を見出すことができる。

(14) クルティーヌは友の声による解放のうちに、ハイデッガーの言う「本来的な相互存在の唯一の可能性」があると指摘し、さらにこの可能性について、「実存論的な分析論の枠内でおそらく検討可能だろう」と述べている(cf. Jean-François Courtine, *Heidegger et la phénoménologie*, VRIN, Paris, 1990, pp. 344-345)。筆者もこの主張に同意する。しかし彼は、良心の呼声と友の声を無造作に重ねており(ibid.)、本来化の場面での自他の区別と両者の関係性が十分に問われておらず、それゆえ相互解放の問題には至っていない。

(15) Geburt は以下で見ていくように、「遺産の伝承」や「共同体」「民族」といったモチーフと通底する実存カテゴリーである。それゆえ、通常は「誕生」と訳されるこの語に対して、本章ではこれらのニュアンスをより響かせるために、出自・由来等の意味をも内包する「生れ」の語をあてている。なお森は、従来それほど注目されることのなかったハイデッガーの「誕生(生れ)」を「死」との連関性のうちで捉えることにより、九鬼の「偶然性」やアーレントの「出生性」との交差点を探りつつ、「誕生と始まり」を基点とした哲学的思索の新たな可能性を切り開いている(森一郎『死と誕生――ハイデガー・九鬼周造・アーレント』東京大学出版会、二〇〇八年)。ここでの「生れ」や「始源への存在」に関する筆者の視点は森の研究に負うところが大きい。

(16) この「目的」は特定の内実をもつものではなく、良心の呼声と同様、それをあらかじめ規定する「形式的なもの」として受け取られるべきである。たしかにハイデッガーの決意性は、普遍的な規範や決断の内実を何も示さない。だがそれはクロコウの批判するように、決意性が何か規範や目的、あるいは歴史的連関から切り離された盲目的な「決断主義」の概念だからではなく(vgl. Christian Graf von Krockow, *Die Entscheidung: Eine Untersuchung über Ernst Jünger, Carl Schmitt, Martin Heidegger*, Ferdinand Enke Verlag, Stuttgart, 1958, S. 76ff. 高田珠樹訳『決断――ユンガー、シュミット、ハイデガー――』柏書房、一九九九年、一〇二頁以下参照)、むしろそれらの具体的な内実を超越論的に指示しうる「形式的告示」を担うからである(vgl. GA29/30, 429)。ハイデッガーに即して言うなら、目的や規範の内実は、たとえそれが絶対普遍的律法のようなものであったとしても、決意した個々人のそのつどの状況に応じて決断され選択されなければ、そもそも「歴史的なもの」

になることはないだろう。

(17) 『存在と時間』の序論では、従来の哲学史が「伝統への頽落」(SZ, 21) に陥っていると言われている。すでに一九二四年夏学期講義でもこの点に関して次の発言が見られる。「日常的なものは遺産継承（Erbschaft）自体を拉し去りうるから、現存在は以下の可能性をもつに至る。すなわち、日常的なものから遺産継承を奪い取り、根源的な被解釈性へともたらすこと、つまり日常性から、日常性に抗して、ヘクシス〔卓抜なあり方〕のなかで、概念把握可能なものを本来的な意味において自得する、という可能性である」(GA18, 277)。

(18) このことに関して三宅の以下の証言はひとつの傍証となるだろう。「ハイデッガーは、かつて私たちの質問に答えて、社会といっても単なる集団であってはならない。本来の自己にかえった、自立的となった人間の社会でなければならぬというようなことをいった」(三宅剛一『ハイデッガーの哲学』弘文堂、一九八〇年、八六頁)。

(19) Otto Pöggeler, *Philosophie und Politik bei Heidegger*, Verlag Karl Alber, Freiburg/Miünchen, 1974, 1. Aufl., 1972, S. 23.

(20) 決意性、尽力、他者理解（傾聴）、共同体の連関については、一九二八年夏学期講義での以下の発言も参照。「現存在はその自己性に基づいて自分自身を独自に選択〔決意〕できるがゆえにのみ、他者たちのために尽力しうるのであり、現存在は自分自身への存在〔先駆的決意性〕においてそもそも何か『それ自身』のようなものを理解しうるがゆえにのみ、さらにまた端的に君-自身を聴きうるのである。現存在が〈〔自分の〕ために〉を通じて構成され、自己性のうちで実存するがゆえにのみ、ただそれゆえにのみ、人間の共同体のような何かが可能なのである」(GA26, 245)。

(21) 松本は「正しい即事性」、つまり「正しく事象に即すること」「事象そのものをよく見ること」のうちに「真正な対人関係の成立条件」を指摘し、それを真理論の観点から検討している（松本、前掲論文、特に一〇一－一〇六頁参照）。松本はその論証を、一九二四／二五年冬学期講義でなされた「哲学者（事象に即した者）」と「ソフィスト（事象を離れた者）」との対置を軸に行っており（vgl. GA19, 215, 230ff.）、『存在と時間』では前者が本来性、後者が頽落に相当するという重要な論点を提出している。

(22) 実存論的に解釈された「共同体」や「民族」という概念は、生物学的・遺伝学的な血縁関係・人種等によって科学的に規定されるものではなく、あくまでも伝承を引き継ぐ各自の自由な決意性と相互の友情に基づくものである。ハイデッガーはこの主張を、ナチス政権下の一九三四年夏学期講義においても繰り返している（vgl. GA38, §13, §14, bes. S. 58f.）。また次の一九三四／三五年冬学期講義でもハイデッガーは、ヘルダーリンの詩句「われわれがひとつの対話であり／そして互いに聴きうるものになって以来」を踏まえつつ、各自を「それ自身へと個別化する死」や「不安」「最高の自立性」や「自由」に基づいて「根源的共同体」が成立し、そこから「同朋性（Kameradschaft）」が生じてくると主張しており（GA39, 72f.）、本章で見てきた問題系の一層の深化がうかがえる。もちろんここには他の共同体・民族をどう考えるのかという重大な問題が生じてくるが、本章では立ち入らない。なお加藤はこれらの講義の前年になされたフライブルク大学総長就任演説『ドイツ大学の自己主張』（一九三三年）での「指導」概念が、率先的顧慮を「具体化」したものであるという注目すべき見解を提示し、そこに「大学が民族を『指導』するという図式」を読み取っている（加藤恵介「実存と民族――「ハイデガーとナチズム」問題に寄せて――」『倫理学年報』第五五集、日本倫理学会編、二〇〇六年、一〇三頁以下参照）。

（23）手塚富雄『ドイツ文学案内』岩波文庫、一九六三年、八八頁以下参照。

（24）こうした将来に向けた先駆的な「犠牲」については、一九三〇年代後半以降「別の始源への移行」との連関のなかで、それを準備する詩人と思索者に関して再び語られることになる。この問題に関しては本書第七章を参照。

（25）マルクスは、ハイデッガーにおける倫理的規範性の欠如を指摘し、その理由を、「なぜなら〔ハイデッガーによって〕明白に別れを告げられた伝来の『道徳的』諸命令に代わって、一定の見解ないしは行為が『善』であるか否かに関して決定しうる、いかなる『諸尺度』も〔ハイデッガーによっては〕あらかじめ考えられていないから」（Werner Marx, *Heidegger und die Tradition. Eine problemgeschichtliche Einführung in die Grundbestimmungen des Seins*, W. Kohlhammer, Stuttgart, 1961, S. 243）と述べている。だが現存在分析の意図は、伝統的な倫理学に「別れを告げる」ことでもなく、善悪の新たな「諸尺度」を提出することでもなく、あくまでそれらの実存論的 - 存在論的な諸基礎・諸前提の解明にある。

（26）池田も「道徳性の基礎づけ」という観点から『存在と時間』の「良心の呼声」や「責め」、「決意性」をめぐる議論に注目し、それらをカントの「道徳形而上学の基礎づけ」に近いものとして積極的に解釈している（池田喬『ハイデガー　存在と行為――『存在と時間』の解釈と展開』創文社、二〇一一年、一五二頁以下参照）。

第三章　超越——存在の問いの答え方

本書はこれまで『存在と時間』において展開された現存在分析を、自己の問題（第一章）ならびに他者の問題（第二章）に即して論じてきた。前者は自我を実体的な主観とみなす近代的自我論の批判的な基礎づけとして理解することができ、後者は、伝統的な道徳説・倫理学の基礎的な研究に貢献しうる側面を含んでいる。しかしながらハイデッガー自身は、何か新手の哲学的人間学を構築しようとしているわけではなく、これら現存在分析の目的はあくまでも「存在一般の意味への問い」を仕上げるための準備にある。このことは繰り返し押さえておかねばならない。現存在分析が「基礎的存在論」と呼ばれるのも、それが「存在の問い」へと方向づけられた実存論的分析論として、「全ての存在論の基礎づけ」を担っているからである（vgl. SZ, 13; GA24, 319）。

第一節　存在の問いをめぐる残された諸問題

それでは『存在と時間』において肝心要の存在の問いはどうなっているか。言うまでもなく、その全面的な展開がなされるはずであった第一部第三編「時間と存在」が未発表であるため、この問題は取り残されている。一体、存在の問いはどのように問われ、また答えられることになっていたのか。『存在と時間』構想の核心に位置するこの問題に対してハイデッガー自身が用意していた方策を、わずかではあるが、『存在と時間』の序論のなかに見つけることができる。

> それゆえ存在そのものの研究解釈という基礎的存在論の課題はそれ自身において、存在のテンポラリテートの仕上げを含んでいる。テンポラリテートの問題系を提示するなかではじめて存在の意味への問いに対する具体的な答えが与えられる。(SZ, 19)

ここでハイデッガーは存在の問いに対する「具体的な答え」が「テンポラリテートの問題系の提示」において与えられると明言している。さらにこの「提示」は「基礎的存在論の課題」に含まれる「存在のテンポラリテートの仕上げ」とも言われている。「存在のテンポラリテート」とは、この直前の文章で見られる「存在のテンポラールな規定性」(ibid.)のことを指し、要するに、存在とその多様な諸様態がわれわれの理解においてそのつど時間的(テンポラール)に規定されていることを意味する。われわれが「存在」という現象を思念する際、そこにはつねに「時間」への眼差しが暗黙のうちに含まれている、ということである。この着想をハイデッガーは、ギリシア語の「存在」にあたるウーシア(οὐσία)が同時にパルーシア(παρουσία)つまり「現前性(現在)」をも意味する、という言語学的な事実から得た(vgl. SZ, 25)。日本語(漢字)では事態はちょうど反対であり、「現在」という時称のなかに存在が含まれるわけだが、とにかく、『存在と時間』というタイトルそのものが何よりも物語るように、この著作の構想はすべて存在のテンポラリテートというこの謎めいた現象にハイデッガーが遭遇したことから始まっている。繰り返しになるが、『存在と時間』の第一の目的は、「存在の意味を時間として解釈すること」なのである。

だがこれほどまでに明瞭なビジョンをもちながら、なにゆえハイデッガーは存在の問いそのものを問い、答える過程を公にしなかったのか。第一部第三編が未刊に終わった理由は何か。ハイデッガー哲学を論じる上で避けては通れないこの途絶問題に関して、周知のように、これまで様々な見解が提出されてきた。ここでそれらを一つひとつ検討する余裕はないが、この途絶のうちに『存在と時間』構想の、ひいてはハイデッガー自身の思索の何らかの挫折を見るという点で論者はおおむね一致しているように思われる。たしかに予定されていた後半部の公刊が断念された以上、この途絶は著作の不完全さを意味し、その限りでは挫折と言うことができるだろう。しかしそれをもって直ちに、『存在と時間』構想の失敗や見当違いなどと受け取ってよいものか。むしろこの「挫折」は『存在と時間』の試みが当初想定していたよりもうまくいきすぎたためであり、むしろあまりにも先に進みすぎた結果だとは考えられないだろうか。途絶の理由は思索の失敗ではなく進展として、より鋭く言えば、成功として理解することもできるのではないか。いずれにせよこの問題について何か意見を表明するためには、何よりもまず、現存在分析の到達点を明らかにしておかなければならない。そこでハイデッガーが出くわした問題こそ、『存在と時間』構想の本質と限界を明らかにしてくれるだろうし、ひいては、この著作の途絶理由に関しても何か教えてくれるだろう。

そのためにわれわれは本章を通じて、ハイデッガーが存在を問いその答えを得た道程を、できるだけテキストに即して追究していきたいと思う。その最初の糸口となりうるであろう指摘が、やはり『存在と時間』の序論に残されている。われわれはまずそれを確認することから始める。ハイデッガーはそこで「存在の普遍性」という現象に注目し、それを論理学的な「類としての普遍性」と区別しつつ、以下のように性格づけている。

哲学の根本テーマとしての存在は存在者のいかなる類でもないが、それでも存在はいかなる存在者ともかかわっている。存在の「普遍性」は〔類よりも〕一層高く探求されるべきである。存在と存在構造はあらゆる存在者と存在者のあらゆる可能的に存在する規定性を越えて存する。存在は端的に超越者である。現存在の存在の超越は、そのなかで最もラディカルな個体化の可能性と必然性が存する限り、一つの卓抜な超越である。超越者としての存在のあらゆる開示は超越論的な認識である。現象学的真理（存在の開示性）は超越論的真理である。(SZ, 38)

「存在の普遍性」とは存在が「あらゆる存在者」に対してあらかじめすでにかかわっていること、つまりいかなる存在者にとってもその本質にあたることを意味している。そのような存在はまた「存在一般」とも強調されるが、それらは類が種や個に対してもつ普遍性、通常われわれが慣れ親しんでいる論理学的な一般性と鋭く区別された存在論的な概念として導入されている。例えば人類は人種や個人に対して普遍的であるが、それはヒトという特殊な存在者の外延を概念的に操作して得られる存在者的な規定性にすぎない。人類という概念の普遍性はヒトにだけ妥当し、サルや鉛筆、神など他の存在者の本質規定には決してかかわらないものである。それに対してハイデッガーの言う存在の普遍性・存在一般は、「存在する」限りのありとあらゆる存在者におよぶことができ、その意味で類としての普遍性よりも「一層高い」と言われている。そしてこの存在の「高さ」を指してハイデッガーは、一切の存在者に対する存在の超越性を指摘する。存在そのものはつねにすでに全ての存在者に対して超越するという仕方でかかわり、そのなかで存在者全体を本質的に規定する「超越者

(transcendens 超範疇)」なのである。したがって、このような超越する存在を問うためには、それを問うわれわれ現存在自身の側も何らかの仕方であらかじめ存在へと超越していなければならない。それが「現存在の存在の超越」と呼ばれ、またそこでの存在との出会い方、開示の仕方が「超越論的な認識」とか「超越論的真理」と言われている。超越する存在を現存在の超越を通じて問い求める基礎的存在論は、基本的に超越論的な試みなのである。ハイデッガーはこの引用のなかでさらに、現存在の超越という「卓抜な超越」が現存在自身を「最もラディカルな個体化」へもたらすとも述べているが、それが何を意味し、またいかに生起するのかについて、序論ではこれ以上何も語っていない。

だが、ここで言及された超越の問題が存在の問いにかかわっている以上、それはまた先ほど見たテンポラリテートの問題系とも何らかの連関をもっているはずである。ところでこのテンポラリテートの問題系は未刊の第一部第三編に属するものであったが、実は『存在と時間』本編のなかにもこの第三編に関するものと考えられる重要な指摘がいくつか存在する。なかでも時間性が析出された第二編第三章の最終段落、すなわち現存在の分析論がそれ以後時間性を基底として「反復」へと向かう直前の箇所でなされた以下の指摘は、未刊の部分も含めた『存在と時間』構想の全体を考えるうえで極めて有意義なものである。

> 現存在の時間性を日常性、歴史性、内時間性として仕上げることは現存在の根源的存在論の諸紛糾への容赦のない眼差しをはじめて与える。世界内存在として現存在は事実的に内世界的に出会われる存在者と共にそしてその許で実存している。それゆえ現存在の存在がその包括的で存在論的な透見性をはじめて受け取るのは、現存在的でない存在者、すなわちまた手許的でもなければ眼前的でもなく、ただ「存立している」だけの存在者の明らかにされた存在の地平においてである。だがわれわれがそれについて、それは存在すると言うもの（von dem wir sagen, es *ist*）全ての存在の諸変様の研究解釈は、あらかじめ十分に解明された存在一般のイデーを必要とする。(SZ, 333)

最初に言われている「現存在の時間性を日常性、歴史性、内時間性として仕上げること」とは、これ以降の『存在と時間』本編の展開に相当する。すなわち第二編第四章は「日常性」、第五章は「歴史性」、第六章は「内時間性」をそれぞれ時間性から反復的に解釈することが試みられている。ハイデッガーは、これらの分析を経たその先に、「現存在の根源的存在論の諸紛糾」なる事態が控えていると指摘する。『存在と時間』公刊部は第二編第六章で途絶しているわけだから、この指摘はそれ以後の展開、すなわち第一部第三編を指すもの見てよいだろう。そしてそこには存在の問いと直接かかわるテンポラリテートの問題系、および超越の問題があった。後者の超越は存在それ自身であるとともに、その存在を理解し、何よりも問うことができる現存在自身のあり方を意味した。存在の問いをめぐるこの同じ事態が上の引用の最後でもやはり触れられている。「存在一般のイデー」の「十分な解明」とは、まさしく存在そのものを問いその答えを得ること、つまり存在の理解を解釈し明確な概念把握へともたらすことに他ならない。するとその前に言われている「現存在の存在」の「包括的で存在論的な透見性」も、既述した現存在の超越の問題と何かしら関係があると予想できる。[1]

しかしそのことが、先ほどの「現存在の根源的存在論の諸紛糾」とどうかかわるのか。そもそも「諸紛糾」とは何を指しているのか。ハイデッガーはその内実を、この引用の中段辺りで少しだけ語っている。それによると、この諸紛糾において問題となるのは、「現存在的ではなく」さりとて「手許的でも眼前的でもなく」、「ただ『存立している（besteht）』だけ」の存在者、あるいは端的に「それは存在する」としか言いようのない、何とも不可思議な存在者であるとされる。[2] この存在者の奇妙さは、それが「存在する」という事実以外の一切の性格づけを受けつけないこと、その徹底した無規定性、いわば純粋存在性にある。したがってこの存在者の存在を理解することは、いかなる特定の存在規定からも独立しているという意味で、中立的な存在理解とも言えそうだが、注目すべきことに『存在と時間』のなかにはおそらく一箇所だけ、このような中立的存在理解について言い及ぶ場面がある。

存在の理解は中立的に留まりうる。そのとき手許性と眼前性はいまだ区別されておらず、いわんや存在論的に概念把握されてもいない。(SZ, 364)

ここで「中立的」とは、まさしく存在が「手許性」とか「眼前性」とかあるいは「現存在的」などと規定される以前の状態で理解されている事態を意味する。これは先ほどの存在の無規定性と重なるものと言えるが、それよりも注目すべきはこの発言がなされた箇所である。それは、『存在と時間』本編のなかで唯一「超越」の問題が論じられた第六九節であり、まさしくこの発言に前後して「現存在の超越」という言葉も語られている。けれども、超越とこの中立的な存在理解との関係はそこでの指摘だけでは不明瞭なままである。いわんや、「ただ存在するだけ」と言われたあの不可思議な存在者に関しては一言も触れられてはいない。これらはすべて、テンポラリテートの問題系とともに第一部第三編へともちこされる問題であって、これらの言及はそのためのいわば伏線といったところであろうか。

ともあれ、われわれは存在の問いをめぐって残されたいくつかの問題をピックアップしてきた。それを整理すると、①存在のテンポラリテートの問題系、②現存在の超越の問題、③ただ「存在する」だけの無規定的な存在者、④中立的な存在理解、という四点に集約できるだろう。これらの問題はそれぞれ内的に連関し合っていると考えられるが、上での議論を鑑みると、なかでも現存在の超越の問題が中心的な役割を果たしているように思われる。

それゆえわれわれはまず、存在の問いに近づき、その問い方と答え方を解明するために、その突破口として、『存在と時間』およびその公刊直後の時期の諸論考を手がかりに、超越の問題の究明に取り組むことにする。

しかしながら、この試みはそれほど容易ではない。というのも、ハイデッガーのテキストを一瞥する限り、「超越」というこの言葉自体が、場合によっては矛盾とも受け取られかねないほどに、あまりにも多様に語られているからである。そのため従来の研究は、超越概念をめぐるこの混乱ぶりを問題の変容あるいは発展の過程として捉え、思想形成史的な観点から何とか整合性をとろうとする試みがなされてきた(3)。けれども、ハイデッガー自身が同時期に「超越」というこの一語を用いて論じている限り、そこで問題となるのはやはり同じ一つの現象でなければならない。ここで求められるのは、概念規定の多様性に注目し、それらの違いを区別・分類・階層化することで概念の変容過程を跡づけることではなく、逆に、「超越」というこの一語で示される現象を、多様な側面をもった一つの現象とみなし、その統一的な姿を見抜くことであろう。重要なのは、多様に語られた超越現象の統一的で全体的な概念把握であり、そこからはじめて、存在の問いへと通じる地平もまた開かれてくるはずである。そしてそこにこそ、存在の問いに対する具体的な答えとしてのテンポラリテートの問題系も属している。その準備としてまずは、『存在と時間』において語られた超越の問題を見ていくことにする。

第二節　『存在と時間』における超越

(1) 自己超越としての〈それ自身に先立つこと〉

ハイデッガーは『存在と時間』が公刊されたのと同年の一九二七年夏学期講義において、「現存在の超越」の十全な解明には「慮り」の明確化が不可欠であると指摘している (vgl. GA24, 423f.)。本書第一章で見たように慮りとは現存在の存在のことであり、『存在と時間』ではそれが自己の構造的な本質とみなされていた。ハイデッガーは現存在の超越を問うには、まずこの慮り構造に着目せよと言うのである。

慮り構造は、「内世界的な存在者の許での存在として－それ自身に先立って－すでに世界の内に存在すること」と定式化されていた。われわれはここで、この構造の第一の構成契機である〈それ自身に先立つ〉という現存在の動性に注目する。というのも、この「先立ち」はまた「それ自身を越え出る（über sich hinaus）」（SZ, 192）とも言い換えられていたが、この〈～を越え出る〉とはまさしく超越の動向として理解できるからである。このとき超えられる「それ自身（sich）」は自己喪失的な世人自己を指し、逆に、この先立ち＝越え行きを通じて自己自身の本来性が取り返されるのであった。したがって、〈それ自身に先立つ〉という現存在のあり方は、現存在が世人自己を乗り越えつつ本来的な自己自身へと立ち帰ることとさしあたり言えるだろう。われわれは自己のこうした本来化の動性を指して、現存在の「自己超越」と名づけることにする。といってもそれは決して恣意的な命名ではない。前節で触れたことだが、ハイデッガー自身『存在と時間』の序論において「現存在の存在の超越は、そこに最もラディカルな個体化の可能性と必然性が存する限りある卓抜なものである」（SZ, 38）と述べており、この「個体化（*Individuation*）」が本来的な自己の「個別化（Vereinzelung）」に相当するなら、彼もまたわれわれと同じ場面で「現存在の超越」を口にしていることになる。[4]現に一九二七年夏学期講義では、「それ自身を超え出ること」が「現存在が自己性格を持つための前提」とみなされ、まさしく「超越」と呼ばれている（vgl. GA24, 425, 435）。

(2)「世界の超越」——世界が超越すること

けれども既述のように『存在と時間』のなかで「超越」について実際に論じられたのは、慮り構造が定式化された第四一節ではなく、そこからさらに二八節後の第六九節においてである。この節ではその表題「世界内存在の時間性と世界の超越の問題」が示すように、それまでの分析論を通じて明らかにされた現存在の時間性から、「世界の超越」と呼ばれる現象の解明が試みられている。それは以下のような問いから開始される。

いかなる意味で世界は存在するか、世界は何を、いかにして超越するか、いかにして「非依存的な」内世界的存在者は超越する世界と「連関している」のか。(SZ, 351)

ここでは「世界の超越」なる現象が、「超越する世界」つまり「世界が超越すること」として捉えられ、そこにおける存在者との連関性が問われている。それにしても「世界が超越する」とはいかなる事態か。この「超越」が主観的内面性に対する客観的世界のいわゆる「外在性」ではないとすれば、「世界の超越」とは何を意味するか。ハイデッガーはまず時間性の諸脱自態、すなわち将来「それ自身へ(Auf-sich-zu)」、既在性「~へ帰る(Zurück auf)」、現在「~を出会わせる(Begegnenlassen von)」という三つの動性それぞれのうちに「地平性格」が属していることを指摘し、これら諸脱自態が「脱去する先」である「地平」のことを「地平的図式」と名づける(ibid., 365)。将来、既在性、現在という時間性の三つの脱自態はそれぞれこの地平的図式をもつのであり、それらは順に「自分のために(Umwillen seiner)」「被投性の〈それに面して(Wovor)〉」「する‐ため(Um-zu)」と性格づけられる(ibid.)[5]。だがこのような区分はこれらがばらばらに存在することを意味せず、むしろ時間性の諸脱自態はそれら自身においてすでに統一しているため、これら地平的図式もまたそれら自身の側で何らかの統一を保っていなければならない。この統一のうちには、「〈自分のために〉と〈する－ため連関〉との根源的な関係」(ibid.) が、つまり将来と現在の地平的図式の統一が見受けられるが、それはまさしく世界の世界性である有意義性を構成するものと考えられる。存在者とのあれこれのかかわりを先導する〈する－ため連関〉は、究極的な〈自分のために〉からあらかじめ規定されており、そのような両者の関係性が将来と現在の地平的図式の統一を意味するなら、世界の有意義性は時間性の地平のうちに根差していることになる。ハイデッガー自身、「有意義性の統一、つまり世界の存在論的体制は〔……〕時間性に基づかなければならない」と述べ、それをまた「世界は〔……〕時間性のうちで時熟する」とも言い換えている (ibid.)。さらにこの「世界の時熟」は、あれこれの存在者とのかかわり(配慮や学的主題化)全ての「前提」をなすと言われ、こうした世界時熟の前提性格を指してハイデッガーは、「世界は超越的である」(ibid., 366) と形容するのである。「世界の超越」つまり「世界が超越する」とは、世界が、現在における存在者とのあらゆるかかわりに先立って、その意味でいつもすでにアプリオリに「存在」していること、より厳密に言えば、「時熟」していることに他ならない。逆に、こうした有意義な世界の時熟を前提にしてはじめて、あれこれの存在者はそのつどのかかわりのなかで適切に意義づけられ、使用可能なものとして出会われるようになるのである。

他方でハイデッガーは、この同じ第六九節においてすでに同様の前提性格について触れており、それをまさしく「現存在の超越」と呼んでいる (vgl. ibid., 363f.)。そのなかで、例の「中立的な存在理解」も登場するわけだが、はたして「世界の超越」と「現存在の超越」は、この中立的な存在理解をめぐっていかなる関係にあるのか。たしかに世界が現存在の根本体制である世界内存在に属する限り、「世界が超越的なものであるなら、本来的に超越的なものは現存在である」(GA24, 425) と形式的には言えよう。だがわれわれが先ほど見た「現存在の超越」とは、何よりもまず、〈それ自身に先立つこと〉ないし〈それ自身を越え出ること〉としての現存在

うこの現象に関して、自己と世界はいかなる関係にあるのか。そもそも超越という自己超越ではなかったか。それがなぜここで、世界の超越と同じ規定を受けているのか。そもそも超越という

第三節　『存在と時間』公刊直後の超越

(1)『形而上学とは何か』における「超越」――世界を超越すること

超越をめぐるこれらの問題について『存在と時間』のハイデッガーは沈黙している。しかし手がかりが全くないわけでもない。〈それ自身に先立つ〉という現象が最初に導入される際、そのための卓抜な現象として注目されたのは不安であったが、この不安においてまさしく件の「自己」と「世界」が重要な問題となっていたからである。ゆえにそれらの関係を明らかにしようとするなら、『存在と時間』公刊の二年後の講演『形而上学とは何か』(一九二九年)のなかで、再び不安が取り上げられていることは注目に値する。だがそれは、『存在と時間』では語られなかった「安らぎ(Ruhe)」をもつ不安と言われる(vgl. WM, 111ff.)。一見言葉の上では矛盾しているようにも見える「不安の安らぎ」あるいは「安らぎの不安」とは一体何を意味し、またそれは超越や自己、世界とどうかかわるか。

『存在と時間』での記述に従うと、不安は存在者の全てを完全に無規定的・無意義的にする根本気分であった。『形而上学とは何か』において「拒絶的」な「無化」とも呼ばれるこの現象はまた、「全体としての存在者の退去」あるいは「滑落」とも言われている(ibid., 112ff.)。これは『存在と時間』で言われた世界の「沈下」

に相当するものと思われるが、そこではまた「他者の共現存在も何も提供しない」(SZ, 187)とも指摘されていた。この同じ事態が『形而上学とは何か』では以下のように語り直されている。

そのこと〔全体としての存在者の滑落〕にはわれわれ自身――これら存在する人間たち――が存在者の直中でわれわれからともに滑落するということが存している。ゆえに根本的には「君にとって」とか「私にとって」ではなく「人にとって」無気味なのだ。(WM, 112)

「共に滑落する」と言われる「われわれ自身」とは、それを「無気味」に思う「人(man)」、つまり世人を意味する。『存在と時間』において世人は、その「気休め(Beruhigung)」性格ゆえにわれわれを忙殺し、決して「何か安らぎのようなもの」を与えないと言われている(SZ, 177f.)。その世人が不安において世界とともに滑落していくのであるから、それは気休めの無化であるとともに、「何か安らぎのようなもの」が与えられる可能性をも示唆しているとまずは考えられる。そしてまさしくこの場面で、〈それ自身に先立つ〉と言われた現存在の自己超越、つまり世人自己を〈越え出ること〉が指摘されていた。そうするとここでの世人滑落は、この自己超越と何らかの関係にあると考えられるが、沈みゆくものは超えゆくものにとってのみ沈みゆくということに気づけば、両者は異なる現象ではなくむしろ表裏相即の関係にあり、同じ一つの現象を構成している二側面と言えるだろう[6]。自己超越における本来的な自己の取り戻しが同時に、世人滑落を通じた「安らぎのようなもの」へと来る可能性を開くのである。それこそがまさしく、「不安の安らぎ」あるいは「安らぎの不安」と呼ぶにふさわしい事態と言えよう。

一方世界に目を向けてみると、世人が公共的世界を支配している限り、世人滑落は同時に公共的世界そのものの沈下であるとも言える。不安において滑落していく「全体としての存在者」には道具的な環境だけでなく公共的世界も含まれており、要するに、日常的世界全体が滑落していくのである。ここで先ほど触れた世人滑落と自己超越との相即関係を鑑みるなら、この世界全体の滑落もまた何らかの仕方で現存在の超越とかかわることが推測される。それを見越したかのように、ハイデッガーは不安の情態についてこうも述べている。

無の内に保たれつつ、現存在はそのつどすでに全体としての存在者を越えている。この存在者を越え出ていることをわれわれは超越と名づける。（WM, 115）

「無の内に保たれつつ」とは不安の無化、世界全体の滑落を意味するが、それがここでは「全体としての存在者を超えている」こととして、まさしく「超越」と呼ばれている。不安の直中で現存在は、滑落していく日常的な世界全体を超越しているのである。けれどこの世界を超越しつつ現存在は一体どこへ向かっているというのか。

(2)『根拠の本質について』における「超越」——世界へと超越すること

その明瞭な答えが、この講演と同年に発表された論考『根拠の本質について』（一九二九年）のなかで以下のように与えられている。

われわれは現存在自身がそこへと超越する先を世界と名づけ、そして今この超越を世界内存在として規定する。世界は超越の統一的な構造をともに構成している。（WM, 139）

ここでは現存在の「超越する先」が端的に「世界」と言われている。このいわば「世界への超越」とでも言うべき現象は、一見すると先ほどの「世界を超越すること」と異なるようにも見える。しかしハイデッガーはこの発言の直前に、「自己性を構成」しつつ「存在者が全体性において乗り越えられる」という上で見たのと同様の「超越」についてたしかに語っている（ibid., 138f.）。はたして「世界の超越」とは「世界を超越すること」なのか、それとも「世界へと超越すること」なのか。ハイデッガーはこの問題を解明していないどころか、そもそも問うてすらいない。だがこの「沈黙」をあえて積極的に受け止めるなら、ハイデッガーはここで同じ一つ現象を見ており、そもそも区別して論じる必要がなかった、と解釈することもできるだろう。そうすると問題は、一見二様に見える「超越」がいかにして一つの現象であると言えるのか、となる。われわれはこの問題を追究するために、再度不安の現象に注目したい。なぜなら『存在と時間』のなかで「不安の〈それに面して〉」として強調されたあの「世界そのもの」の現れ方にこそ、この問題を解く鍵があるように思われるからである(7)。

不安において世界は無意義な姿で直接的に現出する。それでも現存在が世界内存在する限り、現存在はこの無的な世界の内に居続けなければならない。そこではもはや直面するもの一切について、〈何かとして〉規定したり分節化することはできない。いかなる意義づけも拒まれた現存在は、ひたすら「沈黙」（WM, 112）を余儀なくされている。しかしながらたとえ「それは無である」（ibid.; SZ, 186）としか言いようがないにしても、「それ」は決して「消滅」したり「否定」されているわけではなく（WM, 113f.）、むしろ現存在を切迫し、息もつけないほど近く現に存在し続けている（vgl. SZ, 343）。裏を返せば、現存在はこのとき、「それ」についてただかろうじて「存在する」と言うことだけは許されているのである。だが「存在する」と言いうる限り、たとえ「それ」が〈何であるか〉〈何のためにあるか〉わからないにしても、存在する存在者〈ありてあるもの〉であることだけはたしかである。この「存在する存在者」は言うなれば、あれこれと規定される以前の存在者、その意味で純粋な存在者そのもの、存在者としての存在者に他ならない。このとき存在者はこの上なく「それ自身」へと個体化されており、いわば本来的な存在者とでも言うべき赤裸々な姿をありありと曝け出している。だがこの不可思議な存在者はまたそれ自身において同時に、全体としての存在者をも担っている。なぜなら「存在者そのもの」とは、眼前的であろうが手許的であろうが、石、植物、動物、人間（現存在）、天体あるいは神であろうが、とにかく「存在する」と言いうるもの全てにあてはまる、存在者全体（ありとあらゆるもの）の本質規定をも担うものだからである。(8)

「不安の無の明るい夜」（WM, 114）の直中で、存在者そのものは全体として、すなわち全体としての存在者そのものとして統一的に現れている。それこそが、「不安の〈それに面して〉」と言われたあの「世界そのもの」の現出様態に他ならない。有意義な世界の滑落はそれ自身、「沈みゆく全体としての存在者への拒絶的な指示」（ibid.）を担い、それがそのまま、いわゆる「世界が世界すること」(9)を構成しているのである（ibid., 164）。現存在はたしかに不安において日常的な世界全体を超越している。だがそれは何か「世界の外」のような彼岸への脱出ではなく、むしろ「世界する」この世界そのものへと超越すること、換言すれば、日常性よりも一層近い此岸へ帰来することなのである。この超越はまた自己超越でもあるから、本来的な自己の取り戻しは本来的な世界そのものの開示とともに、そのうちでのみ遂行されうる、と言えるだろう。超越において自己はまさしく本来的な世界内存在として純粋に見出されうる。「超越を世界内存在として規定する」という先の引用の指摘は、以上のような事態を端的に言い表したものと考えられる。

(3) 超越と世界形成 ――「世界の超越」の三重の統一

では「世界を超越する」あるいは「世界へと超越する」という二重の意味でのこうした「世界の超越」において、『存在と時間』第六九節で論じられた「世界の超越」、つまり「世界が超越すること」はどう位置づけられるのか。この問題を放置する限り、超越という現象の解明はいまだ不十分であり、ひいては存在の問いへの通路も閉ざされたままである。ここで問うべきは多様に語られた「世界の超越」の統一的な意味であろう。ところでわれわれはここまで、世界の開示される仕方をもっぱら不安という気分に即して見てきた。だが超越があくまで「現存在の根本的本質」(WM, 115) を意味するなら、そこにはまた慮り構造を構成する他の開示性、すなわち理解や語りも何らかの仕方でかかわっているはずである。このうち語りは「沈黙」の様態としてすでに登場している。では理解はどうか。

ハイデッガーによれば理解とは本質的に企投を意味する。そうすると理解と世界とのかかわりは、さしあたり「世界企投」と言えるだろう。そして世界は「全体としての存在者」としてあれこれの存在者が存在し、われわれがそれらとかかわるための前提であった。それゆえ世界企投とは、世界が前提的に「存在者を越えて企投されている」(ibid., 158) ことを意味するが、ハイデッガーはこの前提的・先行的な企投を「先投 (Vorwurf)」(ibid., 165) と名づけ、「存在者そのものの現れを初めて可能にする」(ibid., 158) ものとみなしている。加えて上で見たように、「存在者そのもの」の暴露は超越においてなされうるから、この企投はまた「超投 (Überwurf)」(ibid.) とも呼ばれる。要するに、世界企投とは世界の先投的な超投なのである。

ハイデッガーは世界企投を以上のように性格づけた後、そこに「世界形成的」な性格を指摘する。だが形成的といっても、それは何か創造や工作といった類いの制作行為ではない。「世界形成」とはむしろ、現存在が超越するなかで「ある根源的な見え方（形像）」が「全ての開示可能な存在者」の「先-像（Vor-bild）」として与えられることであり（ibid.）、それはまた世界を基づけることとして「世界の建立」とも言われる（ibid., 165f.）。ここで注目すべきは、やはり先の二つの論考と同年に公刊された『カントと形而上学の問題』（一九二九年）である。ハイデッガーはそこでカントの「想像力（構想力）」を自身の実存カテゴリーである「時間性」から捉え、「概念にその形像をもたらす想像力の振る舞い」を担う「超越論的図式」のことを、諸脱自態の「地平的図式」として解釈している（vgl. KP, 97）。この解釈に従えば、世界形成とは、時間性の地平的図式が世界を限界づけつつ輪郭づける（ホリゼイン）[10]ことを通じて、「世界」という概念にその「見え方（形像）」をもたらし、そのようにして世界を基づけていることと言える。そうであるなら先述の『存在と時間』第六九節における「将来と現在の地平的図式の統一が有意義性を構成する」という事態、つまり「世界の時熟」は、ここでは、この統一のうちで有意義な世界の見え方（形像）が形成・建立され、概念把握されうる事態と捉え返すことができるだろう。

管見ではハイデッガーが言及している地平的図式の統一はこれ（将来と現在の統一）だけである。しかしながら時間性の諸脱自態の統一が、第一義的には将来と既在性の統一である限り、そこに属する地平的図式の統一もまた将来と既在性の統一を第一義的としなければならない。将来と既在性の地平的図式はそれぞれ、〈自分のために〉と被投性の〈それに面して〉であった。ところで、〈それのために（Worum）〉と〈それに面して（Wovor）〉の統一とはまさしく、本書第一章第二節で見たように、自己の本質規定である実存論的自同性を意味する。それは不安のうちで開示され、そのとき世界は無と化した。そうであるなら、地平的図式の統一が第一義的に形成する「世界」とは、不安において露わとなる無的な世界そのもの、つまり無規定的・無意義的な全体としての存在者そのものということになろう。加えて、頽落の可能性が慮りに帰属する仕方を考え合わせるなら、それはこの世界そのものからの逃避であるから、日常性を特徴づける有意義な世界は、現存在が超越において本来的な自己と世界そのものに直面しつつ、そこから逃避するなかで見られ、形成されていると考えられる。[11] そしてこの有意義な世界こそ、存在者とのあらゆるかかわりに先立って、つねにすでにそれらの前提に時熟していた「超越する世界」に他ならない。つまり「世界への超越」のうちには「世界を超越すること」だけでなく「世界が超越すること」も等根源的に時熟しているのである。三重に語られた「世界の超越」という現象は今や、明確な統一性のうちで露わになっている。それを一挙に言うなら、現存在が（日常的な）世界を超越しつつ世界（そのもの）へと超越するなかで（有意義な）世界が超越している、と定式化できるだろう。

⑷ 超越と存在問題

以上の考察からわれわれは、多様に語られた「超越」を、自己と世界の問題に即して、統一的に把握したとひとまず言えるかもしれない。しかしながら本章第一節で触れたように、ハイデッガーにとって超越の問題はあくまで存在一般の意味を問い、答えることに向けられていた。ハイデッガー自身の言葉を『根拠の本質について』の注から引用しておこう。

それ〔超越問題〕はまた、〔『存在と時間』〕第一部全体の表題において明瞭に告示されている唯一の手引き、つまり「存在の問いの超越論的地平」を獲得するという意図を可能にするために問われている。（WM, 162 Anm.）

超越をめぐる議論は「存在の問いの超越論的地平の獲得」を意図したものであり、それはまさに『存在と時間』構想の掲げる究極的な課題を意味する。ではこれまで明らかにしてきた超越の現象において存在の問いはどうなっているか。われわれはようやくこの問題の戸口に立っているにすぎない。ここで想起すべきは、不安において世界が無化していくなかで、現存在がかろうじて口にしえた「存在する」という言葉である。この言葉はまさしく超越において「存在」と呼びうる現象にわれわれが出会っていたことを物語っている。ハイデッガーはそのことを端的に「超越のうちでのみ存在（存在者では無い）は与えられる」（ibid., 172）と言う。無論「存在者では無い」という括弧内の補足は、論理学的な否定や区分、そもそもいかなる分断でもなく、第一義的には「無の無化」を表している（vgl. ibid., 108f., 117, 123）。存在者と存在を区別するいわゆる「存在論的差異」の問題は、無の本質にかかわるものとして、超越のうちでのみ生起しうるのである（ibid., 123, 135）[12]。ところで「存在」とはつねに「存在者の存在を意味する」（SZ, 6）が、ここで口にされた「存在」は、まさしく無規定的な全体としての存在者そのものの存在にあたる。つまりこの「存在」こそ、もはや特定の存在者の存在、科学的な眼前性や道具的な手許性など、すでに何らかの規定を受けてしまった存在者の存在ではなく、そうした特定の存在規定の一切に先立つという意味で、純粋な存在そのもの・存在一般と言いうる。そしてその理解はまさしく、「無規定的」という意味で無的にして有限的であるとともに、中立的な存在理解に他ならないから、この「存在」を唯一の本質規定として存在する存在者、すなわち、不安のなかで世界そのものとして現出した全体としての存在者そのものこそ、「ただ『存立する』だけ」と言われた、あの不可思議な無規定的存在者ということになるだろう[13]。

このように、超越を通じて存在が存在者とともに「そのもの」として現れる限り、世界への超越は同時に存在そのものへの超越でもある。換言すれば「世界」はこのとき、存在者的にも存在論的にも概念把握されうる[14]。そうであるなら、超越のうちで遂行される世界企投は同時に存在企投をも担うだろう。このとき「存在者の企投」と「存在の企投」という位相の異なる企投は、超越を通じて、「いわば相互に直列に接続された一連の諸企投」として同時に遂行されるのである（vgl. GA24, 396, 437）。この企投、つまり先投的超投はまた形成的‐建立的でもあるから、そこでは世界だけでなく、存在そのものの見え方（形像）、すなわち存在一般のイデーもまた時間性の地平的図式を通じて先与され、形成され、つまりは時熟していることになる[15]（vgl. SZ, 438）。超越の開くこうした時間的な地平こそ、存在という現象がそのテンポラールな規定性（テンポラリテート）を受け取るまさに現場（Da）であり、そこからはじめて存在理解が、ひいては存在の問いそのものがそもそも可能となる「超越論的な地平」なのである（vgl. SZ, 19; GA24, 388f., 397ff.）。要するに、存在一般という卓抜な現象は現存在の超越において問われ、またその意味は時間性の地平的図式を通じて答えられうるのである。

第四節　テンポラリテートとアプリオリ――答えの具体的な仕上げ

(1) テンポラリテート――存在の問いの空虚な答え

こうしてわれわれは、現存在の超越の統一的な概念把握を通じて、存在の問いがそこにおいて可能となる地平にまで辿りついた。ハイデッガーの見立てでは、この同じ地平のなかで存在の問いは「時間」という答えを獲得しうるはずであるが、その答え方はいまだ不明瞭なままに留まる。これまでの考察からさしあたり言えることは、時間性の脱自的‐地平的図式が存在一般を予描し、規定するのであれば、この地平的図式こそが存在の時間的な規定性、すなわちテンポラリテートを意味する、ということだけである[16]（vgl. GA24, 436）。けれどもこの洞察は、テンポラリテートが存在の問いに対する答えとしての時間を担いうる、という重要な示唆を与えてくれる。したがって、存在の問いに対する答え方を引き続き追究しようとするなら、まずはこのテンポラリテートの問題系に考察の照準を絞るべきであろう。もちろん、われわれがここで到達しているテンポラリテートとはいまだ極めて形式的で空虚な概念にすぎず、これが直ちに『存在と時間』の序論で言われた「具体的な答え」(SZ, 19) に相当するとは到底言えない。本章の冒頭で引用したように、ハイデッガーによれば、存在の問いに対する具体的な答えを得るためには「存在のテンポラリテートの仕上げ」(ibid.) が必要であった。この「仕上げ」と呼ばれる作業を通じてはじめてテンポラリテートという概念は、その空虚さを脱しつつ、存在の問いに対する「具体的な答え」と言えるほど十分に充実した概念として彫琢されるのである。問題はこの「具体的な仕上げ」の中身である。これに関してもハイデッガーは、やはり『存在と時間』の序論の同じ箇所で以下のように触れている。

> この〔存在の問いに対する〕答えの積極的な点は、「古人たち」によって準備された諸可能性を概念把握するのを学ぶのに足るほど十分に古い、ということのうちに存していなければならない。答えはその独自な意味に従って、具体的な存在論的研究への指示を与える。その研究は、露開された地平の内部での探究的な問いでもって始まる――答えはただそのことだけを与える。(ibid.)

ハイデッガーはここで、存在の問いに対する具体的な答えに求められる第一の条件を、「古人たち」、つまりかつての哲学者たちの遺した既在する諸可能性を取り返しうるほどに十分「古い」こと、と指摘している。さらにこの古い答えが、「その独自な意味」に従って、「具体的な存在論的研究」を指示するとも言われるが、その始まり方は「露開された地平」、すなわち地平的図式としてのテンポラリテートに基づいて設定される。では答えが指示する「具体的な存在論的研究」とは何か。ハイデッガーはこう続ける。

> そのようにして存在の問いに対する答えが研究を導く指示となるのであれば、そのことのうちには次のことが存している。すなわち、答えがはじめて十分な仕方で与えられるのは、答えそれ自身から、従来の存在論の特殊なあり方やその問い、発見、拒絶の歴運が現存在にとって必然的なものとして洞察されてくるときである。(ibid.)

答えが指示する「具体的な研究」とは、「従来の存在論」の特殊性、その歴史的な「歴運」が必然的なものであった、という洞察の下で展開されるものである。逆に、そうした「洞察」を他ならぬ「答えそれ自身」がもたらすとき、この答えは「十分な仕方で与えられる」、つまり十分に仕上げられたテンポラリテートとなる、とハイデッガーは言う。これらの発言から、答えが指示する具体的な存在論的研究とは、『存在と時間』第二部で予定されていた「テンポラリテートを手引きとする存在論の歴史の現象学的な解体」に相当すると見てよいだろう。だとすると、存在論の「特殊な」歴史的必然性を洞察させつつ、同時にその解体の基盤となりうることが、答えの具体性を証し立てるもの、つまりはテンポラリテートの仕上げを積極的に証示するいわば指標ということになる。要するに、テンポラリテートとしての答えの「具体的な仕上げ」は、伝統的な存在論の解体を主導しうるほどに十分「古い」ものでなければばらならない。

ところでそもそも哲学のそのような古い基盤を掘り当てることは、まさしく「形而上学の基礎づけ」の目的そのものでもあった。ゆえに、時間という答えの具体的な構造を解明することとしてのテンポラリテートの十分な仕上げは、形而上学の基礎づけを目指す『存在と時間』構想の核心部分に位置する主要なテーマの一つと言えるだろう。とはいっても、繰り返し述べているように、テンポラリテートの「具体的な仕上げ」というこの核心的な課題は、『存在と時間』第一部第三編「時間と存在」が未刊のためその詳細についてはわからない。同時期の他の公刊物のなかでも、直接その内実を示したものは見当たらず、そのため研究者にとっては長い間大きな謎であった。ところが、一九七五年に「『存在と時間』第一部第三編の新たな仕上げ」(GA24, 1 Anm.)と注記された一九二七年夏学期講義が公刊されるや否や、事態は一変する。[17] なぜなら、第三編の真正なドキュメントとみなしうる考察が、この講義のとりわけ最後の三節（第二〇節から第二二節）のなかでたしかに確認できるからである。論じられた紙枚は少なく多分に形式的ではあるが、しかしそこには『存在と時間』で扱われた諸問題が、本章で見てきたような仕方で、現存在の超越の観点から捉え返されつつ、しかもテンポラリテートの問題系として主題化されている。この講義録が公刊されて四〇年ほど経った今日の研究状況では、そこで展開された議論はもはや常識的なものになりつつあるが、ここではテンポラリテートの「具体的な仕上げ」の内実を探る準備として、またこれまでの議論とのつながりを確保するために、必要な限り触れておくことにする。

まず目につくのは、『存在と時間』では〈する‐ため〉と呼ばれた現在の地平的図式が現在のテンポラリテートとして捉え返され、「プレゼンツ（Praesenz）」[18] という名称の下に、一節を割いて論じられていることである（GA24, §21）。こうしたプレゼンツの性格づけに対応して、『存在と時間』でも扱われた手許性の欠如的な変様態、つまり道具の故障や不在といったいわば「手離れ」した事態も「アプゼンツ（Absenz）」と名づけられ、同じくテンポラールに解釈されている（ibid., 442f.）。けれども上で見たように、この議論は実質的には、時間性の脱自的‐地平的図式を扱った『存在と時間』第六九節ですでになされており、この講義においてもそれ以上の展開を見せていない。第六九節の議論を今一度振り返っておくと、将来と現在の地平的図式の統一が有意義性としての世界の構造を時熟させるというものである。だがそこでは、この統一に先立って時熟していると考えられる、将来と既在性の地平的図式の統一については全く言及されていなかった。この講義でもやはりこれらの地平的図式に関して、「これ〔プレゼンツへの企投〕に対応することが、他の二つの脱自態、将来と既在性にも妥当する」と、わずかにその可能性が示唆されるに留まっている（ibid., 435）。

したがってテンポラリテートについて論じているといえども、ハイデッガーはこの講義のなかで、現存在の超越をもっぱらプレゼンツへの企投（脱自態）を担う現在化の様態として解釈することに終始している、と言わざるをえない。実はこのようなプレゼンツのテンポラールな解釈は何もこの講義に限ったものではなく、『存在と時間』の草稿にあたる一九二五年夏学期講義のなかですでに見られ、しかもより一層詳細かつ広範囲に渡った分析が展開されている[19]。だがプレゼンツ以外の他の二つのテンポラリテートの様態については、この講義でも、また同時期の他の講義や論考を見渡しても、明確に論じている箇所は見当たらない。そもそも「プレゼンツ」のように、他の二つの地平的図式に対してテンポラールな名称を与えることすらなされていない。それでも、明言されていないとはいえ、プレゼンツとは異なるよりラディカルなテンポラリテートが存在（時熟）するという発言は、そこでは現前性よりも一層根源的な存在理解が将来と既在性の地平的図式に基づいて得られうる、という可能性を示唆する。そしてわれわれが前節の最後で見たように、将来と既在性の地平的図式の統一が世界そのものを形成しつつ、同時に、存在一般のイデーをも予描しているとすれば、この図式的統一性のテンポラールな解明こそが、存在の問いの答えの「具体的な仕上げ」にとって、最重要な課題となるはずである。

(2) 存在のアプリオリ性 ――「存在と時間」におけるアプリオリの意味

たしかにハイデッガーはこの問題に対して明示的に取り組むことはなかった。しかしそのことが直ちに、彼がこの問題を見落としたことの証拠とはならない。むしろこの問題に関するハイデッガーの「沈黙」は、われわれをしてそこで問われるべき事柄へと強いる。なぜなら、われわれはこの問題へと接近するためのヒントとなりうる指摘を、ハイデッガーの講義録のうちにいくつか見出すことができるからである。そのことは他ならぬハイデッガー自身が、取り組むべき事柄とすでに出会っていたことを暗に物語っている。

まず注目すべきは、テンポラリテートについて論じられた一九二七年夏学期講義の最終節にあたる第二二節（c）の冒頭での以下の発言である。

全ての存在論的な命題は、正しく理解された時間の光における存在についての言表であるがゆえにテンポラールな命題である。ただ存在論的な諸命題がテンポラールな諸命題であるがゆえにのみ、存在論的な諸命題はアプリオリな諸命題でありうるし、またそうでなければならない。存在論がテンポラールな学であるがゆえにのみ、存在論においてアプリオリのようなものが前面に来るのである。アプリオリとは、「より先なるものから」あるいは「より先なるもの」を意味する。「より先」とは明らかに一つの時間規定である。（GA24, 461）

ハイデッガーはここで、「正しく理解された時間の光」、すなわちテンポラリテートに基づいて解釈された「全ての存在論的な命題」が同時に「アプリオリな諸命題」でもあると語ったうえで、「アプリオリ」という概念に関して「明らかに一つの時間規定である」と断言している。はたしてこの発言は答えの「具体的な仕上げ」に関して何を言っているのか。ここには「存在」や「時間」あるいは「テンポラール」といった、われわれが取り組むべき諸問題が全て登場しているが、この引用だけではそれらがいかなる連関にあるのか必ずしも明瞭ではない。けれどもこの発言以降の流れを押さえると、まさしく問題にすべき存在とテンポラリテートの連関性が次第に浮かび上がってくる。

ハイデッガーはまず、伝統的存在論における「アプリオリな諸命題」の代表例として、カントの「可能性[20]」概念やプラトンの想起説に触れつつ、「存在は〈より先なるもの〉という性格をもつ」と指摘し、続いてこの〈より先なるもの〉という存在性格を「アプリオリ性」と概念把握している（ibid., 465）。アプリオリが「一つの時間規定である」という先ほどの指摘を踏まえるなら、このことが意味するのは、存在の〈より先〉という性格・アプリオリ性がまさしく時間的‐テンポラールな意味をもっている、ということに他ならない。ハイデッガー自身が強調しつつ指摘するように、存在理解それ自身のうちにすでに「アプリオリ性とテンポラリテートとの連関」(ibid.)が成立しているのである。存在はそのアプリオリ性においてテンポラリテートと連関している。そうであるなら、テンポラリテートとしての答えの「具体的な仕上げ」を探ろうとするうえで、存在のアプリオリ性というこのテンポラールな現象は最高度に注目すべき事柄と言えるだろう。先ほどの引用箇所で語られた、「存在論の命題＝テンポラールな命題＝アプリオリな命題」という図式も、この存在のアプリオリ性をテンポラリテートの観点から理解することで、その意図するところが明らかになるはずである。けれども従来の研究において、存在のアプリオリ性というこの現象は必ずしも十分に注意されてこなかったように思われる。いわんや存在のアプリオリ性とテンポラリテートとの根源的な連関性の解明を地平的図式の観点から主題とするような試みは、管見の限りでは、いまだ見受けられない[21]。その理由としてはやはり、テンポラリテートに関する言及の極端な少なさが挙げられるだろう。だが他方のアプリオリ性に関しては、ハイデッガーは同時期の様々な場面で多くの指摘を残している。それゆえわれわれは、テンポラリテートの問題系に近づく糸口をさぐるために、まずは存在のアプリオリ性と呼ばれるこの現象の解明から始めることにする。

「存在のアプリオリ性」という言葉を文字通りに受け取れば、それはさしあたり「存在はアプリオリな構造をもつ」というほどのことを意味している。ハイデッガーによれば、哲学の伝統において「アプリオリ」という語はそもそも、「いつもすでに現に存在するもの」として先行的な存在規定とみなされ、その際とりわけ「存在の特定の概念、しかも特殊にギリシア的な存在概念を基盤にした性格づけ」を通じて理解されてきた(vgl. GA20, 190)。このギリシア的な特殊な存在概念とは、要するに、「常住不変」で「恒常的」な実体概念(ウーシア、アエイ・オン）を意味し、時間の観点から見れば、それは「時間外部的」なもの、あるいは「非時間的」「超時間的」なものと理解される。こうしたアプリオリの伝統的な捉え方は、経験的なもの・変化するもの・時間的なもの、要するに「アポステリオリなもの」に対置する仕方で、先験的なもの、厳密には非経験的なものとして、実体の純粋不変性の優位を説く文脈で語られることが多い。その歴史は古く、すでにプラトン・アリストテレス哲学において「プロテロン（πρότερον）」という語の下で主導的であった、とハイデッガーは見ている（vgl. GA20, §7; GA24, 462; GA26, 184; KP, 240f.）。そして本書第一章でも触れたように、デカルト、とりわけカント以降の近代哲学の展開を通じて、アプリオリの概念は、認識論的な問題設定を背景にしつつ、自我主観のいわばカプセル的な意識領域のうちに閉じ込められることになり、そこから心理学の概念（いわゆる「生得性」）としての規定も獲得していくことになる。このような近代的な傾向はその特殊性の割に強固であり、ハイデッガーの師にあたるフッサール現象学においても依然として支配的である[22]（vgl. GA20, 147）。

それゆえ、アプリオリのうちに時間性格を指摘するハイデッガーの主張は、アプリオリを非時間的－超時間的とみなす伝統的な使用法からすれば実に驚くべきものと言え、そのような支配的な伝統的解釈に真っ向から対立していることは明らかである。もちろんこうした伝統との対決は何ら偶然的－恣意的な思いつきではなく、存在一般の意味をテンポラールに解釈しようとする彼独自の基礎的存在論の立場に基づいている。ハイデッガーに言わせれば、「存在一般のよりラディカルな把握でもって、アプリオリの概念は変容される」（ibid., 190）のである。だがその反面、アプリオリを存在一般の本質的な構造のうちに捉えるという点では、ハイデッガーの主張は、存在（ウーシア）をアプリオリな概念とみなす哲学的伝統を継承するものでもある。要するにハイデッガーは、存在のアプリオリ性を時間として「変容的」に解釈することで、伝統的な存在概念を解体しつつ、哲学の既在的な諸可能性を取り返そうとするのである。「存在はアプリオリであり／アプリオリは時間である」

というこの独特な「存在－アプリオリ－時間」の捉え方のうちに、われわれはまさしく『存在と時間』構想の核心意図を垣間見ることができる。この辺りの問題連関に関してハイデッガー自身が、一九二八年夏学期講義のなかで以下のように明瞭に語っている。

> 存在は、存在者的にも論理学的にも〈より先〉（＝アプリオリ）ではないが、存在論的には〈より先〉である。だがそれが問題である。すなわち、いかにして存在は「より先」であり、またいかにして存在は根源的に存在として時間とかかわるのか、それがまさしく問題である。存在と時間、それが根本問題なのである。（GA26, 186）

ここでも存在の〈より先〉というアプリオリな性格は時間として捉えられている。まさしくアプリオリを軸にして存在と時間は根源的に連関しているのである。[23] ハイデッガーはしばしば「存在と時間」を切り結ぶ〈と〉という助詞に注意を促しているが（vgl. GA26, 182; KP, 242）、少なくともこの文脈においては、この〈と〉を担っているのはアプリオリである。しかしもちろん、アプリオリが時間規定であるといっても、それは通俗的時間概念における内時間的な経過の順序ではない。[24] というのも、存在のアプリオリ性がテンポラリテートと連関し、後者がまた根源的な時間性に帰属する以上、それはもはや存在者的な内時間的規定ではないからである。むしろ、本書第一章でも確認したように、通俗的時間概念は根源的時間性からの派生態の一つにすぎない（vgl. GA24, 462）。ハイデッガーの言う存在のアプリオリ性〈より先〉とはそのようなものではなく、あくまでも存在それ自身の本性上の秩序、まさしく存在論的な時間性格を意味する。逆に、アプリオリな存在理解を通常の存在者的な認識の順序から見れば、存在者の理解に比して「最も遅いもの」であり、むしろ通常は忘却され、ほとんど概念把握されることのないものですらある（vgl. GA26, 185）。

そうすると問題は、存在のアプリオリ性が有する存在論的な時間性格の内実であろう。はたしてアプリオリはいかなる意味で一つの時間規定と言えるのか。またそれはテンポラリテートの問題系とどのような連関をもつのか。実はハイデッガー自身何度かこの問題に接触しているのだが、その際、「存在はある暗い意味で〈より先なるもの〉である」(ibid., 186)と述べたり、あるいは「アプリオリ性の謎」(GA24, 465)などと形容するように、この問題に直面して明らかに当惑している。これらの言い回しはまるで、かつてカントが図式論に関して述べた「人間の心の深みに隠れる技術[25]」という言い方を彷彿とさせるものである。ハイデッガーはこうした言動のうちに、テンポラールな問題系を前にしたカントの「退却」を指摘したのであった(vgl. SZ, 23; KP, §31)。そのようなハイデッガーに言わせれば、自分はカントよりも一層ラディカルな場所に降り立っていると自負するだろうが、アプリオリの時間的-テンポラールな意味を前にした彼は、やはり動揺の色を隠せない[26]。おそらくそのことが、テンポラリテートの具体的な仕上げを妨げた一つの要因であろう。けれども、存在のアプリオリ性がもつこの暗く謎めいた「意味」にこそ『存在と時間』構想の核心が根づいている以上、われわれはハイデッガー自身の動揺を乗り越えて、その意味の解明に取り組まなければならない。

(3) テンポラリテートとしてのアプリオリ

だがこの試みを説得的に遂行するためには、その準備として、そもそもハイデッガー自身の基礎的存在論の立場からすれば、この「アプリオリ」という語はいかなる意義をもっているのか、ということをまずは押さえておく必要がある。基礎的存在論の術語として見た場合、「アプリオリ」とは、存在がいかなる存在者に対しても「あらかじめすでに」その普遍的な本質として機能していることであり、またそれに対応して、存在が存在者とのいかなるかかわりにおいても「あらかじめすでに」理解されているということである。ハイデッガーは、この「あらかじめすでに」という言い方でもって存在およびその理解のアプリオリ性、すなわち必然的な先行性を第一義的に表現している（vgl. GA24, 27, 461）。このようなアプリオリの規定は、実は本章の冒頭ですでに確認済みである。前者は存在者に対する存在の超越として、後者は現存在の存在の超越に相当する（SZ, 38）。したがって、ハイデッガーが取り組む超越現象は全て存在のアプリオリ性に基づくと言えるだろう。本章で考察してきたように、超越するアプリオリな存在は現存在の超越を通じてはじめて存在者と区別され、無の根本経験の直中で、存在そのものとしてアプリオリに理解される。[27] そしてこの存在理解には、時間性の脱自的‐地平的図式としてのテンポラリテートが関与していた。存在のイデーは世界とともに、現存在の超越のなかで、テンポラリテートを通じて形成され輪郭づけられ、時熟し、要するに概念把握可能となる。それはつまり、存在のアプリオリ性がテンポラリテートから規定されることを意味する。このように、存在理解を担う現存在の超越のうちですでに、存在のアプリオリ性のテンポラールな意味を探るための有力な足場を得ているわれわれは、存在の超越においてアプリオリ性とテンポラリテートの連関性を見出すことができるのであれば、ことになる。超越をめぐる本章の努力は全て、これを目指してなされてきたと言っても過言ではない。だとするとわれわれは、超越に関して得られた諸成果に依拠することで、存在のアプリオリ性とテンポラリテートのラディカルな連関性を問うことができるだろう。そのなかでアプリオリ性のテンポラールな意味も明らかになるだろうし、ひいてはそれが、テンポラリテートとしての答えの「具体的な仕上げ」にも通じているはずである。

　ここで何よりも注目すべきなのは、アプリオリを意味する「あらかじめすでに」というこの言い回しである。先ほど述べたように、ハイデッガーはこの言葉を一貫して存在と存在理解の先行性を表わす際に使用している。ところで、『存在と時間』での記述によれば、この「あらかじめ」と「すでに」という時称的な副詞は、それぞれ時間性の将来と既在性を表現したものである（vgl. SZ, 327f.）。そのためハイデッガーは企投的な理解だけでなく、被投的な情態性や既在性もまた、あれこれの存在者との特定のかかわりに「先立つ」超越の構成契機として「アプリオリ」と形容するわけだが（vgl. GA20, 354; GA21, 414）、最終的な将来優位の立場からするとやはり存在理解の先行性が第一義的なアプリオリの様態であると言えるだろう。そうすると、存在理解が「あらかじめ－すでに」なされているというこの統一的な言い方は、存在の企投が第一義的には、将来それ自身が主導する将来と既在性の脱自的統一のなかで遂行されている、という前節で見た事態を的確に言い表していることになる。加えてこれら両脱自態に属する地平的図式の統一を通じて、存在一般はそのテンポラールな性格を受け取るのであった。「あらかじめすでに」という表現が存在のアプリオリ性を意味し、またこの同じ言葉で将来と既在性の脱自的統一が表現されているのであれば、両者の地平的図式の統一を通じてその輪郭が形成される存在一般こそがアプリオリな存在である、と言うことができよう。要するに、存在のアプリオリ性は将来と既在性の第一義的な地平的図式の統一から規定されているのである。筆者は、こうした地平的図式の統一態を言い表すのに、「アプリオリ」という言葉ほど適切なものを知らない。[28] ゆえにわれわれはここで、「アプリオリ」というこの言葉こそ、ハイデッガー自身が明言しえなかったテンポラリテートの第一義的な時熟様態を表わす名称である、と主張する。

ここから上で問われた、アプリオリのテンポラールな意味が明らかになる。すなわち、存在のアプリオリ性がもつ時間的な意味とは、換言すれば、アプリオリな存在がそこへ向けて企投される超越論的な時間地平とは、まさしくこのテンポラリテートとしてのアプリオリに他ならない。存在一般は、現存在の超越を通じて、アプリオリとしての第一義的なテンポラリテートに向けて企投（先投的超投）され、そこからはじめて「あらかじめすでに」というテンポラールでアプリオリな規定性を受け取るのである。逆に、アプリオリがテンポラリテートを第一義的に構成しているからこそ、存在一般およびその理解はつねに必然的にアプリオリな性格をもちうるとも言えるだろう。

　このようにアプリオリを第一義的なテンポラリテート、すなわち将来と既在性の地平的図式の統一として解釈することでたしかに、アプリオリ性の時間的な意味、あるいはテンポラリテートとの連関性は幾分明瞭になったかに思われる。ここでわれわれの主張をより説得的なものとするために、ハイデッガーが唯一論じたテンポラリテート、すなわち既述のプレゼンツの議論と連関づけてみよう。ハイデッガーによれば、現存在があれこれの存在者と出会い、様々な仕方で使用したり、それについて語ったり、あるいは研究したりすることが可能であるのは、現在の脱自態である〈～を出会わせること〉としての現在化、すなわちプレゼンツへの脱自態としての存在企投を前提とする（vgl. GA24, 443f.）。存在者との有意義なかかわりは全てこの現在化が担っており、この現在が優位となるなかで日常的な営為の前提をなす「超越する世界」も開示されうるのであった。だがこうしたプレゼンツへの存在企投としての存在理解も、それが存在理解である以上、存在者とのかかわりに先立ってそれ自身つねにアプリオリになされていなければならない。そもそも現前性としての存在は、それが存在である限り、存在者に対するアプリオリ性をその本質上つねに有しているのである。要するに現前性とは、アプリオリな存在一般から派生した特定の存在様態の一つにすぎず、このことは通俗的時間概念が根源的時間からの派生的な水平化であるという事態とパラレルな関係にある。

『存在と時間』でのハイデッガーの指摘によれば、現在の脱自態である現在化は将来と既在性の脱自的統一のうちに「包み込まれている」（SZ, 328）とされる。[29] 三つの脱自態の統一である時間性は、最初に将来が時熟することで既在性との第一義的な統一態を形成し、そこからあれこれの存在者を〈出会わせる〉現在化が発源してくる。こうした時間性の脱自的統一にはまた、それに対応して地平的図式の統一も属している。したがって、現在の地平的図式であるプレゼンツも将来と既在性の地平的図式の統一のうちに「包み込まれて」時熟していると考えられるのだが、この第一義的な統一がそもそもアプリオリな地平を形成するからこそ、現在化はプレゼンツの地平において存在者を〈する‐ため〉のものとしてそのつど出会わせつつも、同時にそれ自身は一つの存在理解としてアプリオリ性をなお保持しうるのである。現にハイデッガーは、「実際、日常性においても、非本来性の様態においてさえも、実存論性の構造はアプリオリに存している」(SZ, 44) と述べている。存在者とのあらゆるかかわりのなかで存在(現前性)がつねにアプリオリに理解されているという事実、われわれがいついかなる所でも誰もが確認することのできるこのありふれた事実こそ、アプリオリがテンポラリテートの第一義的様態であることの目立たない証左である。

(4) アプリオリという始源 ―― 答えの検証

しかしながらわれわれは、アプリオリをめぐる以上の考察を通じて、存在の問いの「具体的な答え」や「テンポラリテートの仕上げ」と呼ばれたものの内実にどれほど肉迫できているか。もしかするとわれわれの議論は、ハイデッガーの言葉を踏まえているとはいえ、彼の見ていた事柄から遊離してしまっているのではないか。この問題に関してハイデッガー自身が詳論していない以上、こうした疑念はつねについて回る。ここで本節の冒頭で確認したこと、すなわち、答えの「具体的な仕上げ」に求められる条件をもう一度思い起こそう。ハイデッガーは答えの具体的な仕上げを示す指標として、存在論の歴史的な解体作業の基盤となりうるほどの「古さ」を挙げていた。ゆえに、上で明らかにされたアプリオリの概念がこの条件を満たすことができたなら、われわれの解釈はひとまずその正当性を主張しうる権利を得たことになるだろう。それを検証するための土台となりうる指摘が、一九二七年夏学期講義のなかで以下のようになされている。

> 存在者との全てのかかわりはすでに存在を理解しており、しかも付随的にではなく、そうしたこと〔存在〕は必然的に先行的（先-駆的）に理解されていなければならない。このことをわれわれは見た。存在者とのかかわりの可能性は、先行的な存在理解を要求する。それに対して存在理解の可能性は、時間への先行的な企投を要求する。しかし、そのつど先行する諸条件へのこうした要求の審級はどこにあるか。それは現存在の根本体制としての時間性それ自身である。（GA24, 462f.）

この引用の前半部分はすでに見たものである。現存在の超越において存在への企投と時間への企投という位相の異なる二重の企投は、「いわば相互に直列に接続された一連の諸企投」（ibid., 396）として先行的に遂行されていた。だがこの引用の後半部分で、ハイデッガーはさらに一歩踏み込んだ発言をしている。すなわち、このような企投の先行性をそのつど要求する「審級（Instanz）」が時間性に他ならない、と言うのである。この場合の「審級」とは何を意味するか。ここで企投の先行性が話題となっている以上、この審級なるものは当然アプリオリの問題に関係してくるはずである。ハイデッガーは続けてこう補足する。

> 根源的に可能にするもの、可能性それ自身の根源が、時間であるがゆえに、時間それ自身は端的に〈最も先なるもの〉として時熟する。何らかの種類のいかなる可能的な〈より先〉よりも〈より先〉にあるのが時間である。なぜなら、時間は〈より先〉一般の根本条件だからである。そして時間が全ての可能化（諸可能性）の源泉として〈最も先なるもの〉であるがゆえに、全ての諸可能性そのものはそれらの可能化の機能において、〈より先〉、つまりアプリオリの性格をもつのである。（ibid., 463）

ハイデッガーがここで言っていることを要約するとおおよそ次のようになるだろう。〈より先〉という現象それ自体がそもそも時間規定であるために、企投のいかなる〈より先〉という性格も現存在の時間性・根源的時間そのものに先立つことはありえないし、逆に時間が「〈より先〉一般の根本条件」として時熟することで、あらゆる可能性はあらかじめ「可能化」し、それ自身もまた〈より先〉というアプリオリな性格をもつことになる。ここに時間性が企投の先行的な条件を要求する「審級」と言われた理由がある。つまり、時間性はあらゆる可能性に先立って〈より先〉そのものを可能にしているため、何が〈より先〉で何がそうでないのかをあらかじめ決定しており、こうした時間性の後先関係を判定する機能を指して先行性の審級とみなされたのだろう。時間性が審級として、「あらゆるより先なるものと基づけ順序の可能性」(ibid.)を決定するということは、あれこれの存在者とのかかわりに先立って世界(全体としての存在者)が開示され、世界の開示に先立って存在が理解され、存在理解に先立って時間地平へと脱自している、ということこれまで見てきた企投の存在論的な先行構造の全てが、根源的な時間性に基づいて秩序づけられていることを意味する。こうした審級としての時間性とは、いわば一切のアプリオリのアプリオリという意味で、究極のアプリオリとでも言うことができるだろう。このような〈最も先なるもの〉としての時間性の捉え方はもちろん、アプリオリを第一義的なテンポラリテートと解釈するわれわれの主張とも関係してくる。現存在の時間性が究極のアプリオリであるとすれば、その統一的な脱自態の向かう先である地平的図式もまた、第一義的には必然的にアプリオリなものとならざるをえない。このように、究極的なアプリオリとしての根源的時間性がテンポラリテートとしてのアプリオリの地平を開示するのであれば、この地平はまさしく究極的なアプリオリの時間地平ということになるだろう。「究極的」とはこの場合、存在企投を担う現存在の超越が、それ以上遡ってより先行的な地平を切り開くことができないということ、要するに、あらゆる企投がそこで終わりに達する、その意味で企投の最終到達地点を言い表している。実はこの点に関しても、同じく一九二七年夏学期講義のなかで以下のように触れられている。

存在者の理解、存在への企投、存在の理解、時間への企投、という以前に言及した、いわば相互に直列に接続された一連の諸企投は、その終わりを時間性の脱自的統一の地平にもっている。われわれはここでは、これ以上根源的にこのこと〔時間性〕を根拠づけることができない。そこではわれわれは、時間の有限性の問題へと突入しなければならないだろう。(ibid., 437)

ハイデッガーは、時間性の脱自的‐地平的図式の統一でもって、一切の企投が「その終わりをもつ」と言い、そこに「時間の有限性」を見ている。この「終わり」から振り返るならば、結局のところ、テンポラールな地平へと脱自する「時間性がそれ自身において端的に根源的な自己企投である」(ibid., 436) ことになる。そのことが意味するのは、全ての理解が「時間性の自己企投〔脱自〕のうちでのみ可能である」(ibid., 437) ということである。それゆえ時間の「有限性」といっても、それは何か時間の「消失」といった消極的な意味ではなく、むしろ時間性それ自身が自ら切り開く地平へと脱自し、この自己企投を通じて自らの独自な自立性を根源的に確保する、といういわばその徹底的な自己完結性を表現している。現存在のあらゆる企投や理解、そして超越あるいはそれらの動向が向かう方向性〔意味〕そのものは、時間性のこうした統一的で自己完結的な脱自的‐地平的動性を根源とすることで、そこからはじめて実存の可能性として可能になるのである。

このような洞察はまた、他ならぬ存在の問いを主導する方法論的な観点にも光を投げかける。時間性にまで遡源した基礎的存在論は、それが存在の企投を手引きとしている以上、時間性よりも根源的な次元を切り開くことができない。だがこの企投の「終わり」は存在の問いがその「答え」である時間の地平にまで到達したことを意味している。時間という答えは存在の問いそのものが最終的にたどり着くいわば終着地点でもある。存在と時間をめぐるハイデッガーの超越論的な探究はここで絶頂に達する。ハイデッガーは『存在と時間』の草稿の一つにあたる一九二五年夏学期講義のなかで、存在の問いの「答え」について自身の研究方法と連関づけながら、「この答えは、〔……〕存在の研究それ自身のための具体的な諸々の道を予描している」(GA20, 422f.) と述べている。それゆえ、もしわれわれが主張するようにテンポラールに解釈されたアプリオリが存在の問いに対する終極の答えであるとするなら、アプリオリは単なる研究成果であるだけでなく、基礎的存在論の「具体的」な道行を「予描」し、その歩みをいつもすでに先導する、いわば導きの星としての役割をずっと果たしていたことになるだろう。そして周知のように、『存在と時間』では現存在の存在体制(世界内存在)や存在構造(慮り)は一貫して「アプリオリ」と性格づけられており(SZ, 41, 53, 85, 193, usw.)、その解明を担う現存在分析はまさしく「アプリオリの露開」(ibid., 45) を研究課題に掲げていた。これらに関して思いつく限りで言えば、先持・先見・先把握からなる解釈学的状況、理解の先-構造、つねに先行的になされる形式的告示などの方法論、あるいは空間の先行性(アプリオリ性)、率先的顧慮、〈それ自身に-先立つこと〉、死への先駆、良心の呼声の先行性格(Vorruf)などの実存カテゴリーは、いずれも本質的に〈より先なるもの〉、つまりはアプリオリなものとして捉えられている。もちろん現存在の存在がアプリオリだといっても、この場合の「アプリオリ」とはもはや主観性の非時間的-超時間的な内的意識の純粋様態などではなく(vgl. GA20, 101)、あくまで現存在という存在者の脱自的(外出的)で時間的な根本経験を指している。(30)

今や、ハイデッガーの存在の問いはテンポラールなアプリオリをもってその答えとし、またこの答えに先導されることでそのつど「具体的に」展開してきたことが明らかになっている。『存在と時間』という試みは、あらかじめすでにその行先を指し示す〈より先なるもの〉という答えを追い駆け続けることではじめて成立しえたのである。このテンポラールなアプリオリという答えはしかし、それ以上の遡源を許さない〈最も先なるもの〉、究極のアプリオリの地平でもある。けれどもこのことは何ら、存在探究の終了や、いわんや思索の行き詰まりなどを意味しない。というのも、存在の問いのこの「終わり」、すなわち時間という「答え」は、そこからあらゆる存在企投・理解がアプリオリに可能となる限り、「全ての企投の可能性にとっての始源であり出発点に他ならない」(GA24, 437) からである。そしてこの「全ての企投の可能性」のうちには、存在の時間的な意味に気づくことなく、「時間への存在の隠れた企投」(KP, 241) に基づいて、存在（ウーシア、現前性）をアプリオリなものと受け取ってきた伝統的な存在理解も含まれる。そうすると、われわれが掘り出した第一義的なテンポラリテートとしてのアプリオリの地平とは、一切の哲学的‐存在論的な概念形成をつねにすでにその背後で導き可能にしてきた、いわば存在諸規定の隠れた始源にあたるものとも言える。その意味で究極のアプリオリとして時熟する時間性は、まさしく存在論にとっての最古の時間に他ならず、またそこで第一義的に開示される究極的なアプリオリの地平は存在理解を可能にする最古の時間地平とみなすことができる。

おそらくテンポラールなアプリオリを最古の時間とみなすこのような洞察に半ば無自覚的に強いられてのことだろう、ハイデッガーは一九二七年夏学期講義のなかで、「存在理解のテンポラリテートからはじめて、なにゆえに存在の存在論的な諸規定がアプリオリ性という性格をもつのかが解明されうる」(GA24, 462) と述べ、実証科学と本質的に異なるあらゆる哲学諸概念が必然的に「アプリオリでテンポラールな概念形成」(ibid., 465) とならざるをえない理由を示唆している。[31] このことは、「存在論の命題＝テンポラールな命題＝アプリオリな命題」という先に引いた図式と重なるものだが (GA24, 461)、今やその意味するところは明白である。すなわち、伝統的な存在論的概念が必然的にアプリオリな概念であらざるをえないのは、存在がいつもすでにテンポラールなアプリオリの地平から密かに理解されているからに他ならない。だとすると、このように存在論的な概念形成の始源に見出されたテンポラリテートとしてのアプリオリはまさしく、『存在と時間』第二部で予定されていた、「テンポラリテートの問題系を手引きとする存在論の歴史の現象学的解体」の基盤となりうるものである（vgl. SZ, 19, 39）。要するにハイデッガーは、伝統的に非時間的－超時間的なものとみなされてきた存在のアプリオリ性を、時間性の脱自的－地平的図式を通じてよりラディカルに捉え返すことで、「アプリオリ概念の変容」（GA20, 190）を完遂するとともに、そこから伝統的な存在問題を既在する隠れた諸可能性のうちで取り返そうとするのである。

まとめると、われわれが見出した第一義的なテンポラリテートとしてアプリオリの概念は、それを手引きとして存在論の歴史的解体を具体的に主導しうるほどに十分「古い」最古の時間地平である。この条件を満たしている以上、われわれが発掘したテンポラールなアプリオリという時間地平は、存在の問いに対する「具体的な答え」として十分に仕上げられたものである、と主張してもよいだろう。テンポラールに仕上げられたアプリオリというこの具体的な答えを基点とすることで、はじめてハイデッガーは「本来的な歴史学」としての存在論の歴史的解体を皮切りに、「形而上学の基礎づけ」という前代未聞の遠大なプロジェクトに乗り出すことができたのである。

第五節　形而上学の基礎づけとしての現存在の形而上学
――『存在と時間』構想の設計図

以上の考察をもってひとまず、はなはだ不十分ではあるが、『存在と時間』の冒頭に掲げられた目標、すなわち「あらゆる存在理解一般を可能にする地平として時間を解釈すること」の輪郭を見届けたことにしよう。それは未発表に終わった第一部第三編「時間と存在」[32]の内実を幾分か示唆するものであると同時に、第二部への接続の仕方を暗示しうるものと思われる。だがこのような確認をもってしても、『存在と時間』の途絶理由はいまだ詳らかではない。たとえアプリオリ性のテンポラールな解明をハイデッガー自身が差し控えたにせよ、そのことだけで途絶の問題をうんぬんするのは極めて拙速であり、そもそも彼自身が存在のアプリオリ性を「存在と時間」の根本問題として明確に位置づけている以上、われわれが考察したことぐらいは全て折り込み済みであった、と考える方が自然であろう。むしろ、一九二七年夏学期講義の第一部全体および第二部第一章第一九節を見る限り、テンポラールなアプリオリ性を手引きとして存在論の歴史を解体する試み、つまり「本来的な歴史学」の叙述はすでに周到に準備され、その骨子ほぼ固まっていたようにすら思われる[33]。それだけになおさら、『存在と時間』の途絶理由に関してはテキスト的にも事柄に即しても依然として不可解である。この事実そのものが端的に示唆するのは、ここまで見てきたような超越の問題やテンポラリテートの問題系、および存在論の歴史的解体の試みが、いまだ『存在と時間』構想の最終地点ではないということである。そうであるなら、その先には一体いかなる問題が待ち受けているのだろうか。途絶理由を解明し、『存在と時間』構想の本質と限界を見極めようとするのであれば、われわれはまずもってそこへと向かわなければならない。

　その所在を探る準備として以下では『存在と時間』構想における超越および存在問題の意義を、やや形式的で表面的な仕方ではあるが、『カントと形而上学の問題』第四章での言及を中心に整理しておくことにする。まず繰り返し指摘すべきは、この時期のハイデッガーが「形而上学の基礎づけ」を目指していたという事実である。この試みは形而上学の「基礎」、つまりそこから形而上学の全体がそのものとして生育し、発源してきた根拠・根源を明らかにせんとする、哲学的な努力を意味する。ゆえにこの「基礎づけ」は、厳密には、「形而上学の根拠・根源を発掘すること」と換言しうる。次に注目すべきは、このような基礎づけを行う理由である。ハイデッガーの見るところ、プラトンとアリストテレスから始まる西洋形而上学は、本質的に、「存在者そのもの（ὂν ᾗ ὄν）への問い」（存在論）と「全体としての存在者（ὂν καθόλου）への問い」（神学）からなり、形而上学の歴史はこの二つの問いを軸にして展開・発展してきた。[34] ハイデッガーはこの二重の問題系がとりわけアリストテレスにおいて整備されたため、それを「アリストテレス的状況」(GA27, 389) とも呼ぶのだが、この両者の「連関性」は古代から今日に至るまで解明されたことはなく、いまだに暗いままに留まっている (vgl. KP, 7f., 220ff.)。けれども両者がともに「存在者への問い」である以上、その根底にはつねに「存在の問い」が一度も明確に問われることなく隠れたままに控えている。これがいわゆる存在忘却論の骨子である。したがってハイデッガーが、忘却された存在の問いを『存在と時間』においてことさらに取り上げることは、形而上学の側からすれば、形而上学自身が本来真っ先に取り組むべき第一義的な課題の根本的な取り返しを意味する。ハイデッガーは言う。「存在の問い、形而上学の基礎づけの根本の問いは『存在と時間』の問題である」(ibid., 203)、あるいは、「『存在と時間』における形而上学の基礎的存在論的な基礎づけは取り返しとして理解されなければならない」(ibid., 239)、と。だが存在の問いそのものはつねに、それがいかに漠然としたものであっても、何らかの存在理解のうちであらかじめ方向づけられている。「したがって、形而上学の基礎づけのより根源的に捉えられた課題は、存在理解の内的可能性の解明へと変様する」(ibid., 226)。そして本章で確認してきたことからすれば、「存在理解を内的に可能にする」のは根源的な時間性に基づき存在論的差異を遂行する現存在の超越であった。以上をまとめると、形而上学の基礎づけは現存在の超越のうちでのみ遂行されうる、となる。[35] けれども他方でハイデッガーは、「形而上学の基礎づけは現存在の形而上学のうちに基づく」(ibid., 230) とも述べている。この「現存在の形而上学」なるものが形而上学の基礎づけを担う以上、それは『存在と時間』構想の別名として受け取られねばならないだろう。このことは、この発言の直後に、「〔『存在と時間』で展開した〕基礎的存在論は現存在の形而上学の第一段階にすぎない」(ibid., 232) と言われていることからも明らかである。[36] そうするとわれわれが次に問うべきは、基礎的存在論がその「第一段階」にあたるこの現存在の形而上学と、本章で見てきた超越および存在問題、つまりテンポラリテートの問題系との関係性である。

その一端を知る手がかりが一九二八年夏学期講義の補遺のなかで与えられている。ハイデッガーはそこで、「基礎的存在論は形而上学の概念を汲み尽すものではない」(GA26, 199)と述べたうえで、まさしく現存在の形而上学を念頭に置いていると思われる「形而上学の概念」なるものの構成に関して、次のように提示している。

> 存在論の基礎づけと仕上げのこうした全体が基礎的存在論である。それは、一、現存在の分析論と、二、存在のテンポラリテートの分析論である。後者のテンポラールな分析論は、しかし同時に、そこで存在論それ自身が、それが不明確につねに立っている形而上学的存在者論のうちへと明確に走り帰るところの転回である。ラディカル化と普遍化の動性を通じて存在論をそのうちで潜在的な転換へもたらすことが肝要である。このとき転回は遂行され、メタ存在論のうちへの転換へと至る。(ibid., 201)

最後の「メタ存在論」とは、この直前の箇所では、「全体としての存在者」を主題とする存在論の「新たな問題設定」と言われるものである(ibid., 199)。それを踏まえてこの引用箇所を整理すると以下の三点にまとめられる。①形而上学の概念(現存在の形而上学)は、「存在論の基礎づけと仕上げ」を担う「基礎的存在論」と「全体としての存在者」を主題とする「メタ存在論(形而上学的存在者論)」からなる。②前者には「現存在の分析論」と「存在のテンポラールな分析論」が含まれる。③この「テンポラールな分析論」において後者である「メタ存在論」への「転換(Umschlag)」あるいは「転回(Kehre)」が遂行される。加えて、上で見たように、基礎的存在論が現存在の形而上学の「第一段階」に相当し、他方ここでの「形而上学の概念」が現存在の形而上学を意味するなら、メタ存在論とはいわばその「第二段階」にあたるものと言えるだろう。

以上のやや煩雑な関係は、以下のように図示することができる。

『存在と時間』構想：現存在の形而上学（形而上学の基礎づけを目指す）

第一段階……基礎的存在論（存在論の基礎づけと仕上げ）

1. 現存在の分析論

2. 存在のテンポラールな分析論

↓ メタボレー（転換・転回）

第二段階……メタ存在論・形而上学的存在者論（全体としての存在者を主題）

ここで注意すべきは、第一段階から第二段階への転換・転回といっても、それは何か二つの学科への「分離」など意味せず、むしろ両者の本質的な「統一」を示すものとして想定されていることである（vgl. ibid., 200ff.）。そしてハイデッガーは、まさにこの統一に関して、形而上学の基礎づけを考えるうえで決定的なことを以下のように指摘する。

基礎的存在論とメタ存在論はそれらの統一において形而上学の概念を形成している。だがその〔統一の〕うちに表現されているのはただ、すでに上で〔……〕第一哲学〔存在論〕と神学としての哲学の二重概念によって触れられていた、哲学それ自身の根本問題の変容だけである。そしてそれは存在論的差異のそのつどの具体化、つまり存在理解の遂行の具体化にすぎない。（ibid., 202）

ここで「第一哲学と神学」と言われている「哲学それ自身の二重概念」とは、「存在者そのものへの問い」（存在論）と「全体としての存在者への問い」（神学）という既述の形而上学の二重性格に対応する。この引用ではさらに、基礎的存在論とメタ存在論の「統一」のうちにこの二重概念にかかわる「哲学それ自身の根本問題の変容」が指摘され、それが「存在論的差異」や「存在理解」の「具体化」であるとも言われている。けれどもわれわれはすでにこの「具体化」の遂行を、超越における存在企投（先投的超投）として確認した。存在と存在者の区別（無の現出）も存在理解も現存在の超越のなかでアプリオリに生起する。そしてこの同じ存在への超越において、存在者そのものと全体としての存在者という形而上学の二つの主題は、全体としての存在者そのものという仕方で統一的に現れていた。それはまさしく、伝統的に不明瞭なままであった形而上学の二重の根本問題が、統一という卓抜な連関性のうちでよりラディカルな次元から暴露されていることを意味する。引用における「哲学それ自身の根本問題の変容」とはそのことを指すのだろう。ハイデッガー自身がこの講義で、「哲学のいかなる基礎づけも哲学それ自身を変容させざるをえない」（ibid., 132）と述べるように、伝統的に形而上学を構成してきた存在論と神学は、現存在の超越のうちではじめて統一的に基礎づけられうる可能性を開くのであり、またこの基礎づけを通じて統一的な根本問題の変容を余儀なくされるのである[37]。

だがこれらは全て、ハイデッガー自身の構想する現存在の形而上学にとってみれば、メタ存在論への転換・転回を準備するにすぎない。この存在論それ自身の転換・転回をもたらす「ラディカル化と普遍化の動性」とは、要するに「基礎的存在論のラディカル化」（ibid., 200）のことであり、それは「存在のテンポラリテートの分析論」が担うとされるが、そこでの主題はもちろん「存在のテンポラリテートの仕上げ」（SZ, 19）、より具体的には「テンポラールな存在企投」（GA24, 459）であろう。そしてこのテンポラールな存在企投も、本章で見てきたように、現存在の超越のうちでのみ遂行可能な先投的超投であった。したがって、メタ存在論への転換・転回も現存在の超越を通じて遂行されうるとさしあたり言える。転換や転回が「メタボレー」（GA26, 199）と呼ばれ、このギリシア語（μεταβολή）がさらにÜber-wurf（超－投）と直訳できるのは決して偶然ではない[38]。

他方でわれわれは、こうしたテンポラリテートの問題系を存在の問いに対する答えとして捉え、その「具体的な仕上げ」の到達点を存在のアプリオリ性のテンポラールな解釈のうちに見出していた。前節での考察に従えば、ハイデッガーは、テンポラールなものとして明確化したアプリオリの地平を、あらゆる存在理解や存在論的概念形成の隠れた始源と捉え、この洞察を手引きとすることで存在論の歴史的な解体作業に向かっている。だがここでは、この同じテンポラリテートの問題系がメタ存在論への転換・転回を担うとされ、さらにこの転換・転回は「存在論それ自身が〔……〕明確に走り帰ること」(ibid., 201)、あるいは「存在論がそこから出発したところへと打ち返すこと」(ibid., 199)とも言われている。要するに存在論の転換・転回とは、存在論それ自身が自らの始源へ帰還することなのである。これらを考え合わせると、テンポラールな地平を手引きとする存在論の歴史的な解体作業としての存在論の基礎づけ(基礎的存在論)は、その最終的な目標を存在論自身の歴史的な始源への転換・転回に定めている、と言えるだろう。[39] それと同時にここからわかることは、メタ存在論がそうした存在論の歴史的な始源にかかわる何らかの問題との取り組みを担当する、ということである。そして既述のように、ハイデッガーはそこに、存在論だけでなく神学をも含めた形而上学全体の統一的な基礎づけを構想していた。

ただし『存在と時間』の序論での概要を見れば、この書の予告された研究範囲はあくまで、テンポラリテートを手引きとした存在論の歴史的な解体までである。したがって、メタ存在論への転換・転回や神学を含めた形而上学全体の基礎づけといったこれらの問題系は、『存在と時間』の当初の予定・計画を越えるものとみなさざるをえない。しかしながらそのことが直ちに、計画の失敗や立場の変更・変節を意味するわけではない。そこで問題となる事柄が全て、現存在の超越を通じた「基礎的存在論のラディカル化」がもたらす以上、それは『存在と時間』構想それ自身がその本質上必然的に到達し切り開いた新たな問題領域として、あくまでもこの構想の正統な延長線上に位置づけられるべきものである。実際、上で引用したように、ハイデッガー自身「形而上学の基礎づけ」を『存在と時間』構想に属する試みとして明確に捉えている。そうであるならこのメタ存在論こそが、本節の冒頭で問うた、『存在と時間』構想の最終的に向かう先である、とひとまず言うことができるだろう。

*

では転換・転回が導くとされるメタ存在論とはいかなるものか。それは全体としての存在者を主題とするため「形而上学的存在者論」とも呼ばれていた。だが「全体としての存在者」を主題にするのは、形而上学の伝統においては神学であった。ゆえにメタ存在論とはさしあたり、神学をモデルにして構想された何らかの形而上学的な問題系と見て間違いないだろう。ではメタ存在論は神学、要するに、「神の問い」といかなる関係にあるか。いやそれ以前に、メタ存在論の主題とする「全体としての存在者」とは、具体的にはいかなる存在者を指すのか。そもそもメタ存在論は、「存在の問い」をテンポラールな地平から取り返そうとする『存在と時間』の当初の構想からすると、どう位置づけられるのか。別言すれば、時間地平という存在理解のアプリオリな始源と、メタ存在論が取り組むべき存在論それ自身の歴史的な始源とは、まさしく始源の問題をめぐって、どのような関係にあるか。これらの問題が形而上学の基礎づけという試みを構成する限り、それらはまた前章の最後で触れた、プラトン・アリストテレスを越えた次元、すなわち形而上学の始源の問題とも深くかかわってくるはずである。われわれはここで実に多くの問題に直面している。次章ではこれらを適切に考察するための手がかりを求めて、超越が問題となった同時期に、つまり『存在と時間』公刊直後の時期に、分量は少ないものの、繰り返し集中的に取り組まれた「神話」をめぐる問題を検討していくことにする。

注

（1）『存在と時間』における第一部第三編への明示的な指示——フッサールの「意識の志向性」を現存在の脱自的時間性に基づける試みの予告——が、「現存在の超越」に関する箇所で注記されていることも、このことの傍証となろう（vgl. SZ, 363 Anm.）。実際「第三編の新たな仕上げ」と注記された一九二七年夏学期講義や同時期の諸講義・諸論考のなかでもハイデッガーは、フッサールの「志向性」を「存在者的なかかわり」とみなし、それを時間性に基づく「現存在の超越」のうちに基礎づけようと繰り返し試みている（vgl. GA24, 444; GA26, 169f.; WM, 168）。また『存在と時間』第二一節では、伝統的な存在論が世界を「飛び越し」てもっぱら個々の存在者の領域を主題にしてきたという、いわゆる「世界現象の飛び越し」の問題が第一部第三編で展開されると予告されているが（vgl. SZ, 100）、この「飛び越し（Überspringen）」が偶然ではなく「現存在それ自身の本質的なあり方に基づく」（ibid.）と言われる以上、この「飛び越し」の問題もまた超越の観点から取り組まれるはずであった、と推察しうる。この点に関しても同じく第六九節で、手許物の配視的配慮から眼前物の理論的観察への変様の根拠として、つまり自然科学的企投と主題化の可能性の条件として、まさしく「現存在の超越」が指摘されていることも参照（vgl. ibid., 363f.）。

（2）ハイデッガーはこうした「手許的でも眼前的でもない」という規定を、「われわれを『抱擁する』」ような根源的な意味での「自然」のうちにも見出している（vgl. SZ, 211）。この問題に関しては本書第五章で取り上げる。

（3）たとえばゲールラントは、『存在と時間』公刊直後の時期を、「主観的な超越論的哲学」と「超主観的な存在歴史的思索」との「中間位相」の時期とみなし、そのなかで超越が、現存在の「超越遂行」という実存的なあり方から、もはや現存在を越えた「超越生起」としての存在の歴史へと次第に概念変容していく、と見ている（vgl. Ingtraud Görland, *Transzendenz und Selbst. Eine Phase in Heideggers Denken*, Vittorio Klostermann, Frankfurt am Main, 1981, S. 9ff., 98f.）。またロザレスは、『存在と時間』では単に時間性の脱自態としてのみ主題となった超越が、「存在論的差異」の問題の明確化に伴い、直後の諸論考では「世界内存在そのもの」として捉え返されることのうちにハイデッガーの思想の「変化」や「深化」を指摘している（vgl. Alberto Rosales, *Transzendenz und Differenz. Ein Beitrag zum Problem der ontologischen Differenz beim frühen Heidegger*, Martinus Nijhoff, Den Haag, 1970, S. 25, 224, 246f.）。さらに比較的最近の研究としてエンダースは、「世界」概念の形成過程を初期講義録から詳細に跡づけるなかで、それに対応して、「超越」概念の「発展段階」を概念形成史的に再構成しようと試みている（vgl. Markus Enders, *Transzendenz und Welt. Das daseinshermeneutische Transzendenz- und Welt-Verständnis Martin Heideggers auf dem Hintergrund der neuzeitlichen Geschichte des Transzendenz- Begriff*, Peter Lang GmbH, Frankfurt am Main, 1999, S. 24f., bes. 320–329.）。

（4）オピリークも「個別化」が登場するこの場面で「超越」を指摘している（vgl. Klaus Opilik, *Transzendenz und Vereinzelung. Zur Fragwürdigkeit des transzendentalen Ansatzes im Umkreis von Heideggers „Sein und Zeit“*, Karl Alber GmbH, Freiburg/München, 1993, S. 70）。だが彼はその「脱去（Entzug）」性格に注目するあまりこれと連動する〈それ自身に先立つこと〉については見落としている（ibid., S. 74ff.）。なお本書とは違う観点からではあるが、〈それ自身に先立つこと〉に「超越」を読み取る研究として、佐々木一義『ハイデッガーの人間存在の哲学』松柏社、一九七三年、一五二頁以下も参照。

（5）既在性の地平的図式は「引き渡しの〈それに（Woran）〉」（SZ, 365）とも言われる。

（6）自己超越と世人滑落のこうした相即関係は「死への先駆」において「他者との全ての連関が解かれていること」（SZ, 250）や、「良心の呼声」において「世人を越え行くこと」が同時に「世人の崩落」（ibid., 273）を意味することのうちにも確認できる。なお上田は超越と滑落とのこうした相即関係について、両者が「逆の方向で言われている」と指摘しており、われわれと同様の見解を示している（上田閑照『実存と虚存 —— 二重世界内存在』ちくま学芸文庫、一九九九年、四三頁参照）。さらに付言するなら、ハイデッガーは超越において沈下していく日常的世界へ「落ちること」が「頽落」の本質であると見ている（vgl. GA27, 207）。

（7）『カントと形而上学の問題』のなかでハイデッガーは不安と超越および存在問題の連関に関してこう述べている。「現存在の基礎的存在論的分析論は『慮り』としての超越の統一的解釈の直前に『不安』を『決定的な根本情態性』として仕上げるという意図をもって試みられる。その結果、実存論的分析論が立続けに自身を喚起する、存在理解の可能性への問いによって導かれているということへの具体的な指示を与える。不安は決定的な根本情態性として〔……〕その決定的な性格をひとえに存在問題そのものへの見やりから有している」（KP, 237f.）。このようにハイデッガーは問題とする事柄の順序を、不安→超越（慮り）→存在問題、と整理しており、本章の構成もこれに則っている。

（8）よく知られているようにハイデッガーは全体としての存在者を開示する気分として他に、「本来的な〔深い〕退屈」と「愛しい人間が居合わせる喜び」も挙げている（vgl. WM, 110; GA29/30, 204ff.）。だがこれらの気分は「無を隠す」（WM, 111）ため、存在問題にとっては不安の方がより根本的とされる。

（9）「世界する（welten）」という言い方は、すでに一九一九年戦時緊急学期講義のなかで用いられている（vgl. GA56/57, 73）。

（10）一九二八年夏学期講義において「地平（Horizont）」の本質は「ホリゼイン（ὁρίζειν）」にあるとされ、さらにこのギリシア語は「限界づけるもの（das Eingrenzende）」「囲い込むもの（das Umschliesende）」「包摂（Umschluß）」と訳されている（vgl. GA26, 269）。

(11) ただし世界の世界性としての有意義性は必ずしも頽落的－非本来的な世界だけに限られるわけではない。有意義性とはあくまで世界の本質構造である以上、逆に「本来的な有意義的世界」といったものも、ハイデッガーの議論から取り出すことができると思われる。

(12) したがって不安の驚異とともに発せられる哲学の根本の問い「何故に存在者があり、むしろ何もないのではないのか」は、ハイデッガーの立場を強く受け取るなら、「何故に存在者が存在し、むしろ無が無化するのか」と問わなければならない。基礎的存在論的に見れば、存在者が存在することと無が無化することは、同じ異様な現象に共属するのである (vgl. WM, 114, 120)。

(13) ハイデッガーはすでに一九一九年戦時緊急学期講義のなかで、こうした存在論的な無規定性を連想させる、特定の体験以前の「体験可能なもの一般」として、「何かあるもの (das Etwas)」あるいは「前世界的なもの」という異様な事態に触れている (GA56/57, 115f.)。それは「あらゆる純正な世界的なあり方〔有意義な環境体験〕に対する無差別性、とくにあらゆる特定の客観的〔理論的〕なあり方に対する無差別性」であると同時に、「生の最高のポテンシャリティを示す指標」でもあり、「その意味は全き生それ自身のうちに安らい、まさしくこの全き生が、純正で世界的ないかなる性格づけをもいまだ刻印していないことを意味している」(ibid.)。ハイデッガーによれば、こうした「根本現象」の体験は稀であり、「例えばある体験世界から全く別の体験世界へと滑降する体験状況のなかで、あるいは、とりわけ強度な生の諸瞬間において体験されうる」(ibid.) 類いのものである。この奇妙な「体験」が後に、不安の根本経験に洗練されていくものと思われる。

(14) 『存在と時間』第一四節でなされた世界概念の四つの規定にも、世界現象の存在者的／存在論的な二重性格は確認できる (vgl. SZ, 64f.)。

(15) 『存在と時間』公刊翌年の一九二八／二九年冬学期講義のなかでもハイデッガーは、「超越としての世界内存在は〔……〕つねに世界形成である」と言い、そして「存在理解と存在それ自身はむしろ世界の形成と共に形成される」と述べている (GA27, 314)。超越はまた「遊動 (Spiel)」とも呼ばれるが、それはさらに「〔存在を〕賭けて得ること (erspielen)」、この遊動のなかで〔存在の〕形像を得ること (erbilden)」とも言われる (ibid., 315)。超越をめぐる「世界形成」や「遊動」については次章で論じる。

(16) ハイデッガーは『存在と時間』の序論で、カントを「テンポラリテートの次元」へと踏み出した「最初で唯一の者」と評するが、それは彼がカントの想像力 (構想力) を時間性と受けとめるなかで、図式論のうちに地平的図式としてのテンポラリテートの問題系を見出したからである (SZ, 23f.)。『存在と時間』第二部第一編の表題は「テンポラリテートという問題系の前段階としてのカントの図式論と時間論」(ibid., 40) となっており、テンポラリテートの観点からのカント解釈が予告されている。ハイデッガーによれば、カントが「思惟 (ich denke)」と「時間」をうまく連関づけることができなかったのは、カントの思惟がデカルトのコギトの主観性を無批判に継承したものであり、他方で時間も今継続の伝統的－通俗的時間概念として捉えられたことで、現存在の存在構造としての時間性への通路が塞がれ、それにより、アプリオリの根源的な時間性格を見逃してしまったためである（vgl. GA21, 408; SZ, 24; GA24, 461f.）。なお一九二九年に公刊された『カントと形而上学の問題』を、ハイデッガーは『存在と時間』第二部第一編そのものではなく、あくまでその「補助的な捕捉」として位置づけている（KP, XV f.）。この著作の元となった一九二七／二八年冬学期講義でも、「テンポラリテートを手引き」としたカント解釈は十分な仕方では展開されていない。

（17）『根拠の本質について』（一九二九年）の欄外にも「講義〔一九二七年夏学期講義〕の全体は『存在と時間』第一部第三編「時間と存在」に属する」（WM, 134 Anm. b）という書き込みが見られる。

（18）プレゼンツは道具の手許存在を理解する際の現在の地平的図式であるが、だからといってプレゼンツが非本来的なものにのみ限定されているわけではない。ハイデッガーはこう言っている。「〔現在の脱自態である〕現在化とは、それが瞬間の意味での本来的なものであれ、あるいは非本来的なものであれ、それが現在化するものを、〔……〕プレゼンツのような何かへと企投する」（GA24, 435）。このことは、『存在と時間』のなかで現在の地平的図式〈する - ため〉が非本来性／本来性の双方を規定するものとして捉えられていることと同じである（vgl. SZ, 86）。

（19）一九二五年夏学期講義ではプレゼンツ（Praesenz）をめぐる議論が、フッサールの Präsentation や Appräsentation を下敷きにした Präsenz という術語を用いて、一九二七年夏学期講義よりも広範囲に展開されている（vgl. GA20, §23-§25）。とりわけ同講義第二六節では、「他者のプレゼンツ」が道具的な環境のプレゼンツ〈する - ため〉と区別され、交渉の〈それと（Womit）〉から性格づけられており、いうなれば共存在のテンポラールな解釈とでも言うべき注目すべき議論を見出すことができる（ibid., 330ff.）。この問題は本書第二章で扱った他者論の問題系に属するものであるが、ここでは指摘するに留める。

（20）ハイデッガーは、カントのいわゆる「可能性の条件」の本質を「可能にすること」「可能化（Ermöglichung）」と捉え、この可能性がまたアプリオリの意味をもつと見ている（GA24, 463）。『存在と時間』で頻出する「実存可能性」「存在可能」あるいは「可能的存在」といった実存カテゴリーは全て、基本的にはカントから受け取ったこの超越論的な可能性概念に由来するものと推察される。筆者はこのような洞察に基づき、修士論文『『有と時』に於ける「可能性」について』（二〇〇六年）において、『存在と時間』で多様に語られた可能性概念の統一的な解釈を試みた。

（21）存在のアプリオリ性の解明に取り組んだ試みとしては、川原と長縄の研究が特筆すべきである。川原はハイデッガーの「アプリオリ」概念をフッサールやカントではなく、アリストテレスにまで遡るものとしたうえで、そこに存在論と超越論との結合を見出し、さらに日常性におけるアプリオリな構造を取り出そうとする（川原栄峰『ハイデッガーの思惟』理想社、一九八一年、緒論第五章参照）。そして注目すべきことに、この議論の終盤で、川原はアプリオリの「時間的な意味」に触れるのだが（同上、二〇二頁以下）、テキスト上の制約もあってか、そこでは解釈の方向性だけが示唆されたにすぎず、具体的な展開には至っていない。他方長縄の研究は、主に一九二七年夏学期講義に基づいて、アプリオリ性の「根源的意味」の解明を目指す試みである（長縄順「ハイデガーにおけるアプリオリの時間的意味について」『アルケー　関西哲学会年報』第一六号、関西哲学会編、二〇〇八年、一一五－一二六頁）。長縄はまず、存在の〈より先〉という時間性格が通俗的時間概念ではないことを詳細に論証し、そこから存在のアプリオリ性の根源を現存在の「将来」の脱自態のうちに捉えることで、アプリオリ性が「徹底的に有限的な現存在に基づく」と主張する（同上、一一六－一二二頁参照）。筆者もおおむねこの見解に賛同する。しかしながらそこでは、存在理解の可能性に関してもっぱら脱自的な時間性のみが重視されており、存在のテンポラールな規定性を担う地平的図式については触れられていない。そのため長縄は、テンポラリテートの問題系に関してはわずかに「プレゼンツ」について一箇所だけ、しかも括弧内で捕捉するに留まり（同上、一二二頁）、われわれが注目しているアプリオリ性とテンポラリテートとの連関性の解明には踏み込めずにいる。もちろんこの研究の先駆的業績に関しては疑う余地はなく、本章の考察もそれを踏まえたものである。

（22）一九二五年夏学期講義のなかでハイデッガーは、「アプリオリの存在意味」の発見を「現象学の創始者に負う」とフッサールを讃えつつも、他方で、現象学の内部ではアプリオリの概念は「なお不明瞭」であり「依然として伝統的な問題設定と結びついている」ため、「アプリオリの意味の解明はまさしく、われわれ〔ハイデッガー〕が試みようとしているもの、すなわち時間の理解を必要とする」と述べている（GA20, 99）。存在のアプリオリ性のうちに時間性格を見ることは、当時の現象学グループ（フッサール、シェーラーなど）に対する独自な立場表明でもあったと思われる（vgl. ibid., 124）。フッサールとアプリオリの問題との関係については『存在と時間』第一〇節の最後に付けられた「アプリオリ主義」に関する注記も参照（vgl. SZ, 50 Anm.）。なお鈴木は、ハイデッガーがフッサールの「カテゴリー的直観」や「理念視」を独自に解釈することで、「アプリオリの根源的な意味」を取り出すに至る経緯を詳細に押さえつつ、それを道具分析や言表の〈として構造〉と連関づけて論じている（鈴木雄大「ハイデガーにおけるカテゴリー的直観とアプリオリ――『論理学研究』から道具分析へ――」『哲学・科学史論叢』第一三号、東京大学教養学部哲学・科学史部会編、二〇一一年、五五－七五頁）。この観点は、そこでは触れられていないが、存在者（道具）の現在化、つまり〈する－ため〉としてのプレゼンツの問題系に属しており、テンポラールな問題として捉え返すことができると思われる。

（23）ハイデッガーは後のニーチェとの取り組みに際しても、伝統的に理解された「存在としてのアプリオリ」のうちに通俗的時間概念では捉えられない「『時間』のより深い意味での時間的本質」を指摘し、そこに「存在と時間の隠れた本質連関」があると述べている（vgl. NII, 195）。

（24）長縄、前掲論文、一一六頁以下参照。

（25）Immanuel Kant, *Kritik der reinen Vernunft*, Felix Meiner, Hamburg, 1998, S. 242 篠田英雄訳『純粋理性批判（上）』岩波文庫、一九六一年、二二八頁。

（26）この点に関して秋富も、カントの退却した場面で「ハイデッガーもまた構想力〔図式論〕からの退避を強いられたのではないか。要するに、カントが直面したとハイデッガーのみなす『深淵』は、ハイデッガー自身にとっても『深淵』となったのではないか」と述べている（秋富克哉「深淵としての構想力」『ハイデッガー『存在と時間』の現在』秋富克哉、関口浩、的場哲朗編、南窓社、二〇〇七年、一三三頁）。以下の試みは、秋富がこの問題をめぐって最終的に提出した問い、すなわち「脱自的‐地平的な時性〔時間性〕の本質と無の無化は、どのようにして統一的に受け止められるのであろうか」（同上、一四八頁）という問題提起を受けて、筆者なりの仕方で展開したものである。

（27）ここには現存在の超越を中心にして、存在のアプリオリ性と存在論的差異および無の根本経験といった問題諸連関が存している（vgl. GA24, 27）。しかしこの点に関して、筆者はいまだ明確な見解をもってはいないため、論究することは差し控える。

（28）ハイデッガーは存在を時間から解釈する次元では、Temporalität や Praesenz、あるいは Differenz などとラテン語表記を用い、実存論的分析論から得られた実存カテゴリーと区別している（vgl. GA24, 433）。Apriori もラテン語表記である。したがって、この語法上の事実もアプリオリをテンポラリテートとして解釈することの、表面的ではあるが、一つの傍証と言えるだろう。

（29）現在化が将来と既在性の脱自的統一のうちに「包み込まれている」がゆえに、現在のうちに根づく「頽落」には「あらかじめ」や「すでに」に相当するような時間的表現が欠けているとされる（vgl. SZ, 328）。

（30）逆に、伝統的に主観内在的なものとみなされてきたアプリオリを、現存在の存在構造としてより根源的に捉え返そうとするハイデッガーの試みは、本書第一章で見た自我主観の基礎づけの問題に深く関与するものとして解釈することもできるだろう。アプリオリの問題をめぐるこのような自我主観と現存在分析の関係について、一九二八年夏学期講義では以下のように言及されている。「もしアプリオリが存在の根本規定であり、そしてもしアプリオリが時間規定であり、時間が実際に存在と連関しており、しかもそれは存在理解が現存在の時間性のうちに根づいているという仕方であるとするならば、アプリオリと時間性との、すなわちアプリオリと現存在の存在体制との、ないしはアプリオリと主観の主観性との間の内的な連関が成立する。そうだとすれば、今日好んで宣伝されるように、アプリオリの問題は、プラトンやアリストテレスにおいても、同様にデカルト、ライプニッツ、カント、そしてドイツ観念論においても、たとえ連関がこれまでなおいかに暗かろうとも、極めて緊密に主観の問題と絡み合っているということは、結局のところいかなる恣意的で観念的な先入見でもない」（GA26, 189）。このようにハイデッガーは、主観性とアプリオリが伝統的に連関づけられてきたことのうちに、現存在の存在体制がアプリオリであることの歴史的な論拠を求めている。ただし、ギリシアのプシュケーを意識や主観と同一視したうえで、プラトンなどの古代哲学にまで主観性のアプリオリ（アプリオリな内在的認識）を読み取ろうとする当時の論調に関して、ハイデッガーは「馬鹿げている」と一蹴する（GA20, 100f.）。

（31）一九二七年夏学期講義の序論において提示された「講義の見取り図」を見ると、同講義の第三部第二章の表題が「存在のアプリオリ性とアプリオリな認識の可能性と構造」（GA24, 33）となっており、ハイデッガーがそこで存在のアプリオリ性の視点から伝統的な哲学的諸概念、いわゆるアプリオリな諸概念の解明に取り組む予定であったことが推察される。だが実際の講義は第二部第一章までで終わっているため、その議論の内実をうかがい知ることはできない。

(32) 『存在と時間』公刊部分のなかで、主に括弧内補足や注記という仕方でなされた第一部第三編に関する言及は、①世界の飛び越しの問題（SZ, 100）、②志向性の基礎づけの問題（ibid., 363 Anm.）、③コプラの問題（ibid., 160）の三点である。このうち前二者は既に触れた（本章注1参照）。最後のコプラの問題を、ハイデッガーはどうやらロゴス（言表・語り）の観点から実存論的に解釈しようとしていたようである。この議論は一九二七年夏学期講義の第一部第四章に相当するものと思われるが、ハイデッガーはそこでコプラの問題の歴史的変遷をアリストテレス、ホッブス、ミル、そしてロッチェを手がかりとしながら、主にessentiaとexistentiaという伝統的な存在区分に即して論じている。そこからコプラの問題は、現象学的－解釈学的な観点から、多様な存在者を「明示しつつ解釈しつつ分け置くこと」（GA24, 298）という言表構造に還元され、最終的には「『～である』（＝コプラ）はそれ自身においてすでに、それについて言表されている存在者の存在を、露呈されたものとしての存在を意味している」（ibid., 311）と言われるように、存在問題および真理問題として解釈されている。またこれに先立つ一九二五／二六年冬学期講義でも同様の問題が扱われており、そこでは言表を通じて「露呈される」存在が、眼前存在ないしは現前性としてあらかじめ理解されていることが指摘されるとともに、伝統的論理学もまたこうした現前性としての存在理解を（したがって「現在」という特定の時間を）「不明確な根底」に据えることではじめて可能になる、と説かれている（vgl. GA21, 414f.）。

(33) この点に関してはこの講義の翻訳者である溝口の「訳者後記」を参照（溝口競一、松本長彦、杉野祥一、セヴェリン・ミュラー訳『現象学の根本諸問題　ハイデッガー全集　第二四巻』創文社、二〇〇一年、四八七頁）。

(34) こうした形而上学の二重性格は後に、「存在論－神学体制（die onto-theologische Verfassung）」として定式化されるものである（vgl. GA32, 183; GA11, 63）。それゆえここで「神学」といっても、それはユダヤ・キリスト教など特定宗教の神学に限定したものではなく、あくまで形而上学の本質構成全般にかかわる哲学的問題系として理解されなければならない。

(35) ハイデッガーは将来の地平的図式〈ために（Umwillen）〉を「超越の第一義的規定」とみなすと同時にそれがまた「根拠一般の原現象」「根拠のようなものの根源」でもあるとし、そこから「何故に」と問うこと自体がそもそも可能となると見ている（GA26, 276; vgl. GA27, 393）。つまり、将来のWorumを根拠のWarumとして解釈するのである。形而上学の基礎づけが超越のうちで完遂されうるのは、そこで形而上学の根拠が根源的な時間という「原現象」として現れるためである。なおUmwillenとは、アリストテレスのフー・ヘネカ（οὗ ἕνεκα）の直訳であり、ハイデッガーはそこにプラトンの善のイデアをも重ねて理解している（vgl. WM, 161; GA26, 237f.; GA28, 361）。論考『根拠の本質について』においてハイデッガーは、この〈ために（Umwillen）〉のうちに「意志（der Wille）」を指摘し、それを現存在の超越としての自由に重ねて理解している（WM, 163f.）。安部はこのような意志の使われ方に注目し、「意志の世界企投」という現存在の動性を「世界内存在の根拠」

と捉えることで、『存在と時間』の思想圏域における意志の重要性を主張している（安部浩『現／そのロゴスとエートス――ハイデガーへの応答――』晃洋書房、二〇〇二年、七六頁以下参照）。本書ではこの意志の問題は扱うことができないが、意志が現存在の超越のうちに見出される以上、この現象は形而上学の問題と無関係ではない。とりわけ後のニーチェ解釈と突き合わせて考えることは、形而上学に対するハイデッガー自身のかかわり方の変遷を、意志の問題を軸にして、かなり明確化しうるものと思われる。今後の研究課題にしたい。

（36）『存在と時間』公刊部およびそれ以前の諸講義録では、「形而上学の基礎づけ」や「現存在の形而上学」といった言葉は管見では見当たらず、そのため『存在と時間』の執筆が当初からそれらを意図して始められたかどうかは文献的には裏づけが取れない。しかしここでわれわれが注目しているのは、あくまで『存在と時間』がどこに向かっているのか、換言すれば『存在と時間』構想の着地点であって、出発点ではない。

（37）バーナスコーニも『存在と時間』をはじめとするこの時期のハイデッガーの思索が「存在論」と「神学」からなる形而上学の「二重概念〔……〕ないし二重の読解に従っていた」と主張し、そこに伝統的な問題の継承を指摘する（cf. Robert Bernasconi, *Heidegger in Question. The Art of Existing*, Humanities Press, New Jersey, 1993, p. 38）。だが肝心なことは、その継承の仕方に「哲学の根本問題の変容」として形而上学の基礎づけという企てを見抜くことである。

（38）酒井はメタ存在論に関する先行研究をまとめたうえで、「『メタ』（meta-）」は「『超』・『後』・『克服』を意味せず〔……〕Umschlag（転換、反転、メタボレー）のそれであり、その意味で問いが問い自身を超越する事態を指す」（酒井潔「モナド論・基礎有論・メタ有論――〈もうひとつのライプニッツ－ハイデッガー問題〉」『思想』第九三〇号、岩波書店、二〇〇一年、五三頁以下）と主張する。だが「超」ではない「問い自身の超越」とは一体何を意味するか。ハイデッガー自身「メタ」という語に「超越」と「転換」の二重性格を見ているだけに（vgl. GA22, 106; GA28, 28; GA29/30, 59）、メタ存在論の内実を明らかにするためにはやはり本章で展開してきたような超越現象の解明が不可欠である。メタ存在論と超越との連関については次章で改めて取り上げる。

（39）この点に関して最晩年のゼミナール（一九七三年）でもハイデッガーは全くぶれていない。「すでに『存在と時間』において、まだ幾分不器用ではあるが、そうした〔始源への〕帰還が存している。『存在と時間』においてそれ〔始源への帰還〕は解体として企てられている〔……〕」（GA15, 395）。

第四章　神話――始源への歩み（1）

前章では、ハイデッガーが想定していたであろう存在の問い方と答え方を、超越の問題に即して見てきた。そこで扱われた諸問題は、『存在と時間』未公刊部分にあたる第一部第三編「時間と存在」に属すると同時に、第二部全体を導くものとして、『存在と時間』構想の核心部分をなすものと思われる。だがそれらは、たとえどれほどコアなものであったとしても、いまだこの構想の最終地点ではない。基礎的存在論の根本諸問題（存在の問い、超越、テンポラリテート、存在論の解体など）は、「神の問い」としての神学を含めた形而上学全体の基礎づけを目指す、現存在の形而上学の第一段階にすぎないのである。では、ハイデッガーが次の段階に位置づける「メタ存在論」とは一体いかなるものか。またそこではどのような事柄が、神学とかかわる問題として見出されるのだろうか。「形而上学の基礎づけ」という試みの全体像へ向かう出発点として、まずはこうした「神関係」の問題に注目してみたい。その手がかりとなりうる指摘が、論考『根拠の本質について』の注のなかで以下のようになされている。

現存在を世界内存在として存在論的に研究解釈することを通じて、神への可能的な存在については消極的にも積極的にも決定されていない。とはいえしかし、超越の解明を通じてはじめて現存在の十分な概念が獲得され、そのような存在者〔現存在〕を顧みることとともに、今後は現存在の神関係に関して存在論的にはどうなっているのかが問われうる。（WM, 159 Anm. 56）

このなかでハイデッガーは、「超越の解明」を経た後で「今後は（nunmehr）現存在の神関係」、つまり人間と神との関係が「存在論的に」問題になりうると語っている。この指摘は、『存在と時間』構想が超越問題を基点として神を問題としうることを証言するとともに、基礎的存在論の次のステージであるメタ存在論が「現存在の神関係」にかかわることをも示唆している。[1]そして前章の最後で触れたように、この指摘がなされたのと同じ頃、つまり『存在と時間』が公刊された直後の時期に、ハイデッガーはまさしく「神関係」のひとつとも言いうる「神話」の問題に取り組んでいる。そうするとこの時期の神話問題に注目することによって、「神の問い」を含む形而上学の基礎づけと呼ばれる試みの内実に迫ることができるかもしれない。

実は、「神話的（mythisch）」あるいは同様の意味で「原始的（primitiv）」なものについての指摘は、すでに『存在と時間』公刊部のなかでもときおり見られる（vgl. SZ, 81f., 247, 313, 415）。とりわけ本編冒頭の第一一節では、「原始的（神話的）現存在」のあり方を現象学的に分析することが、「諸現象の存在論的諸構造を純粋に取り出す」という現象学的な課題に対して「積極的な方法的意義」をもちえ、さらにそうした研究が民俗学的な実証研究の適切な「手引き」になりうる、とも言われている（ibid., 51）。もちろん公刊された『存在と時間』のなかには、こうした試みはどこにも見当たらない。しかしながら『存在と時間』公刊翌年の一九二八年には、カッシーラーの『シンボル形式の哲学　第二巻　神話的思惟』（一九二五年、以下『神話的思惟』と略記）についての『書評』が発表されており、[2]そのなかでたしかに「神話的現存在分析」と呼びうる試みが暫定的にではあるもの着手されている。さらにこの時期の諸講義（一九二八年夏学期講義、一九二八／二九年冬学期講義、一九二九年夏学期第二講義）においても神話の問題は繰り返し取り上げられており、さながら一群の問題系を呈するほどである。

以上からひとまず次のような推測が立つ。すなわち、超越の解明を終えた『存在と時間』構想は、そこで得られた存在問題に関する諸成果を手引きにして存在論を解体しつつメタ存在論へと向かい、そのなかで「現存在の神関係」を問うべく「神話」の問題に取り組むが、そこではまた形而上学の「神学」についても、形而上学の基礎づけの観点から問題になる、と。したがってこれら相互の問題諸連関を解明し、ひいては『存在と時間』構想の全貌を明らかにするためにも、この時期の神話問題の究明が重要になってくると思われる。にも拘わらず、この問題は従来のハイデッガー研究においてあまり注目されてこなかった。おそらく『存在と時間』のいわゆる「無神論的」な方法論やテキスト上の制約などもあって、この時期のハイデッガーの思索のなかにこの問題を適切に位置づけることが難しかったためであろう。[3] けれども『存在と時間』構想の本質と限界の解明を目指すわれわれにとって、この問題は決して看過することのできないものである。

そこで本章では、『存在と時間』構想における神話問題の決定的な意義を明らかにするために、できるだけハイデッガーの議論に即しつつ、この問題を追究していこうと思う。手順としてまずは、『書評』のなかで展開されたカッシーラー批判と神話的現存在分析を概観し（第一節）、次に『書評』で提起された諸問題がこの時期の諸講義のなかでどのように発展・展開しているのかを、それぞれの講義に即して跡づけ（第二節、第三節、第四節）、最後に、神話の問題が「神学の基礎づけ」として形而上学の基礎づけの最終局面に位置することを示す（第五節）。

第一節　『書評』におけるカッシーラー批判と「神話的現存在分析」の試み

ハイデッガーは『書評』のなかでまず『神話的思惟』の概略を述べているが、なかでも特に注目すべき論点は以下の四点にまとめられる（vgl. KP, 256ff.）。①神話的現存在は直接的な現前物全体を支配する圧倒的な「超力者（das Übermächtige）」によって徹底的に「襲われ」「奪われ（benommen）」ている。②神話的世界と神話的現存在自身のあり方は全て、超力者の超力性を意味するいわゆる「マナ－表象」を通じて規定されている。③このマナ－表象がいわゆる聖／俗の根本区分を主導することで、神話的世界における「現実物の根本分節」が性格づけられる。④神話的世界からの「退却」、あるいは魔術（Magie）からの「解放」は「世界との対決」を意味し、それは道具の使用を通じて遂行されるが、その可能性の萌芽はすでに祭式における「供儀」のうちに認められる。

ハイデッガーはこのように概略した後、これらの問題を根本的に問うためにはカントの「建築法と体系内容」に依拠したカッシーラーの手法では不適切であり、代わって「存在問題一般の光における現存在のラディカルな存在論」が必要であると強調する（ibid., 265; vgl. SZ, 51 Anm.）。そしてその最初の手がかりが「マナ－表象」[4]に求められる。カッシーラーにおいてマナ－表象はあくまで「神話的な対象意識の分析」つまり「対象意識の思惟形式と直観形式の分析」のうちでのみ主題となりえた。だがそこでは諸形式の「可能的な内的結合の問題すら立てられていない」ために、マナ－表象の「体系的な場所」が無規定的なままである[5]（KP, 266）。これに対してハイデッガーは、マナが「襲いかかり」という存在性格をもつこと、換言すれば「全ての神話的現実物のあり様（Wie）」として存在者の存在を意味することに注目する（ibid., 267）。そして、「マナ－表象において告げられているのは、全ての現存在一般に属している存在理解に他ならない」(ibid.) と述べ[6]、次のような洞察を示している。

> まさしくマナ-表象が〔……〕存在理解として機能している神話的「生」の根本のあり方とはいかなるものか。この問いの可能的な答えはもちろん、現存在一般の存在論的な根本体制の先行的な仕上げを前提にしている。この仕上げが存在論的に理解されるべき「慮り」のうちに存するのであれば〔……〕神話的現存在は第一義的に「被投性」を通じて規定されていることが露わとなる。(ibid., 267)

ここで、「神話的『生』の根本のあり方」を明らかにすること、すなわち神話的現存在分析が、「現存在一般の存在論的な根本体制の先行的な仕上げ」に基づくと言われている。この「先行的な仕上げ」は言うまでもなく、『存在と時間』で展開された基礎的存在論としての現存在分析に他ならない。要するにハイデッガーは、基礎的存在論の諸成果を手引きとすることではじめて、神話的（原始的）な世界を生きる人間のあり方、神話的現存在の存在様態が適切に解明される、と考えているのである。ところで、『存在と時間』では「被投性」よりも「企投」が重視され、それが最終的には「将来優位」の立場へと導いていた。だがここでは逆に、被投性が「第一義的」と言われている。これはどういうことか。ハイデッガーは続ける。

> 「被投性」において現存在は世界へと引き渡される。それはそうした〔神話的な〕世界内存在が、引き渡されるもの〔超力者〕によって圧倒されるという仕方においてである。超力性はそのものとして、そもそも何かに引き渡されることに対してのみ告げられうる。〔……〕それゆえ、被投性において何らかの仕方で露呈された全ての存在者は超力性（マナ）の存在性格をもつ。(ibid.)

神話的現存在にとって「被投性」とは、世界を支配する超力者への「引き渡し」に他ならず、そこでのみ現存在は「襲われ」「奪われ」うる。被投性が「第一義的」な規定と言われるのは、それがマナ－表象としての存在理解を第一義的に性格づけるからであり、ここでの言い方では、超力者の「超力性」が被投性に対してのみ「告げられうる」からである。神話的現存在にとって「存在（マナ、超力性）」とは、第一義的には、企投を通じて理解されうるものではなく、圧倒的な超力者への被投的な引き渡しのなかで告げられうるもの、その意味で情態的な気分を通じて与えられうるものと言えるだろう。そこからはじめてマナ－表象が形づくられ、存在者全体のあり方が超力性（マナ）として理解可能となるのである。

けれども先に示した『神話的思惟』の概要によれば、こうした神話的世界からの退却・解放の可能性を「供犠」は秘めていた。カッシーラーはその「第一の力」を「願い（Wunsch）」のうちに見ているのだが、(7) ハイデッガーはこれに関しても「肝心なことは願いが被投性に根づくことを見させることである」（ibid., 268）と述べ、やはり被投性を重視している。それでは現存在分析から見れば、願いに基づいて供犠が準備するとされた「世界との対決」とは何を意味するのか。ハイデッガーはこう述べる。

〔カッシーラーの言うように〕願いが世界と自我との「対決」を構成すべきであるなら、神話的現存在のこの振舞いはつねにただ、現存在の彼の世界への超越が露呈される仕方にすぎない〔……〕。「対決」は現存在の超越に基づくのである。（ibid., 268）

『書評』で言われていることはここまでである。それゆえ「世界への超越」や「対決が超越に基づく」ことなど、われわれが期待する「『被投性』から神話的現存在の存在論的構造へと根拠づけられた分析を遂行すること」は、ここではただ「示唆されうる」に留まっている（ibid., 267）。

第二節　一九二八年夏学期講義における「無差別的眼前性」

一九二八年夏学期講義のなかで散発的になされた神話に関する言及は、基本的には『書評』を越え出るものではない。神話問題はここでも存在の問いの観点から捉えられ、基礎的存在論に基づくものとみなされている(vgl. GA26, 174, 211 Anm. 3, 270f.)。だがそれとともに、『書評』では見られなかった事柄も次のように語られている。

むしろそれ〔存在のイデー〕の最も近い根源はある無差別的なもの、つまり世界とわれわれとの非分離な眼前性である。(この非分離性と引き渡されからさらにマナ－表象も解明されなければならない。)われわれ自身はたしかに存在のイデーの源泉である。――だがこの源泉は現存在の原超越として理解されなければならない。(GA26, 109f.)

この発言は「存在のイデー」をいわゆる「観念」として捉え、世界から切り離された自我主観のうちに見出そうとする近代哲学の動向を批判する文脈でなされたものである。ハイデッガーはここで、「存在のイデー」の「最も近い根源」ないしは「源泉」を内面的な自己意識ではなく、むしろ「世界とわれわれとの非分離な眼前性」と言い、それをまた「現存在の原超越(Urtranszendenz)」とも言い換えている。「原超越」とは、この講義の別の箇所では、その体制に存在理解の属する現存在のあり方・世界内存在とされるが、それは前章で見た現存在の超越の構造に相当する(vgl. ibid., 20, 171)。存在のイデーと超越の連関という同様の事態もわれわれはすでに確認した。だがこの引用ではさらに、世界と現存在の「非分離性」と「引き渡され」から「マナ－表象」が明らかにされるべき、と括弧内で補足されている。ゆえにこの発言は存在問題としてだけでなく、神話問題の観点からも理解すべきものである。『書評』によれば、「引き渡し」とは神話的世界への被投性を意味し、そのうちで現存在は超力者に「奪われ」つつ、マナ（超力性）としての存在を理解していた。「奪われる」ということは現存在が超力者に捕らわれ、その圧倒的な支配下に入ることを意味する。そこでは自他の区別はいまだ明確ではなく、マナ的－魔術的な諸力において「『自分の』心もまた『異他的な』力として対立する」（KP, 262; vgl. GA27, 357f.）[8]。こうした超力者への奪われ方がここで「無差別的（indifferent）」とか「非分離性（Ungeschiedenheit）」といった世界への被投的な契機のうちに読み込まれているのだろう。ただし神話的なあり方が「無差別的」だといっても、それは超力者に奪われていない現存在、すなわち現代の理性的な人間（自我主観）から見てのことである。逆に言えば、われわれには不合理的でいかに粗雑なものに見えようと、神話的現存在はマナ－表象を通じて世界を独自な仕方で分節化しつつ秩序づけると同時に、自分自身の存在もまたマナから理解しており（vgl. ibid., 258ff.; GA27, 357f.）、決して何か自己喪失や精神錯乱の類いに陥っているわけではない。一見奇妙に見える振舞いや世界観も、被投性を第一義的な実存様態とする神話的現存在の独特なあり方に根差すものである。現存在分析に基づくこのような視座は、それが民俗学的研究の基盤となりうるかどうかは別にしても、当時の研究状況・研究成果を十分踏まえたものであり、神話的あるいは宗教的現象一般への現象学的なアプローチのひとつとして極めて興味深い試みと言えるだろう。

　けれどもなぜこうした世界との無差別的な様態が「眼前性」と言われるのか。ハイデッガーはこの点に関して明らかにしていない。だがわれわれはそれについての手がかりをすでに有している。それは被投性を第一義的な規定とする神話的現存在のあり方である。このことは神話的現存在が既在性を第一義的な脱自態として時熟していることを意味する。だとすれば時間性の脱自的統一と連動する地平的統一も、したがってそこで形成される世界形像や存在のイデーも、以前に見た将来優位の場合とは何かしら異なる仕方で現れることが推測される。実はこの講義の前年の一九二七年夏学期講義のなかで、まさしく脱自的 - 地平的図式の統一態の「変様」に関して、ハイデッガーは以下のように指摘している。

> つねにそれら諸脱自態の統一において時熟し、そうしてある脱自態の優位がそのつど他の脱自態をともに変様させるという時間性の時熟様態に従って、そのつど、時間の地平的図式の内的でテンポラールな諸連関もまた変化する。(GA24, 436)

少々込み入った言い方をしているが、ハイデッガーはここで、どの脱自態が優位になるかに応じて地平的図式の統一の仕方もまた変化すると述べている。それは同時に、そこで形成される世界形像や存在理解もこの変化に従って変様しうることでもある。たとえば、現在優位の脱自的 - 地平的統一は、もっぱら存在者とのかかわりに特化する現在化・プレゼンツへの企投となり、そこで形成される世界は有意義性から規定されていた。これに対して、将来優位の脱自的 - 地平的統一は将来を第一義的なものとする本来的な存在理解・アプリオリへの企投であり、これが哲学的 - 存在論的な概念形成を可能にする隠れた動向とみなされた。しかしながら神話的現存在にとっては、そうした現在あるいは将来優位の場合とは異なり、被投的な既在性が第一義的な時熟様態とされる。そしてこのいわば既在性優位の脱自的 - 地平的統一のなかで、世界とわれわれとの「無差別的眼前性」という件の独特な存在理解が形成されるのである。それゆえ「眼前性」といっても、ここでは文脈上また事柄から見ても、科学の対象や道具の故障ではなく、またこの無差別性には「われわれ」現存在自身も属しているから、非現存在的な存在者全般の存在規定を意味するいわゆる「最広義の眼前性」[9]でもない(vgl. SZ, 42)。そうではなくこの場合の「眼前性(Vorhandenheit)」とは、そこで現出する世界が、神話的現存在の既在性の地平的図式「被投性の〈それに面して(Wovor)〉」から第一義的に規定されていることを意味する、とさしあたり理解しうるだろう。[10]徹底的な被投性において自身の世界内存在とアプリオリに直面する神話的現存在は、自己と世界の明確な区別をいまだもたないという仕方で、マナとしてのラディカルな眼前性についてのいわば原始的な存在理解を有しているのである。ただし存在の「理解」といえども、ここでは超力者によって徹底的に気分づけられた理解、つまり被投的な情態性に強烈に傾いた存在理解ということになる。逆に言えば、そこでの存在理解は「無差別的眼前性」といった万物とのいわば「融即状態」とも言いうる独特な情態的側面の強いものとなる。要するに、神話的な世界はまずもって超力者への引き渡しのなかで無差別的に開示され、ついでこの被投性に対して気分を通じて告げられたマナ（超力性）を存在として理解しながら、神話的現存在はあれこれの存在者とかかわっているのである。

ところでこうした「世界との無差別的」なあり方をハイデッガーは現存在の「原超越」とも呼んでいた。けれども前節で確認した『書評』では、この同じ超越がむしろ「世界との対決」を担うと言われた。「無差別的」と「対決」とは一見相反するようにも思えるが、神話的現存在にとって超越と世界はどのような関係にあるのか。ハイデッガーはこの点に関してもやはり語っていない。だがこうした超越をめぐる問題は、次の一九二八／二九年冬学期講義での集中的な議論を通じて、ある種の「歴史的」な位相のもとで明らかになってくる。

第三節　一九二八／二九年冬学期講義における現存在の歴史的変遷

(1) 現存在の三つのあり方 —— 学的現存在・前学的現存在・神話的現存在

もう一度確認すると、『書評』のなかで超越は「世界との対決」を担うとされ、他方一九二八年夏学期講義では「世界との無差別性」とみなされた。ハイデッガーは一九二八／二九年冬学期講義のなかで、後者の「無差別性」に関して再び以下のように取り上げている。

露わな存在者それ自身は今や、存在の多様さに応じて必ずしもすでに区別されているわけではなく、ここでは全ての露わな存在者は無規定的であり、相互に無差別的である。だが存在者は全て、それ自身無規定的なままである全体から一貫して気分づけられている。無規定性は独自な規定性なのである（マナ－表象）。(GA27, 158f.)

この発言は「学の真理」が「実存の真理」に基づくというくだりでなされたものであるが、最後の「マナ－表象」という括弧内の補足からもうかがえるように、ハイデッガーがこの場面で神話問題を見ていることは明らかである。「実存の真理」とは現存在が実存する限り「一切の学に先立って」存在者が多様な仕方で現れることもあれば、しばしば「無規定的に」、つまり「相互に無差別的」な姿で「全体として」現れることもあるという事実を意味する。特に後者の「無差別的」な事態は字面だけ見ると前章で見た超越における世界そのものの現出の仕方とも重なるが、ハイデッガーはこうした実存的な真理をここでは「学に先立つ」という意味で「前学的な真理」と呼び、そのなかで実存している人間のことを学を通じて規定された今日的な「学的現存在」

と区別して「前学的現存在」と性格づける（ibid.）。そうするとこの前学的現存在が神話的現存在に相当するのか。しかしながらハイデッガーは「前学的現存在と学的現存在は、原始的現存在と非原始的現存在の区別に全く一致しない」（ibid., 160）、より端的には、「原始的と前学的は一致しない」（ibid., 162）とも言っている。[11] 既述のように「原始的」と「神話的」とは同義に用いられる言葉であるから、これらの指摘は、前学的現存在がそのまま神話的現存在を意味するわけではない、ということを意味する。それでは「学的」「前学的」「神話的（原始的）」といった現存在の三つのあり方は、現存在の超越をめぐってどのように区別され、また互いにいかなる関係にあるのか。

ハイデッガーはまず学的と前学的について、「学的現存在のうちにはまた、依然として前学的現存在も必然的に存している」（ibid., 161）と指摘し、さらに後者は前者よりも「全く根源的なあり方をもつ」（ibid., 162）と述べ、以下のように性格づけている。

> 陸地は農耕において、海洋は航海のなかで発見される〔……〕。農耕も航海も気象、季節、天文学、年代計算の諸知見を伝達する。同様に現存在には人間の医術が属している。これら全ては〔前学的〕現存在が存在者と直接に対決することのなかで生じ、現存在は現存在としていつもすでに存在者に立ち向かうように指示されている。（ibid., 162f.）

ここでは「農耕」「航海」といった前学的な営みが「存在者との直接的な対決」を通じてはじめて後に学的となりうるような「諸知見」をもたらすと言われている。つまり前学的なあり方は学的なあり方の前提であり、その成立可能性の条件に他ならない、というのである（vgl. ibid., 161）。ここには両者の区別と関係性が示されている。ところで、この「直接的な対決」という言い方は、まさしく超越が担うとされたもうひとつのあり方、すなわち「世界との対決」を連想させるものである。『書評』においてそれは道具の使用を通じて遂行され、最終的には世界を脱神話化に導くとされた。農耕や航海においても道具の使用が欠かせない。ゆえに学的な知見がもたらされうるこうした前学的な「直接的な対決」にはまた、前学的と神話的（原始的）とを区別しうる契機も存していると思われる。では両者はどのように区別されるか。ハイデッガーは上の発言に続けて、以下のように述べる。

〔前学的な時代の〕初期ではまた農耕、航海、医術、天文学のような存在者の発見の仕方とその他のかかわり方は全て、全体における現存在の神話的な根本把握により一貫して支配されている。現存在のこの特殊な前学的開示性は、つねにまたすでに語へ来っており、神話の語において言い表され（hat sich im Wort ausgesprochen, μῦθος）またすでにそうした語として伝承の独自な形式をつくりあげている〔……〕。（ibid., 163）

前学的な時代の「初期」では、後に学的となる「発見」もそれをもたらす前学的な「かかわり」も、いまだ「神話的な根本把握」を通じた「神話の語」による支配的な規定を受けている。世界のあらゆる現象や人間の営みは依然として、神話的諸力から理解され、マナ－表象を通じて「無差別的」に規定されている。先ほど前学的な真理が「無差別的」と言われた理由はここにある。けれどもこの「初期では」という言い方は、それを慎重に読むなら、その後の前学的な時代ではそうではなくなること、つまり農耕や航海といった営みが繰り返されるにつれて神話の影響力は徐々に減退していくこと、要するに、後代における脱神話化の動向を暗に示唆している、とも読めるだろう。すると問題はこうなる。すなわち、神話的なあり方と前学的なあり方の区別――それこそ「世界との対決」が担う脱神話化に他ならない――は、いつまたいかにして生起するのか、と。だがそれを適切に問うにはあらかじめ、世界をめぐって語られた「現存在の超越」という現象の本質的な構造を、この文脈に即して押さえておく必要がある。

(2) 遊動としての超越

この講義でもハイデッガーは超越を「全体としての存在者を乗り越えること」(GA27, 306) と規定している。だが「乗り越える」といっても、それは現存在がどこか世界の外部へ向かうことではなく、むしろ「この乗り越えにおいてはじめて存在者とかかわることができる」ような「世界への超越」である (ibid.)。ところで「世界」とは他ならぬ現存在自身の根本体制「世界内存在」に属するから、超越を通じて「現存在は〔……〕まさしくはじめて自己自身になる」(ibid., 307) と言える。ここまでは前章で見た超越の構造と基本的には同じである。だがここでは超越におけるこうした企投的な自己の取り戻しを指して、「現存在がそのものとして支えられている (sich halt)」(ibid.) とも表現される。そこからハイデッガーは、カントが実存的な世界概念を「生の遊動 (Spiel des Lebens)」なる現象に即して意義づけたことに触れ、世界内存在としての超越のことを「根源的な遊動」と性格づけている (ibid., 308ff.)。この遊動は自己の取り戻しのなかで、現存在が本来的に自由に活動しうる「空間」を切り開くとされるが (ibid., 312, 316)、そのなかで世界が形成されるとともに、「存在理解と存在それ自身はこの世界形成とともに形成される」(ibid., 314) とも言われる。超越という根源的で自由な遊動はこのように、「存在の形像を得る (erbilden)」働きでもあり、つまりは存在のイデーを形成し、もたらすのである。世界や存在の見え方を輪郭づけ形成するこうした超越の機能はまさしく、時間性の脱自的‐地平的図式に特有のものであるから、超越が開示する遊動‐空間とは結局のところ、前章で見た存在理解を可能にする超越論的な時間地平の別名と見てよいであろう。

他方で世界内存在としての超越はその構造上、世界へと「委ねられていること」「引き渡されていること」として被投性でもある。ハイデッガーはここでも『存在と時間』同様、被投性に現存在一般にとって本質的な「無力」や「有限性」の契機を見るのだが（ibid., 332）、超越的遊動における企投的な自己の取り戻しが「支えられ（Sichhalten）」と性格づけられたことに対応して、無的な被投性もまた「支え‐なさ（Halt-losigkeit）」と捉え返される。[12] ただし「支えなさ」といってもそれは決して消極的なものではなく、むしろ以下のような積極的な意味をもつとされる。

> われわれが現存在にこの支えなさを言い渡すことは、いかなる現存在もそのつど支えを獲得できないという意味でのいかなる事実的な言明でもない。それは、いずれの事実的現存在も実存する限り、そのつどすでにあれこれの支えを獲得してしまっていなければならない、ということをまさしくそれ自身に含んだ本質言明なのである。（ibid., 337）

つまり超越において「遊動へおかれている（aufs Spiel gesetzt sein 賭けられている）」現存在はいわば被投性という無的な「支えなさのうちに支えられて」（ibid., 356）おり、そこで実存しようとするならそのつどつねに何らかの「支え（Halt）」を必要とし、あるいはすでに「支えを獲得してしまっていなければならない」。こうしたそのつどの支えの必要性と獲得こそ、遊動‐空間を確保しつつ、世界形成と存在理解を担う「遊動」として捉え直された超越の本質動向である。超越という現象はここで、現存在自身の支えなさに基づいてそのつど支えの獲得を目指すという、いわば立続けの遊動（賭け）として、以前より具体的に捉えられていると言えるだろう。

(3) 匿いとしての神話的世界観

ハイデッガーはこのような「支えの獲得」という独特な超越的 - 遊動的なあり方を指して、また「世界観」とも呼び、その形成が歴史的であると指摘したうえで、神話をその「歴史的な諸位相」のひとつとみなしている(ibid., 356f.)。すると神話的現存在は超力者に引き渡されるなかで何らかの支えを獲得し、その独自な世界観を企投的に形成していることになる。だがこのような「支えられ」には本質的な前提として、被投的に無力な「支えなさ」が属している。ハイデッガーは神話的なそれを「匿われなさ(Ungeborgenheit)」あるいは「守りなさ(Schutzlosigkeit)」と言い、逆に「支えられ」を「匿われること」「守られること」と性格づける(ibid., 359)。このとき超力者に引き渡され、その圧倒的な襲撃に匿われることなく曝された現存在を匿い・守るのは、現存在自身ではなく、圧倒する当の超力者である。「それ〔超力的な存在者〕が、支えと匿われることを与えるものである」(ibid., 360)。それゆえ、企投的に形成されるといっても、そこで獲得される神話的世界観は基本的には「匿い(Bergung)」や「守り(Schutz)」といった超力者自身の超力に由来している。つまり神話的世界における支えの獲得・支えられとは、現存在自身の企投に基づくものではなく、第一義的には、超力者が匿い・守りを与えることなのである。超力者の超力性、すなわちマナとしてのラディカルな眼前存在は、このように現存在自身を脅かし・奪うと同時に、匿い・守るものとして被投的な気分を通じて具体的に告げられ、理解されている。

こうした匿われ・守られた超力的な世界のなかで、あれこれの存在者も全てマナ的な超力を帯びて現れてくる。もちろんその開示はいまだ「独自な発見や探究」といった前学的な営みによるものではなく、いわんや「学の成果」でもない。神話的世界における存在者の「隠れなさ(Unverborgenheit)」としての真理は、第一義的には、マナ－表象を手引きとした「世俗的なものに対する聖なるもの、秘蹟的なものの区別」(ibid., 362) に依拠しており、そのうちで現存在自身も「守りを求めつつ立てられている」(ibid., 360)。ところがハイデッガーはまさに、「守りを求める」という現存在のこの独特なあり方、つまり、超力者によって「立てられ」つつも〈自分自身のために〉匿いを願うという企投的な態度にこそ、「呪術、祈りを通じて、何らかの仕方で存在者の主人になろうとする傾向」(ibid.)、いわば現存在の自立化の萌芽があると言う。それは守りなき世界のなかで自らの安全を担保しようとすること、もちろんいまだ自分の力によってではなく、超力者の超力に全面的に依存する仕方で、「自分を匿うこと、すなわち自らに守り、力と権力を調達すること」(ibid., 359) に他ならない。この事態は『書評』では、祭式や儀式、呪術におけるあれこれの願いを託した「供犠」のうちに見られていたが、ここではさらに詳しく、「安全 (Heil) への道と手段の全体を特定の拘束的な形態のうちで形成する」そのプロセスについて、おおよそ以下のように説明されている (vgl. ibid., 363ff.)。

まず祭式や儀式が繰り返しなされることで「安全」への手段と方法が確立される。するとその使用はますます「公共化」していき、その結果「支配と使用は自己目的となる」。そこではもはや「呪術の効力」ではなく、「呪術が指示通り遂行されていること」のみが重視され、「匿いは支える、支えを与えるという本来的な機能を失い事業 (Betrieb) となる」。神話的世界観の「頽落」(ibid., 388) とも言われるこの事態は、事業が多方面に展開し多忙になるにつれて匿いの「硬直化」と「退化 (Entartung)」をもたらす。そうして匿いの支配力が弱体化していくなかで、神話的世界を規定していた聖／俗の根本区分は曖昧となり、世界は次第に「空虚」と化し、最終的に現存在自身も「自己喪失」「自己滑落」の状態に陥る。匿いの事業化はまさしく神話的世界全体の無化を引き起こすのである。そのなかで世界内存在の「支えなさ」という本質的な事実性が改めて浮き彫りになる。

このような状況は、それまで神話的世界観に馴染んできた現存在にとってみれば極めて無気味なものであろう。だがハイデッガーはそこにこそ逆に、「これまで露わでなかった支え－獲得の可能性への意に反した指示」(ibid., 364) が与えられるとも言う。なぜなら先ほど触れたように、支えを喪失し「遊動におかれた」現存在は否応なく、何らかの支えを求めるように運命づけられてしまっているからである。その限りにおいて、匿いの退化のもたらす神話的世界観の無化はまた「転換 (Umschlag) が準備される無気味な状況」(ibid.) でもある。ハイデッガーは、そのとき開示される「支え－獲得の可能性」のことを「自分自身で支える可能性」あるいは「独自な活動可能性」と捉える (ibid., 365f.)。そしてそこで新たに露呈された「支え－なさ」を「構えなさ (Haltungslosigkeit)」、それに基づく支えの獲得・世界観形成のことを「構え (Haltung)」と名づけ、神話的世界観である匿いから区別している (ibid., 366)。要するに、この構えこそ前学的実存に独自な世界観に他ならない。

(4) 被投性から企投へ ―― 超越の「重心移動」

ハイデッガーによれば、新たな「支えられ」として現れたこの構えという世界観はさしあたり、すでに退化し無力なものとなっているにも拘わらず依然として匿いのふりを続ける事業 (呪術や祭式) との「対決」において登場する (GA27, 367)。だが構えも匿いも共に現存在の世界観として「超越の二つの根本様式」(ibid.) であることには変わりない。そうすると現存在の超越のうちでこの二つの世界観が対立することになるのだが、はたしてそれはいかなる事態を意味するか。ハイデッガーはここで、超越の「重心移動 (Verlagerung des Gewichts)」なる現象について言及する。重要な箇所なので少し長いが全文引用しておく。

重心移動は超越の遊動性格における超越の内的可能性である。われわれは、その性格づけを全て留保して、このこ

> とをただ図式的に特徴づけることができる。／匿いでは現存在の重心は、存在者により一貫して支配されていることのうちに、しかも現存在の真理が第一義的に匿われなさを通じて規定されていることのうちに存する。現存在はいわば存在者の全体のうちに取り込まれているが、それにも拘らず喪失されておらず、むしろ存在者の全体により担われている。／それに対して構えとしての世界観では現存在の重心は、振舞いとしてのかかわりと自分で行為することのうちに存している。神話的現存在においてもよもや欠けてはいない〈自分の－ために〉は――さもなければ匿いは存在しないだろう――、〈構えにおいては〉現存在をそれ自身へともたらす。〈自分の－ために〉は今や、ことさらに支えられのうちに来るのである。（ibid.）

「存在者による一貫した支配」という「匿い」についての指摘は、『書評』でなされた被投性重視のあり方と重なるものである。けれどもマナ－表象があくまでひとつの存在理解であるように、被投的な既在性を第一義的とする神話的現存在といえども、決して〈自分の－ために（Umwillen-seiner）〉という企投的な将来の地平性格が欠落しているわけではない。超力者が与える匿いとは、現存在が〈自分のために〉匿われ守られることを願うもの、文字通りの意味で、願いをそこへと投げかけるものである。ただ匿いでは構えよりも超越の重心が被投性に置かれているにすぎない。同様のことは構えについても言える。構えでは匿いよりも企投に重心が移ることで、〈自分のために〉そのものが「ことさらに支えられ」となる。この「ことさらに（eigens）」という何気ない副詞は、現存在がもはや超力者に依拠することなく、独自な仕方で「自分で自分を支える」という構えの独特な「支えられ」方を暗に示している。それでも本質的に「現存在がそれ自身、その被投性と事実的な諸可能性のうちで掴まれてしまっていること」（ibid., 367f.）、つまりは被投的な既在性のうちに基づくという事実は変わらない。そもそも匿いの退化が露呈する被投的な支えなさにおいてはじめて構えは、現存在が自らを支えるために要請されたのである。

以上から匿いと構えという二つの世界観の対立の背景が浮かび上がる。両者の対立は、現存在の超越的遊動における被投性から企投への重心移動のなかで生起している。われわれはそこに、神話的なあり方から前学的実存への歴史的な位相転換・移行を見出すことができるだろう[13]。ここに上で問うた神話的なあり方と前学的なあり方の区別と関係性が存している。超越における匿いと構えの対立は、被投性から企投への重心移動に伴って生起する世界観の根本転換、つまりは世界に対する根本態度の変様である。換言すればこの対立は、支えをどこから獲得するのか、あるいは支えるのは誰か、といういわば支えの主人をめぐる主導権争いという見方もできる。だが構えというこの新たな世界観が、諸々の前学的な営みである「行為しつつ実存すること」(ibid., 368)を通じて現存在自身を支えようとする限り、形骸化した事業(祭祀・呪術)に対する対決はやがて、その対決の矛先を匿う力が退化しつつある世界そのものへ向けることになるだろう。そしてそこにこそ、神話的世界からの「退却」や「解放」を担うと言われた「世界との対決」の真相があるように思われる。

しかし当然のことながら、こうした歴史的な位相転換・移行はある日突然生起するものではない。上で見たように、前学的といえどもその初期の段階ではいまだ神話の圧倒的な支配下にある。祭祀や呪術の公共化が進み、匿いが退化し、事業が台頭してくるにつれて、ようやく世界との対決がはじまるのである。とはいえ、そもそもなぜ構えにおいて現存在は、世界と対決しなければならないのか。ハイデッガーはその理由をこう指摘する。

そのような〔自分自身を支える〕構えにおいて現存在の独自なかかわりがある優位を獲得する。しかしこの優位は、すでに特別に神話的な変様が、すなわち聖性としての力能性が消失しているにも拘わらず、力能性の性格をこれまで通り喪失していない存在者とのかかわりのうちに存している。だが超力的なものとの明確なかかわりは、全ての本質連関における、そのかかわりの内部での現存在と超力的なものとの対決となる。〔……〕匿いにおいて――匿いという仕方で――露わであった存在者の全体は消失してはいないが、しかし〔構えにおいては〕真理の性格は変様してしまっている。(ibid., 368)

現存在が構えにおいてあれこれの存在者と活発にかかわるなかで、具体的には農耕や航海を繰り返すことを通じて、世界の脱神話化は進んでいく。ハイデッガーはそのように変貌していく世界のことを「自然」(ibid., 384)と呼んでいる。世界を特徴づけた無差別性は徐々にそのマナ的な色彩を薄め、神的な力の発露とみなされた諸現象は、次第に純粋な自然現象として捉えられるようになる。しかしながら、神話的世界の有した超力性そのものはこの自然現象のうちにも圧倒的な威力として、つまり現存在に襲いかかり・奪う自然の脅威としてなお保持されている。現存在が構えにおいて独力で自らの存在を支えようとするなら、この超力的な自然は対決すべきものであり、征服し克服すべき眼前の脅威として、まさしく事を構えるべき存在となる。「すでに露わであった〔超力的な〕存在者は今や構えから規定された、つまり対決的な現存在のうちで、現存在のために、克服され、支配され、操られるべきものとして現れる」(ibid., 368)。構えという新たな世界観は、「現存在と超力的なものとの対決」を本質とするのである。ここに世界との対決が現存在にとって必然的とならざるをえない理由がある。ただし注意すべきは、「世界の変様」といってもこの局面で変様しているのはあくまで現存在自身の第一義的なあり方・態度であり、世界そのものが何か即自的に別物になっているのではない。変様しているのは世界を開示する仕方、つまりは世界の見方としての世界観であり、畢竟するに、現存在の存在理解が変様しているのである。

(5) 構えとしての前学的世界観 ── 自然的世界との対決

こうした世界観の変様に伴い、なお超力を保持しつつも「存在者は新しい仕方で露わになる」(GA27, 384)。それが先ほどの引用の最後で「真理の性格変様」と呼ばれていた事態である。しかしながらハイデッガーは他方で、そこで開示される自然的世界について「全体としての眼前物」(ibid.) とも呼んでおり、以前の神話的世界観と同じように「眼前性」を強調する仕方で性格づけている。これはどういうことか。超越の重心移動や真理の性格変様といった事態を考えると、たとえ「眼前的」と言われても、それは神話的世界の「無差別的眼前性」と全く同じ存在様態であるとは考えにくい。たしかに世界観の歴史的な転換・移行がゆるやかに進むということを鑑みれば、この「眼前性」は依然として被投性の〈それに面して〉により規定された存在性格ではあろう。しかしその規定力は、企投への重心移動によって以前よりは格段に弱まりつつある。加えてハイデッガーは構えにおける世界との「対決」を「全体としての存在者への突撃(Anrennen)」(ibid., 385) とも表現している。こうした「対決」や「突撃」という攻撃的な言葉の用いられ方から推察するに、この場面で語られる自然の「眼前性」とは、構えにおける全面的な対決の相手という意味での〈それに面して〉という側面を、より厳密に言えば、企投的な〈自分自身のために〉へと重心を移すなかで対決姿勢に定位して規定された被投的な〈それに面して〉という意味合いを強くもつように思われる。さらに言えば、現存在がそれに直面して対峙するということは、現存在からラディカルに区別されるということでもあるから[14]、この場面での自然の脅威的な眼前性は、以前の「無差別的眼前性」とは異なり、非-現存在的な存在者全般の存在性格としてのいわゆる「最広義の眼前性」に属するとも言えるだろう。超越の重心移動は世界の現れ方を、現存在との無差別的な眼前性から対決的に区別された眼前性へと、徐々にではあるが確実に変貌せしめるのである。

こうして現存在の対決相手となった自然的世界は、たしかに超力性を保持しているものの、マナ的な性格は弱まり、聖性としての力能性は次第に失われていく。この対決の最終的な勝利は、諸物が現存在の営みを支える「生活必需品」となること、つまり「こちらに‐立てられた〔制作された〕という仕方で意のままになり、〔つねに〕眼前に存在するもの」(ibid., 384) となることである。このとき世界は、操作や制御可能な道具の全体として人間の都合に合わせて飼い慣らされた自然環境と化し、存在者はもはやいかなる神話的背景ももたず、その動向のみに即して純粋に暴露される。そのようにして人間は世界の「中心へと進む」(ibid., 372) のである。だがそれとともに、諸物を支配しようとする現存在には、個々の存在者が「何であるか」「いかにあるか」ということに精通する必要性が出てくる。「精通する (Sichauskennen)」とはこの場合、諸物の「操作可能性」や「使い道」など、現存在の独自な活動可能性にとって有益な特性を発見することであり、なかでも諸現象の経過を秩序づける「法則性」の認識はこの支配体制を確立する上で重要となる (ibid., 368f.)。それはまさしく道具としての諸物のあり方に熟知することであり、そこからはじめて存在者を「個別的な諸領域」ごとに選り分け、各々の存在様態に適した仕方で接することが可能になる (vgl. ibid., 387f.)。そのようにして、存在者はその存在において「問い質され (befragt)」、現存在の活動目的に即してそのあり方の「釈明を求められる」ようになる (ibid., 376f.)。ハイデッガーは、存在者へのこうした独特な問い方・対決の仕方のうちに、構えの高度に先鋭化した姿を見ており、それを学的な研究・探究の生起とみなしている (vgl. ibid., 368ff., 387)。

けれどもハイデッガーはまた、前学的な対決に根差したこうした学的な構えにも、上で見た匿い同様、「退化」の可能性を指摘し、それを三つの形式に分け、それぞれ「心理学的人間学主義」「美学的人文主義」「宗教的実存主義」という今日的な人間探究の立場に即して論じている (ibid., 373f.)。それらはつねに絡み合い、また多様な混合形態を見せながら展開するが、ハイデッガーによれば、そうした動向は全て結局のところ「主観主義」

に行き着く。だがこのいわば人間中心主義的な学的傾向は消極的な面ばかりでなく、ハイデッガーはむしろそこに、「現存在のたしかな優位の告知」(ibid., 375) という積極的な契機を見出し、「構えとしての世界観の本質には自己が本質的になることが属している」(ibid.) と指摘する。この事態はまた「現存在への集中」(ibid., 377) とも呼ばれるが、こうした自己の本質化・集中化はさらに現存在の「明確化」として捉えられ、以下のような超越に関する新たな指摘に結実する。

しかし現存在の根本体制は超越のうちに存する。構えとしての世界観において世界内存在そのものが一層本質的になる。現存在はそれ自身で全体としての存在者に対する彼のかかわりの諸可能性を掴む。超越することは明確になる。構えとしての世界観のうちには明確に超越することが、すなわち〔……〕哲学することがある。構えとしての世界観の生起と形成とともに哲学することが生起する。したがって、哲学することは構えとしての世界観の形成であり、構えとは哲学的世界観である。(ibid., 375f.)

ハイデッガーはここで構えとしての現存在の本質化・集中化を「超越の明確化」とみなし、それをまた「哲学すること」とも呼んでいる。それはつまり、「哲学が構えとしての世界観とある強調された関係をもつ」(ibid., 398) ということを意味する。そうすると構えとしての学的な対決がそのまま「哲学すること」なのか。

(6) 根本 - 構えとしての哲学的世界観 —— 神話との「再帰的なかかわり」

この問題に関してハイデッガーは、「しかし構えとしての世界観と哲学することとの内的関係はまだ全く問題的〔未決定〕である」(GA27, 378) と言い、慎重になっている。たしかに学と哲学の両者は構えとしての対決を本質とする点で同じ世界観に属すると言える。しかし「構えは、そこで超越がより明確になる限り哲学することの特別な連関のうちに立つ」(ibid.)、あるいは「〔哲学的世界観は〕卓抜な意味での構えである」(ibid., 379)などの発言からすると、両者は「超越の明確化」ないし「構えの卓抜さ」のいわば度合いに応じて区別しうると思われる。逆に言えば、学が出現したばかりの時期では、哲学はいまだ学的な構えと混ざり合い潜在的に埋もれてしまっており、「諸学に対して際立ってはいない」(ibid., 387)。そうすると、学的なあり方から哲学が区別される際には、ハイデッガーも指摘するように、構えにおいて「ある独特な変様」(ibid., 386)が生起していることが必要になってくる。おそらくその重要な契機となるのが先ほど触れた「構えの退化」であると思われる。構えの退化は学的な(それとともに前学的な)世界の無化を引き起こし、改めて被投的な支えなさをより深刻な深淵として露呈する。この状況下で新たな支えを獲得しようとする努力こそが、より明確な構え・超越として「哲学」と呼ぶにふさわしいだろう。構えがより明確になるということは、超越の重心が従来のあり方よりも一層企投に寄りかかっているということを意味する。このいわばより先鋭化した企投の下で、つまり超越の明確化を通じて、世界や諸物はより明瞭な姿で露わになる。ここから諸物を、特定の領域ごとに探究するのではなく、存在者をまさしく全体として問いうる可能性が生起する。諸学との明確な区別において、ようやく万物の根源への探究としての「存在の問い」「存在問題」が目覚めるのである。だがそれは「哲学の誕生」であると同時に、神話問題が新たな段階に入ったことをも意味している。ハイデッガーはこう述べる。

存在問題が必然的に構えの生起とともに、すなわち、世界観の第一形式である匿いに由来するこの第二形式の発生とともに目覚めるなら、そしてまたこの最初の形式〔匿い〕が簡単に突き放されることなく、既在する可能性としてその特殊な力を保存しているならば、その場合明白であるのは、今や存在問題の最初の具体的な形式もまた、匿

> いに由来する対決的な構えの発生を通じて規定されなければならない、ということである。神話に由来する哲学の根源について —— その他は問題ではない —— つねにすでに注意が向けられてきた、とりわけすでにギリシア人たち自身によって。（ibid., 383）

ここで「哲学の根源」が「神話に由来する」と明確に言われている。この発言は単なる年代記的な報告ではなく、哲学の始祖・ギリシア人たち自身がずっと注意を向けてきた「既在する可能性」とのかかわり方、その対決的な取り返しを言い表したものである。「全ての哲学すること自身は、その独自な可能性に従って、繰り返しこの本質的な根源〔神話〕を確保しなければならない」（ibid.）。ハイデッガーはここに「アルケーへの問い」「原‐始源（Ur-anfang）への探究」の発生を見ている（ibid., 383f.）。超越の明確化としての哲学的世界観とは、匿いという自身の由来した根源、すなわち神話的世界観とのラディカルな対決なのである。その意味で哲学の構えは「根本‐構え（Grund-haltung）」（ibid., 397）と呼ばれる。神話的世界において現存在を匿うのはマナ的な超力者であった。最初の哲学者たちがはじめて万物の始源を問うたとき、彼らにとってこの問いは、いまだ「特殊な力」を保持しつつ「底を極めがたい古さの、太古から強力に生起している」（ibid., 384）超力者への問いかけを意味したのである。ただし「超力者」といっても、そこではすでにマナ的な匿いの退化がはじまっており、対決的な根本‐構えが優位を占めているため、この探究において「純粋な神話はすでに見捨てられている」（ibid., 384）。そうだとすると最初の哲学者たちは一体超力的な始源をいかに問い、またどのようなものとして理解したのか。

ハイデッガーはここで、初期の始源への探究を二つの形態に区別している。一つ目は、始源との対決といえども、「この問いの軌道がいまだ神話的現存在によって予描されている」（ibid.）場合である。そこでは始源への問いは、神話を背景にしたある種の歴史学的な探究となり、「その答えは何らかの神統系譜学または宇宙発生論のなかで与えられる」(ibid.; vgl. GA28, 356)。この試みはたしかに万物の始源への探究として哲学的ではあるが、しかしその方法は明らかに神話に定位しており、そのため根本‐構えとしての始源との対決とみなすには不十分と言わざるをえない。これに対してハイデッガーが注目する二つ目の始源への問いは、「始源（アルケー）」を歴史学的に捉えるのではなく、むしろそこから存在者の全体があらかじめ規定されている「根拠」あるいは「原理」の意味で受け取る。この「始源」概念の変容により、神話的世界観にそれほど依拠することがなくても、存在者の全体を探究しうる哲学の可能性が開かれる。その意味でこの二つ目の試みは、一つ目の問い方よりも一層超越の明確化を具現したものと言えるだろう。もちろん両者はそれほど明確に区分しうるものではなく、とりわけ初期の段階では「直接的に絡み合ったまま」(ibid., 385) である。ここで重要になってくるのは、第一の問いに対する第二の問いの本質的な違いを強調することである。筆者の見るところ両者の決定的な相違は、その始源に向けて問いかけているところの「存在者」、要するに始源への探究を主導するいわゆる「範例的存在者」に関して最も際立つ。後者にとってそれはもはや神話的なものそのものではなく、日々の営みにおいてさしあたり直面している事物、つまるところ「自然」に他ならない (ibid., 384f., 393)。彼らが問いかける支配的な超力者とは、現存在にとっての眼前の脅威であるとともに、豊かな糧をもたらす超力的な自然なのである。だがこの点だけ見ると、自然の事物を探究する諸学と同じように思われるかもしれない。しかし既述のように、諸学と区別された哲学は、領域ごとの存在者を個別に研究する諸学とは異なり、全体としての存在者をその始源に向けて問うことをその本質課題としている。そして周知のように、初期の哲学者たちは万物の始源を、それ自体特定の自然領域である水や火あるいは空気などに求め、そこに世界全体の本質規定や根本原理を見出そうとした。彼らが後代の人たちから「自然学者たち」(以下、「自然哲学者」と表記) と呼ばれるのはそのためである。もちろん「自然学」といってもそれは、精緻な数学的検証に依拠した近代の「自然物理学」とは全く別物であり、あくまで自然に対する前学的な構え・対決に定位した素朴な考察の域を出ない。換言すれば、自然哲学者たちの始源の問い方、その問題設定の仕方は、もっぱら「存在者は何から制作され〔こちらに立たされ〕、何から出来ており、元々の構成諸要素はいかなるものであり、何を通じて生成したのか」(ibid., 385) という前学的な実践活動に基づいた、言うなれば「制作モデル」としての存在理解に強く依拠したものである。

今日からすると極めて稚拙な思想に見えるかもしれないが、始源への探究をもはや神話的な説明に頼らず、むしろ神話的世界観とのラディカルな対決のなかで完遂しようとする彼らの思考態度は、全く独自な道を切り開く前人未到の挑戦であり、その後の人類史を決定づける革命的な一歩であったことは間違いない。始源をめぐる初期の哲学的思索は、その形式において多くの残滓は見られるものの、基本的には神話的世界観からの全面的な脱却を原動力としているのである。逆から見れば、神話的な匿いとの根本‐対決こそ哲学が根本‐構えとして成立するための可能性の条件であると言えよう。しかしながら、「対決」といっても、構えが匿いに由来する限り、哲学は神話と決して切り離されているのではない。むしろ逆である。ハイデッガーはこう述べる。

> この両者〔構えと匿い〕の根本可能性の研究解釈がすでに示したように、構えは匿いから成立し、匿いとの本質歴史的な連関のうちに立ち、つねにそこに留まっている。このことが意味するのは、一方では、匿いは、すなわち厳密な意味での前哲学的な現存在としての神話的現存在は、根本構えとしての哲学の本質必然的に残っている想起である、ということである。まさしくこの根本構えが歴史に基づいてそれ自身において何か他のものであるために、哲学は神話と再帰的にかかわったままなのである。(ibid., 398f.)

哲学にとって神話は何か廃棄すべき過去の遺物などではなく、むしろ対決において哲学は神話とつねに「再帰的にかかわったまま」なのである。[15] この「再帰的なかかわり（zurückbezogen）」という言葉は、哲学が自身の由来・始源である神話から決して離反することなく、むしろ対決という新たな仕方で関係を結び直すことを絶妙に言い表している。それをハイデッガーは「想起（Erinnerung）」とも呼んでいるが、彼はそこに哲学としての根本‐構えが現存在の歴史のなかで「何か他のものであるための」可能性、つまり人類史の革命的一歩でありえた根拠を見ている。

ところで、神話がこのように哲学の始源に位置づけられている以上、この再帰的なかかわりはまた、形而上学の基礎づけを目指すハイデッガー自身の『存在と時間』構想においても何か重要な意味をもってくるように思われる。おそらくそこに、『存在と時間』公刊直後の時期に、どうしても神話の問題に取り組まざるをえなかった理由もまた存しているのだろう。それは何か。この問題に取りかかるためにはあらかじめ、自然哲学のみならず、何よりも形而上学における神話との再帰的なかかわりについて明らかにしておく必要がある。

第四節　一九二九年夏学期第二講義における「洞窟神話」

われわれは今や、形而上学における神話との再帰的なかかわりについて問うている。プラトンからはじまる形而上学はそれまでの自然哲学の伝統を継承しつつも、イデア論に代表されるように、従来の素朴さを脱ぎ捨てる仕方で展開されている。そこでは問題設定や議論の構成がより一層哲学独自のスタイルへと洗練・昇華されている。したがって、形而上学においては神話との対決もさらなる企投への傾きのなかで、より明確になった根本構えを通じて遂行されていることが予想されるが、はたして形而上学は神話といかなる再帰的なかかわりをもつのか。この問題を考える上で絶好の手がかりが、一九二九年夏学期第二講義[16]のなかで与えられている。ハイデッガーはそこでプラトンの「洞窟の比喩」を詳細に論じているのだが、その冒頭で「それはいかなる比喩でもなく、ひとつの神話つまり歴史であり、しかも人間的現存在の本質歴史である」(GA28, 351) と宣言したうえで、本章で見てきたような現存在の歴史的変遷過程をこの「洞窟神話」に即して語っている。周知のように洞窟の比喩とは、洞窟内に拘束された囚人が洞窟外の世界へと解放され、再び洞窟内に戻ってくるという筋書きの物語である。[17] プラトンはこの比喩を通じて、人間が感性的な世界から超感性的なイデア界へと向かう道程を象徴的に伝えようとするのだが、ハイデッガーはこの解放のプロセスに関して、おおよそ以下の三つのプロットに分けて、独自な解釈を交えつつ整理している。

①まず洞窟内で鎖につながれた状態は、「彼らがその直中で情態づけられている存在者によって奪われている」状態であり、そこでの人間は「守りを提供するもの、聖なるものに保護されている神話的現存在」である。彼らにとって存在者とは壁に映った影であるが、それでも彼らは「諸々の影の生起順序など」についての共通の認識をもち、それらについて互いに語り合い、彼ら自身の存在もこの影から理解しながら「豊かな生活」を営んでいる。このときの「真理」は現存在の「匿われ」である。

②次に鎖を断ち切られ、視線を反転することにより、洞窟からの「解放」の可能性が生起する。この解放は現存在の立場の「移行」を意味するが、「洞窟から登り出る」につれて現存在を守っていた「匿い」の力が次第に衰退していくため、この移行はつねに不安と苦痛を伴うものとなる。「だがその状態にこそ今や、影的なものから諸物それ自身へと、つまり存在者それ自身へと目を転じる可能性もまた存している」(ibid., 353)。ハイデッガーはここに、「匿われ (Geborgenheit)」から「隠れなさ (Unverborgenheit)」への真理の本質変様を指

摘する。この変様により現在には、影／物、偽物／本物といった真偽の区別を、独力で遂行しうる可能性が与えられることになる。それはまた現存在が「自分自身に引き受けられる」こと、つまり本来的な自己解放の可能性でもある。この移行の最終目的は、洞窟の外に出て「光のうちで自分自身を支える」ことであるが、そこへと至る道中にはつねに、洞窟内での「安らぎ」に戻ろうとする傾向、いわば「匿われの状態に帰りたくなる憧れ」(ibid.) を伴うため、移行は極めて困難なものとなる。

③だがこの困難に打ち勝ち、見事移行を完遂しえたとしても、そこにはさらなる困難が待ち受けている。「われわれが存在者をそれ自身に即して見ることは、登高をもってしてもまだ保障されない」(ibid., 355)。というのも、暗闇から外の世界に出た直後の段階では、その明るさゆえにかえって何も見ることができないからである。無理に目を開けようとするなら失明してしまうだろう。諸物を見るためには、「長い順応が、しかも環境に慣れることが必要なのである」(ibid.)。その準備としてまずは、諸物の影や水面に映った映像で目を慣らし、それから夜中に天を仰いで星々を見るなどして、徐々に周りの環境に慣れていかねばならない。「そして最終段階は、太陽自身と諸物自身を見ることである」(ibid., 352)。この段階に至ってようやく洞窟内への追慕は止み、現存在は「エイドーラとエイドスの間で、仮象と存在の間で、古い真理と新しい真理の間」(ibid., 355) で動揺するような、いわば宙づりの状態から完全に抜け出すことができる。プラトンにとって太陽は最高のイデアにあたる「善のイデア」を象徴するが、ハイデッガーは、この「善（アガトン）」という語を「フー・ヘネカ（οὗ ἕνεκα）」と解釈したアリストテレスを踏まえつつ、そこに現存在の将来の脱自的－地平的図式〈自分のために〉を読み取っている (ibid., 361)。

以上のような「洞窟から登り出る」現存在の移行のプロセス全体をハイデッガーはまた「超越」とも性格づけている (ibid., 355)。神話的な匿われから自分自身によって支えられるというこうした移行のプロセスは、事柄上もまた言葉から見ても、本章でこれまで見てきた現存在の歴史的変遷過程、つまり匿いから構えへの世界観の変様過程としての超越の重心移動と重なるものである。そうであるなら、洞窟内の暗闇から洞窟外の明るみへと登り出る歩みそのものが、さしずめ脱神話化のプロセスとして超越の明確化していく過程に相当すると言えるだろう。(18) すると拘束が解かれ、洞窟から出て、外の環境に慣れるまでの間は前学的ないしは学的な構えの生起にあたると思われるが、ハイデッガーは、太陽の光りに目が十分慣れた段階で突然、次のようなことを口にする。

〔……〕洞窟の外部でもう一度ラディカルな転換が生じなければならない。解放の後でまた、もう一度匿われの力が現れる。存在者への問いは、もう一度紛糾する。(ibid., 355)

ここで「転換(Umschlag)」が「もう一度」と言われるのは、それが洞窟からの解放、つまり前節で「匿いの退化」が準備すると言われたあの「無気味な転換」に対してである。この転換を通じて、神話的な匿いから前学的あるいは学的な構えへの移行が可能になった。ゆえに第一の転換に対するこのいわば第二の転換は、洞窟の外から内へ向かう転換、構えから匿いへと再び向き直ることと言える。「もう一度匿われの力が現れる」と言われるのもそのためである。だがそれは神話的世界観の復活などではなく、むしろこの第二の転換こそが「構えの退化」に伴う根本－構えの生起であり、神話との再帰的なかかわりにおける哲学の誕生に他ならない。諸学が取り組んだ「存在者への問い」、つまり超力的な自然との対決は、ここでより根源的な仕方で「もう一度紛糾する」のである。ハイデッガーはここに、「太古(Ur-zeit)」へと方向づけられた「アルケーの問い」の誕生を指摘し、それを一九二八/二九年冬学期講義同様、ギリシア哲学四〇〇年の歴史に即して跡づけている(ibid., 355f.)。ここでもギリシア哲学の始源をめぐる探究が、神話的に規定された神統系譜学や宇宙発生論からはじまり自然哲学に至る経緯について触れられているのだが、しかしハイデッガーはここではさらにその先の展開として、プラトン（ソクラテス）とアリストテレスについても言及している（vgl. ibid., 356ff.）。彼らの卓抜さは、自然哲学が万物のアルケーを問うた際に特定の自然物を特権化したことに対抗して、「存在者とは何か（τί τὸ ὄν）」と存在者をそのものに即して単純に問いつつ、しかもその答えを自然事物（存在者）を越えたより普遍的な次元に求めた点にある。こうして真正な意味での存在論が、「形而上学（μετὰ τὰ φυσικά）」すなわち「超自然学」という形態で成立する。

だがそのことは同時に、神話的な闇が従来よりも徹底的に取り払われ、全体としての存在者が最高度の光の世界に引きずり出されることでもある。かつて神話が語ったマナ的な超力者（ダイモニオン）は、今や形而上学における再帰的なかかわりのうちで存在論の俎上に乗せられ、やはり前学的な制作モデルを手引きとしつつ、単なる実践的な目標としての「エウ‐ダイモニア（幸福）」のなかに回収されるとともに、いまだ神話的な神統系譜学に代わって「神学」が整備される（vgl. GA27, 370ff.）。プラトンのデーミウルゴスはイデアに即して世界を制作する神であり、アリストテレスの不動の動者も一切の制作動向を目的的に統括する純粋形相としての神である。これらの神はもはや神話的現存在が委ねられていたマナ的な超力者ではなく、哲学者にとっての卓抜な本来的存在者（ὄντως ὄν）である。被投性において匿いつつ気分づける無差別的・無規定的な神々ではなく、企投を通じて明確に理解されうる認識可能な神である。哲学はこうして存在論‐神学体制を完備した形而上学となる。

ハイデッガーによるとこうした形而上学の存在論‐神学体制がその後の西洋哲学史の展開を決定づけるのであるが、しかし前章でも触れたように、存在論と神学の連関性そのものの解明は依然としてなされずに取り残されている。そしてこの「アリストテレス的状況」と呼ばれる事態こそが、ハイデッガー自身の「形而上学の基礎づけ」という試みを動機づけていた。注目すべきことにハイデッガーは、『存在と時間』の公刊に先立つ一九二六年夏学期講義のなかですでに、形而上学における存在論と神学の連関性について断片的にではあるが以下のように記している。

> 存在への問いはそれ自身を超越する。存在論的な問題は転換する！　メタ存在論的に・神学ノ〔問題への転換〕・全体としての存在者。善ノイデア・全てに先立って端的に引っ張るもの、最も先頭のもの（das *Vor-züglichste*）。存在一般と先立って引っ張るもの。存在者のさらに彼岸のもの、存在の超越に属し、存在のイデーを本質的に規定している！　最も根源的な可能性！　全てを根源的に可能にする。（GA22, 106）

存在の問い、超越、存在論の転換、メタ存在論、神学、全体としての存在者、存在一般、存在のイデー。これらはまさしく前章の最後に見た、形而上学の基礎づけとしての「現存在の形而上学」構想にかかわる重要諸概念である。この観点から見れば、「全てに先立って端的に引っ張るもの」「最も先頭のもの」とは存在一般のアプリオリな時間地平に他ならず、それはここでも言われるように、まさしく「全てを根源的に可能にするもの」「最も根源的な可能性」であった。ハイデッガーがここで、プラトンの善のイデアに存在のテンポラールなアプリオリ性を重ねて見ていることは明らかである。したがって、形而上学がその再帰的なかかわりにおいて自身の歴史的な根源・由来である神話と対決し、さらにそうした形而上学自体を現存在の形而上学が基礎づけようとするなら、ここには間接的な仕方ではあるが、ハイデッガーが同時期に取り組んだ神話の問題と形而上学の基礎づけとの連関性が存していることになる。われわれはようやく、本章の冒頭で形式的に推察した現存在の形而上学と神話をめぐる問題諸連関について、その内実を十分に検討しうる地点にまで到達している。本章の最終節では、これまでの考察を通じて取り出された神話をめぐる論点に基づいて、前章の最後に提起した形而上学の基礎づけに関する議論を捉え返すことで、『存在と時間』構想における神話問題の決定的な意義を浮かび上がらせたいと思う。

第五節　『存在と時間』構想における神話問題の意義
――形而上学の基礎づけの最終局面

(1) 形而上学と神話

まずは本章の冒頭で提示した神話問題のおおよその位置づけを確認しておく。ハイデッガーは超越の十全な解明を終えた後、基礎的存在論の諸成果を手引きにして伝統的存在論を解体しつつメタ存在論へ向かい、そのなかで現存在の「神関係」を問うべく「神話」の問題に取り組むが、そこにはまた形而上学の「神学」についても形而上学の基礎づけの観点から問題になる。われわれはこのように推測した。これらは全て、『存在と時間』構想の新バージョンとも言いうる現存在の形而上学を構成するものである。その内容に関しては、一九二八年夏学期講義での発言を中心に前章の最後で触れたが、これについても四点に分けて再度整理しておく。

①形而上学の基礎づけを目指す現存在の形而上学は「基礎的存在論」と「メタ存在論」からなり、前者のラディカル化・普遍化が後者への「転換」「転回」を担う。②後者のメタ存在論は「全体としての存在者」を主題にするため「形而上学的存在者論」とも言われるが、それは形而上学の「神学」をモデルに構想されている。③基礎的存在論からメタ存在論への転換・転回は現存在の「超越」を通じて遂行される。④伝統的な形而上学は「存在者そのものの学」(存在論) と「全体としての存在者の学」(神学) に大別され、形而上学の基礎づけは

両者の統一的連関性の解明を究極目的とする。この形而上学の二重性格に関して、以前は触れなかったが、同じ講義の序論のなかで以下のように語られている。

> われわれは、第一哲学としての哲学がそれゆえ、二重の意味をもつことを確認する。すなわち哲学は存在についての学であり、そして超力者についての学である。（この二重性格は実存と被投性からなる二重のものに対応している。）（GA26, 13）

ハイデッガーはここで、存在論と本質的に関係する神学を「超力者についての学」と呼び、さらに第一哲学としての形而上学のこうした二重性格について「実存と被投性からなる二重のものに対応する」と括弧内で補足している。これは注目すべき指摘である。要するにハイデッガーは、形而上学的な神学を現存在の被投性に対応した超力者の学として性格づけているのである。ところで、神話的現存在にとっても「被投性」が第一義的な規定性とされ、またそこで現出する「全体としての存在者」はマナ的な力能性をもった「超力者」と呼ばれていた。この箇所でも神学がかかわる超力者について「われわれがそれによって奪われ襲われるもの」(ibid.)として神話的な超力者と同様の規定がなされている。われわれはここに、神学と神話との共通性を見出すことができるだろう。ただし神学が「被投性に対応する」といっても、既述のように、形而上学自体が哲学の根本構えとして企投優位の本質構造をもつ以上、それは被投性を第一義とする神話的世界観とは本質的に異なるものであり、両者を直ちに同一視することはできない。同じことは超力者についても言える。それでは神学と神話の両者はいかなる関係にあるのか。またそこにメタ存在論はどうかかわるのか。

ここで注目すべきは、現存在の形而上学と伝統的な形而上学との関係性、すなわち前者が後者の基礎づけとして企てられている点である。その「第一段階」として基礎的存在論は存在論を基礎づけるために、存在のテンポラールなアプリオリ性を手引きとしつつ、「存在論がそこから出発したところへと打ち返す」(ibid., 199) 必要があった。この「打ち返し」は、存在論の歴史的な始源に向けた解体を意味すると思われるが（『存在と時間』第二部に相当）、ハイデッガーはそこに「存在論そのものが不明確につねに立っている形而上学的存在者論への明確な帰還」(ibid., 201)、すなわちメタ存在論へのラディカルな転換・転回を見ている。そして前節で見たように、ハイデッガーの議論に従えば、存在論の根源的な由来は神話である。したがって、この転換・転回が帰還する先であるメタ存在論には、存在論の始源としてラディカルに取り返された神話の問題が属することになる[19]。ところで神話はまた、その再帰的なかかわりにおいて、形而上学を構成するもうひとつの柱、すなわち神学の由来でもあった。ゆえに神話問題が属するメタ存在論には、同時に神学の基礎づけという課題も属していることになる。われわれはここに、形而上学の基礎づけが目指す存在論と神学の統一的な連関性を指摘することができる。そのことが意味するのは、『存在と時間』構想において神話が形而上学全体を統一しうる哲学の歴史的な始源の問題として位置づけられうる、ということである。

以上からわれわれは、ハイデッガーが形而上学を基礎づけるために向かう最終的な領域、つまりプラトン・アリストテレスを越えた次元とは、自然哲学や諸学、そもそも前学的世界よりもはるかに古い、その意味で、歴史に先立つ神話的世界に他ならない、と結論づけることができるだろう。この神話の領域が、基礎的存在論の徹底化を通じて見出されたものであるとするなら、それはまた存在論の歴史的解体を担う「本来的な歴史学」のラディカルな延長線上に位置する問題領域でもある。そしてそこでは神話的な超力者が、もはや前学的な制作モデルに依拠しない仕方で、つまり哲学・形而上学の対決に先立つ純粋に始源的な姿で現出するにちがいない。ハイデッガーの思索があくまで「事柄そのものへ」と向かう現象学的な方法に徹する限り、神話的世界はマナ的な匿いそのものとして露わになるはずである。

(2) 将来的な想起

そうすると次に問うべきは、現存在の形而上学と神話的世界との再帰的なかかわり方であろう。はたして『存在と時間』構想はいかなる仕方で神話を問題にするのか。ここでも問題をよりクリアにするために、洞窟の比喩に即して考察することが有効であると思われる。というのも、ハイデッガーは、太陽が象徴する善のイデアを存在のアプリオリ性とみなしたり、あるいは将来の地平的図式〈自分のために〉と性格づけていたように、洞窟の比喩で語られた超越の物語に、存在理解を可能にする時間地平への脱自的動向を読み取っているからである。このことは一九二七年夏学期講義で、まさしく存在のアプリオリ性とテンポラリテートの連関性が問われる場面でなされた以下の指摘からも裏づけられる。

存在は〈より先なるもの〉という性格をもつ。そのことを、さしあたりたいてい存在者だけを知っている人間は忘却してしまっている。鎖に繋がれた洞窟の住人たちを洞窟から解放し、光へと向き直らせることは、忘却から、そのなかに存在それ自身の理解を可能にすることが含まれている〈より先なるもの〉の想起へと、自己を取り戻すことに他ならない。(GA24, 465)

〈より先なるもの〉の「想起」とは、この文脈では、存在のアプリオリ性をテンポラールな概念として把握することである。そのことは、存在の意味を問い・答えることを目的とした基礎的存在論の到達点である「テンポラリテートの仕上げ」に相当する(本書第三章第四節参照)。太陽の光はここで、「正しく理解された時間の光」(ibid., 461)に重ねられている。他方でこうした時間への想起との対照において、洞窟内のあり方が「忘却」つまりは存在忘却と捉えられている。存在を忘却したあり方から存在の問いを取り戻し、その答えをテンポラールな地平から獲得すること、これはまさしく基礎的存在論の本質課題であった。したがってこれらの発言から、ハイデッガーが洞窟の比喩に即して自身の『存在と時間』構想を練っていたことがわかるだろう。[20] ところで前節で見たように、一九二九年夏学期第二講義での洞窟の比喩（洞窟神話）の解釈では、光を見るというこの同じ場面で哲学・形而上学の歴史的な生起が指摘され、しかもそこに第二の転換として神話的な匿いとの再帰的なかかわりが見られていた。『存在と時間』構想に即せば、この第二の転換は神話問題の属するメタ存在論への転換・転回にあたると考えられるが、本章第三節(6)で見たように、一九二八／二九年冬学期講義ではむしろこうした神話との再帰的なかかわりを表わす語としてまさしく「想起」が語られていた（GA27, 399）。以下はこの点をより詳しく述べた箇所である。

> 哲学の本質は、哲学が、構えを通じて規定された具体的で歴史的な現存在のために、侵入遊動空間を形成することのうちに存している。それでもって哲学はだが、根源的で精確な意味で将来的となる。神話が哲学にとって本質的な想起であるのと同様に、将来は哲学の本来的な力であるが、全て現在は単に瞬間の先端にすぎず、瞬間はその権能と豊かさを将来的な想起から受け取っている。（ibid., 398）

「侵入遊動空間」とは超越が切り開く自由な活動空間のことであり、そのなかで匿いと対決する哲学の根本‐構えが形成された。構えとは企投に重心をおいた超越であるから、根本‐構えとしての哲学・形而上学は必然的に企投的な将来優位の構造をもつことになる。そのことは幾度も述べたし、この引用でも指摘されている。そしてそれと同時にここでも、「神話が哲学にとって本質的な想起である」と明言されている。この「想起」は、過ぎ去ってもはや現に存在しない事物を意識内に再現前させるいわゆる記憶の再生機能ではなく、むしろ先ほどのアプリオリ性の想起と同様、現に既在する諸可能性を取り返すという現存在に独自な歴史的動性として受け取るべき現象である。哲学の遊動空間形成が「歴史的な現存在」にかかわると言われるのはそのためである。このように哲学が「将来」しつつ、神話という既在的なものを「想起」すると言われる以上、ハイデッガーは哲学における神話との再帰的なかかわりを根源的な時間性に基づく現存在の歴史性に基づいて理解していると言わなければならない（vgl. ibid., 400）。たしかにここでの指摘は哲学と神話との一般的な関係を述べたものではある。だが『存在と時間』構想が既在する諸可能性の歴史的な取り返しを掲げている以上、また神話問題が現存在の歴史性に基づく本来的な歴史学の延長線上に見定められているとするなら、そして何よりも神話が哲学・形而上学の歴史的な始源に位置づけられている限り、このことは他ならぬハイデッガー自身の現存在の形而上学についてこそ妥当すべきであろう。なおここではさらに、本来的な現在である「瞬間」についても「将来的な想起」から「権能と豊かさ」を受け取ると言われているが、このことが『存在と時間』構想において何を意味するのかについては後で検討したい。

さしあたり以上の考察から言えることは、ハイデッガーが洞窟の比喩に即して現存在の形而上学を構想する際に「想起」というこの同じ言葉を、①存在のテンポラールなアプリオリ性の概念把握と、②神話との再帰的なかかわり、という二つの意味で使用しているということである。前者は太陽の光に象徴される将来的なものの想起として基礎的存在論の仕上げにあたり、後者は洞窟内における既在的なものの想起としてメタ存在論の主題とみなすこともできるだろう。そして繰り返し見てきたように、現存在の本質構造としての時間性は、将来と既在性の脱自的統一性を第一義的な時熟様態とし、要するに、将来は既在性への帰来として生起する。この統一的な動性が先ほどの引用で「将来的な想起」と呼ばれていたものに他ならない。このことを踏まえるなら、存在のアプリオリ性を想起する将来は、その本質上必然的に、神話の既在性を想起する帰来になると言いうる。換言すれば、存在のアプリオリ性という形而上学のいわば原理的な最古の始源への将来的な脱自は、そのまま同時に、神話という形而上学の歴史的な最古の始源への既在的な脱自と地続きの関係にある。これは形而上学にとって原理的な始源と歴史的な始源といういわば二重の始源が、現存在の形而上学における将来的な想起を通じて統一的に連関づけられていることを意味する。そして前者を基礎的存在論、後者をメタ存在論が担うのであれば、この始源的な連関性こそ両者の統一性を担う転換・転回の本来の姿として受け取ることができるだろう。基礎的存在論のラディカル化がメタ存在論への転換・転回を導くという指摘は今や、存在のアプリオリ性への将来が同時に既在する神話への到来になることとして明らかになっている。

(3)『存在と時間』構想における神話との根本対決

だがこのことだけではいまだ、形而上学の基礎づけのなかで捉えられた神話問題の形式面にすぎず、その具体的な内実とは言えない。問題はこの局面での「将来的な想起」の具体的な中身である。ここでわれわれは事柄に即してより鋭い問題設定をしなければならない。すなわち、基礎的存在論を通じて明らかにされた存在のテンポラールなアプリオリ性(将来)はメタ存在論に属する神話問題(既在性)とどのように関係するのか、と。前者において、存在論の主題である「存在者そのもの」と神学の主題である「全体としての存在者」という形而上学の二つの根本問題が「全体としての存在者そのもの」という統一的な仕方で開示され、他方後者では、存在論と神学という形而上学の二重性格が統一的に基礎づけられうる、というわれわれの見方が適切であるとするならば、両者の関係性にこそ形而上学の基礎づけという壮大なプロジェクトの核心が存しているように思われる。上でも触れたが、この局面を洞窟の比喩に重ねるなら、太陽の光を目に宿した者が再び洞窟内に向き直る場面、すなわち再帰的なかかわりとしての第二の転換の場面に相当する。ハイデッガーは一九二九年夏学期第二講義でなされた例の「洞窟神話」の解釈の最後に、自身の立場に重ねつつ、この場面について以下のように語っている。

〔……〕われわれは〔洞窟からの〕解放を通じて、われわれが洞窟内に存在することをはじめて概念把握するはずである。この洞窟とわれわれの鎖を見えるようにすること、これが課題である。(GA28, 359)

「洞窟とわれわれの鎖を見るようにすること」が「われわれ」の、つまりハイデッガー自身の「課題」であると言われている。この発言を『存在と時間』構想に即して理解するなら、現存在が存在一般の超越論的地平というテンポラールな光を獲得し、それでもって神話的世界を隈なく照らし出すことで、その支配的な闇を完璧に駆逐することと理解することができる。この発言の二段落後になされた以下の「真理」に関する発言は、こうしたいわば暴露的な対決姿勢を一層鮮明に言い表すものである。

ア－レーテイア＝隠れ－なさ。存在者が隠れていないからのみ、われわれは存在者を把握しうる。なぜギリシア人たちは真理を消極性として、欠如性として特徴づけるのか。真理とはひとつの強奪であり、それに基づいて存在者から隠れが取り払われ、存在者は露わになる。このア－という欠如辞において、真理が匿われである前学的現存在の古い真理概念の解除が表現へと来る。(ibid.)

「強奪」としての真理とは隠れを暴力的に奪取する攻撃的な行為であり、ハイデッガーはそれをア－レーテイアという言葉の欠如辞「ア－」のうちに読み込んでいる。それはまさしく根本－構えに基づく哲学的な対決を意味するが、それにより「匿われ」という「前学的現存在の古い真理概念」が「解除」されると言われる。この「古い」という形容詞が前学的現存在の「初期」のあり方を指すのであれば、ここで言われていることは、初期の前学的世界をいまだ強力に支配する神話的な匿いを、真理の強奪によって無力化することに他ならない。ハイデッガーは明らかに、神話的世界の「匿われ（Geborgenheit）」を「隠れ（Verborgenheit）」として理解している。先に洞窟内の状態が存在忘却と呼ばれたのもそのためである。だとすると、真理を強奪と考えるハイデッガー自身の再帰的なかかわりも、世界の全面的な脱神話化を目指すギリシア人たちの隊列に加わるものと言わざるをえない。もちろんそれは、もはや前学的な制作モデルに依拠したり、あるいは自然を意のままに支配しようとすることとは異なる、よりラディカルな哲学的態度ではあろう。けれども自身の立場を「現存在の形而上学」と呼び、その表題に「形而上学」を掲げ、また断固として企投的な将来優位のテーゼを主張する限り、ハイデッガーの将来的な想起といえどもやはりひとつの形而上学的な対決と見て間違いない。いやむしろ、形而上学の基礎づけを意図して神話とかかわる以上、それはいかなる哲学・形而上学よりもさらに企投に重心の傾いた試みであり、その意味で最極端に明確化された超越に基づく究極的な対決である、とすら言える。上で引用したようにハイデッガーは、将来的な想起が「瞬間」に対して「権能」をもたらすと言うが（GA27, 398）、この場合の瞬間とは、神話的な全体としての存在者との対決に熟した現在（カイロス）であると考えられる。基礎的存在論に基づく将来的想起は、この対決を完遂するのに十分な権能をこの瞬間に授けるのである。それにより、対決はマナ的な超力が匿い・隠す世界を、いかなる先入見にも定位することなく、時間性の究極的なアプリオリの光源から照らし出すことが可能となる。その結果、神話的世界は全体としての存在者そのものの完全な隠れなさのうちへと強奪され、その赤裸々な姿を暴露することになるだろう。それこそが「形而上学的存在者論」とも呼ばれたメタ存在論の本領であると思われる。

　この事態をよりハイデッガーの術語に即して言うなら、マナ－表象としての存在理解が存在一般の理解を可能にするテンポラールな地平から超越論的に解明されることにより、神話的世界は哲学・形而上学の始源的な原－時間（Ur-zeit）としてまさしく時間地平のうちで暴露されるとも言いうる。[21] 逆に現存在の形而上学は、超越を通じて獲得された存在のテンポラリテートを手引きとしつつ、神話的世界の匿い・隠れを暴露的に強奪するなかで、はじめて形而上学の統一的な基礎づけという歴史的な使命を果たすことができる。本章で見てきた神話をめぐる諸問題が一貫して、基礎的存在論の実存カテゴリーに基づいて解釈されていた事実は、この試みに向けた準備作業の一環とみなしうるだろう。実存論的分析論を通じて得られた諸成果に基づいて、哲学・形而上学の歴史的な始源としての神話の闇を徹底的に暴露・強奪すること、これこそが現存在の形而上学における始源への歩みの最終形態に他ならない。

　われわれは今や、哲学・形而上学の暗い始源としての神話的世界を存在のテンポラールな光の地平のうちに引きずり出すという、いわば超越論的な可視化のうちに、形而上学の基礎づけの最終局面を見ている。現存在の形而上学は、神話との再帰的なかかわりを通じて、形而上学の存在論－神学体制を統一的に基礎づけつつ、形而上学それ自身を存在問題のさらなる高みへと変貌させようとするのである。それはいうなれば「メタ形而上学」とでも呼びうる極めてラディカルで普遍的な試みである。ここに「形而上学の形而上学」という批判的な理念をカントから引き継ぐ、ハイデッガー自身の目指した哲学的な地平を垣間見ることができる（vgl. KP, 230; GA24, 467f.）。

*

　以上の考察を通じてわれわれは、形而上学の基礎づけの最終局面に神話の問題が属することを明らかにした。ここから、『存在と時間』構想の目的は哲学・形而上学の始源としての神話への帰還に定められている、とひとまず結論づけることができるだろう。この時期の諸講義や諸論考において言及された他の様々な問題も、存在論の基礎づけ（基礎的存在論）と神学の基礎づけ（メタ存在論）を軸にして形而上学全体の統一的な基礎づけ（現存在の形而上学）を目指す、『存在と時間』構想の内実をうかがわせるものと考えられる(22)。

けれども本章の考察が仮に正当なものであるとすれば、われわれはここで重大な問題に直面していることになる。つまり、現存在の形而上学は形而上学自身の始源である神話と全面的に対決し、それを完全に超克することなどできるのか。別言すれば、超越する現存在は自らの暗い出自・由来を完全に暴露し払拭しうるほどの強力な光源をもちうるか。まさしくこの点に形而上学の基礎づけという試みの成否がかかっている。この問題に近づくためにわれわれは、現存在の形而上学における神話との対決の行方を追究しなければならない。次章ではこれらの問題を念頭に置きつつ、引き続きハイデッガーの思索における始源とのかかわり方の究明に取り組むことにする。あらかじめ言っておくと、そこで新たな問題として浮上するのは一層ラディカルに捉え返された「自然（ピュシス）」の根本経験である。そしてその出現が『存在と時間』構想の限界とその必然的な挫折理由を指し示すと同時に、存在の思索の新たな可能性を示唆することになるだろう。

注

（1）この「神関係」についての指摘は後に『ヒューマニズムについて』のなかで取り上げられ、ハイデッガーはそれをいわゆる「存在の真理」に基づいて「聖なるもの」「神性」「神」を思索しうる次元への暗示として位置づけている（vgl. WM, 351）。この点に関しては本書第七章注（12）も参照されたい。

（2）『書評』は後に『カントと形而上学の問題』の付録のひとつとして収録された。なお、カッシーラー夫人の報告によれば、ハイデッガーは一九二九年に出版された『シンボル形式の哲学　第三巻　認識の現象学』の書評も準備していたようである

（エルンスト・カッシーラー他、岩尾龍太郎・岩尾真知子訳『ダヴォス討論（カッシーラー対ハイデガー）　カッシーラー夫人の回想』みすず書房、二〇〇一年、九三頁以下参照）。

(3) それでもこの時期の神話問題を他の時期の思索との連関のなかで捉えようとする少数の試みが存在し、ハイデッガーの思想形成史を考える上で重要な論点を提出している。たとえばグレーシュは、初期フライブルク時代になされたキリスト教的な「神の問い」への「通路」がこの時期の思索においても保持されているという「仮説」を立て、この観点から神話問題に注目している（vgl. Jean Greisch, "Das große Spiel des Lebens und das Übermächtige," in: *"Herkunft aber bleibt stets Zukunft." Martin Heidegger und die Gottesfrage. Schriftenreihe der Martin-Heidegger-Gesellschaft Bd. 5*, hrsg. von Paola-Ludovica Coriando, Vittorio Klostermann, Frankfurt am Main, 1998, S. 55f.）。また鎌田は、一九三〇年代の「ヘルダーリンとの出会いを可能にした土壌」を探る手がかりとして神話問題の重要性を説いている（鎌田学「ハイデガーの思考と神話的世界（一）『哲学入門』を手がかりに」『工学院大学　共通課程　研究論叢』第三六－二号、一九九八年、六五頁参照）。

(4) マナ表象に関しては、「プレ・アニミズム説」や「マナ－タブー公式」の提唱者であるマレットの以下の著作を参照。マレット、竹中信常訳『宗教と呪術――比較宗教学入門――』誠信書房、一九六四年。

(5) これと連関して神話における「想像力（構想力）」の問題も取り上げられている。「カッシーラーはしばしば神話を形成する力の性格づけに際して、神話的空想について話す。だがこの基礎的能力〔超越論的想像力〕はまったく解明されないままである」（KP, 269）。なお同様のカッシーラー批判は三木にも見られる（三木清『三木清全集　第八巻　構想力の論理』岩波書店、一九六七年、三四頁参照）。

(6) ちなみにアドルノはこの点を批判する。「彼〔ハイデッガー〕は、神話的自然宗教が現れるよりはるか以前に、事物相互の融合が惹き起こしていたあの戦慄の再興を処方するのだ。存在というドイツ語の名詞のうちにマナが招きよせられるのであり、それはまるで次第に明るみにでてくる無力さが、アニミズム以前の未開人の雷鳴の際の無力さに似ているとでも言わんばかりである」（Theodor W. Adorno, *Negative Dialektik/Jargon der Eigentlichkeit*, Suhrkamp, Frankfurt am Main, 2003, 1. Aufl., 1966, S. 112. 木田元・渡辺祐邦訳『否定弁証法』作品社、一九九六年、一三一頁）。

(7) Vgl. Ernst Cassirer, *Philosophie der symbolischen Formen. Zweiter Teil: Das mythische Denken*, Bruno Cassirer Verlag, Berlin, 1925, S. 194 木田元訳『シンボル形式の哲学㈡』岩波文庫、一九九一年、二九九頁参照。

(8) ハイデッガーはカッシーラーの議論を踏まえて、自他未分離の状態から「自己意識（自我）」が発生してくるプロセスについて以下のように述べている。「神話的現存在にとって魔術的な諸力による圧迫の内部では『自分の』心も『異他的な』力として対立する。守護霊の表象が目覚めるところでも、独自な自己はいわばまだ〔多様に分裂した〕個々の自我を受け取る力のひとつである。より高次の段階ではじめて魔術的なデーモンはダイモニオンとゲニウスとなり、そうして最終的に現存在は異他的な力からではなく、自身から自分自身のために人倫的〔慣習的〕主体として自由にできるものから規定される」

（KP, 262f.）。

（9）手許性を含んだ非現存在的な存在者全般の存在規定である「最広義の眼前性」に関しては、総田純次「眼前性の概念の多義性と問題系の変遷 —— 事実性の解釈学から基礎的存在論へ ——」『ハイデガー『存在と時間』を学ぶ人のために』宮原勇編、世界思想社、二〇一二年、一三〇頁以下を参照。

（10）総田は『存在と時間』周辺の「眼前性」概念の使われ方の多様性に注目するなかで、特に『存在と時間』公刊直後の諸講義において、「存在者の存在の時性的様態（テンポラリテート）の解明という問題系のなかで、とりわけ現存在の被投性を強調することに定位している」という他の眼前性とは一線を画す、いわば被投的な眼前性概念の存在を指摘している（総田、前掲論文、一四五頁参照）。この指摘は、既在性の地平的図式である「被投性の〈それに面して〉」から規定された、「根源的な眼前性」を追究する本書の解釈にとって重要なものである（本書第五章、第六章参照）。ハイデッガーは、一九二五年夏学期講義のなかで不安における現存在の事実的なあり方が「あるラディカルな意味で『眼前的』である」と言い、それは物の眼前性ではなく、あくまで不安という「情態にとって構成的なあり方」であると語っている（GA20, 402）。このラディカルな眼前性は同時に、不安の〈それに面して〉としての世界そのものでもあることを考えると、この時期すでに、通常の眼前性とは異なる被投的でテンポラールな眼前性に関して、何かしらの構想を有していたことがうかがえる。なお通常は消極的に語られがちな眼前性概念を積極的に見直した研究として、トゥーゲントハットと川原および仲原の研究が特筆すべきである。トゥーゲントハットは手許物から眼前物への「転換」としての「脱世界化」の議論を、「存在者そのもの」との出会いの場面として積極的に解釈し、そこに存在者的な科学的探究の成立可能性を見る（vgl. Ernst Tugendhat, *Der Wahrheitsbegriff bei Husserl und Heidegger*, Walter de Gruyter & Co., Berlin, 1970, S. 292ff.）。トゥーゲントハットのこの指摘を受けた川原は、『存在と時間』第一部第三編では「存在一般としてのフォアハンデンザイン（眼前存在）」が世界の「飛び越え」の問題として主題化されるはずであった、と主張している（川原栄峰『ハイデッガーの思惟』理想社、一九八一年、一七〇－一八一頁、四七〇頁以下参照）。仲原も、存在一般の理念が「実存」と「最広義の眼前存在」からなり、この二つの問題領域が第一部第三編のなかで「とき性（テンポラリテート）」に向けて統合される予定であったとして、『存在と時間』構想における眼前性概念の重要性を強調している（仲原孝『ハイデガーの根本洞察 —— 「時間と存在」の挫折と超克』昭和堂、二〇〇八年、第一七節、第四三節以下参照）。「眼前性」に関するこれら三者の見解は、科学の成立可能性を眼前性の議論のうちに積極的に探るという点で共通しており、たしかにわれわれがここで注目した「眼前性」に関しても何ほどか示唆的なものと言える。だが科学の対象性として注視（観察）される眼前性と被投的でテンポラールな眼前性とは、出会い方の時間的位相が決定的に異なるため（前者は現在であり後者は既在性である）、両者を直ちに同一視することはできない。けれどもそのことは両者の関係性を排除するものではなく、むしろ問題化する。ここには、次章以降で論じる「根源的な自然」の問題も何かしら連関してくると思われるが、本書では十分に取り組むことができない。

（11）一九二六／二七年冬学期講義ではすでに「前学的現存在は原始的現存在と同一ではなく、前者は原始的である必要はない」(GA23, 19) という同様の主旨の指摘が見受けられる。ただしそこでの「前学的」とはもっぱら道具と交渉する日常的なあり方を意味し、それが『存在と時間』での「日常性は原始性と一致しない」(SZ, 50) という発言にもつながっていると思われる。こうした日常的な「前学的」とここでの「前学的」とは、たしかに道具の使用という点では共通しているが、両者を直ちに同一視してよいかは疑問が残る。なおハイデッガーは「野蛮」ということも「学的」と「前学的」「原始的（神話的）」とを区別する基準にはなりえないと言い、「それどころか、学の助けを借りて今日われわれのもとでは無名の野蛮が広い場所を占めている」(GA27, 161) と指摘している。また神話的思惟を自然科学の「前形式」とみなす当時のフランス社会学や民俗学の学説に対しては、「神話的現存在の従来の研究解釈を支配し抜いている最大の方法的誤謬のひとつである」と批判し、「だがカッシーラーもまたこの原理的な誤謬を克服していない」と述べ、自身の神話問題への取り組みをこれらの研究から区別している (ibid., 370)。

（12）『形而上学とは何か』では、不安における世界の無化とそれにともなう深淵の露呈を指して「いかなる支えもない (Es bleibt kein Halt)」(WM, 112) と言われ、またそれと相即関係にある超越は「無の内へ支えられ〔保たれ〕ていること (Hineingehaltenheit in das Nichts)」(WM, 115) であり、やはり「支え (Halt)」の語を見出すことができる。

（13）ハイデッガーはこうした「匿いから構えへ」という世界観の移行の痕跡を、ダイモニオン（超力者）を含んだ「エウーダイモニア（幸福）」というギリシア語のうちに見出している。「この語〔エウダイモニア〕が正しく理解されるならば、それは神話的な現存在とその匿いから構えへのこうした移行の想起をなおも保存している」(GA27, 372)。

（14）一九二九／三〇年冬学期講義のなかで、「構え」は「エートス」ないし「自分をもっていること (Sichgehaben)」とも呼ばれ、ハイデッガーはそこに「ピュシスからの区別」を指摘するとともに、エートスとピュシスという哲学の主要な「二つの根本領域」の成立を見ている (vgl. GA29/30, 54)。

（15）この講義から五年後の一九三三／三四年冬学期講義においても、「ミュートス」が哲学の「ロゴス」よりも古い「言葉」を意味するという指摘に続き、「哲学の根源的なロゴスはミュートスと結びついたままである」(GA36/37, 116) と同様のことが言われている。なお哲学のこの「再帰的かかわり」は神話の側からすれば「憤激の種」「躓きの石」であるとされる (vgl. GA27, 399)。

（16）一九二九／三〇年冬学期講義の「第二版編集者後記」（一九九二年）によると、週一時限だけ行われたこの一九二九年夏学期第二講義の講義録は長らく所在不明であり、そのためこの講義が実際になされたかどうかも含めて疑問視されていたようである (vgl. GA29/30, 543f.)。しかしながら、この講義を当時聴講した湯浅がその翌年の一九三〇年、雑誌『理想』誌上において「教場に於けるハイデッガー」と題し、この講義の報告をしている。一九九七年に公刊された講義録と比べてみると、両者の内容は大筋でほぼ一致している。それは湯浅の報告が正確で、本人の言うように「ハイデッガー自身に語らせること」

（湯浅誠之助「教場に於けるハイデッガー」『理想』第一六号、理想社、一九三〇年、六二頁）に徹した仕事であったことを裏づけるものである。だが一点、本章にとって重要な「神話的現存在（das mythische Dasein）」に相当すると思われる語が「神秘的生活」となっている（同上、七二頁参照）。これはおそらく湯浅が mythisch を mystisch と誤って受け取ったことに起因すると思われる。なお湯浅の報告はハイデッガーの生誕一〇〇年を記念して刊行された論集 *Japan und Heidegger* のなかに独訳されて収録されている（Seinosuke Yuasa, übersetzt v. Elmar Weinmayr, "Heidegger im Vorlesungssaal", in: *Japan und Heidegger. Gedenkschrift der Stadt Messkirch zum 100. Geburtstag Martin Heideggers*, hrsg. von Hertmut Buchner, Jan Thorbecke Verlag, Sigmaringen, 1989, S. 109–126）。

（17）プラトン　藤沢令夫訳『国家（下）』岩波文庫、一九七九年、第七巻第一章－五章。

（18）ハイデッガーは一九二七年夏学期講義でも洞窟の比喩について触れているが、そこでも洞窟からの解放は「純粋に即事的に問うことの完全な脱呪術化」（GA24, 404）と呼ばれており、まだそれほど自覚的ではないものの、脱神話化が念頭にあったことがうかがえる。

（19）ハイデッガーは一九三〇年夏学期講義のなかで、「全体のうちに入って問うこと」あるいは「全体へ向かうこと」をまさしく「根に向かうこと」、つまりラディカル化と捉えている（vgl. GA31, 17ff.）。そこでは言及されていないが、ここに存在論のラディカル化・普遍化としてのメタ存在論と神話問題との関係を読み取ることができるだろう。なおヴィルボックも「形而上学の基礎づけ」を念頭に神話の問題をメタ存在論に位置づけている（vgl. Jörg Villwock, "Welt und Mythos. Das Mythische in Heideggers Seinsdenken," in: *Zeitschrift für philosophische Forschung*, Bd. 38, 1984, S. 621f.）。だが彼は、基礎的存在論と神話問題を直接結びつけているため、この問題連関にとって決定的な「神学の基礎づけ」の契機を見落としている。また「形而上学の基礎づけ」という観点からではないが、轟も神話問題をメタ存在論と連関づけて論じている（轟孝夫『存在と共同――ハイデガー哲学の構築と展開』法政大学出版局、二〇〇七年、一九六頁参照）。

（20）洞窟の比喩は『存在と時間』が公刊される前後の時期に、規模は小さいものの、何度か現存在分析に即す形で解釈されている。一九二六年夏学期講義では洞窟の外へと解放され「光を見うる」に至った状態が「存在理解」と言われ（GA22, 104）、翌一九二七年夏学期講義では太陽を模した善のイデアが「存在それ自身の理解を可能にしているもの」とみなされている（GA24, 465, 402ff.）。これらを踏まえて細川は、一九三一／三二年冬学期講義の訳者後記のなかで洞窟の比喩で語られた「現れ－イデア－善のイデア」という位相段階と『存在と時間』における「存在者－存在－存在の意味（時間）」のそれとが構造上「正確に対応している」と指摘する（細川亮一、イーリス・ブフハイム訳『真理の本質について　ハイデッガー全集第三四巻』創文社、一九九五年、三五九頁以下参照）。

（21）『書評』のなかですでにマナ表象に関する時間的解釈の方向性が、カッシーラーの「カント的」な方法論と絡めて、以下のように打ち出されている。「存在論的な研究解釈が被投性の根底に存する特殊な『時間性』にまで駆り立てられると、なぜまたいかにしてマナ的な現実物はそのつどまさしく特殊な『瞬間』において告げられるのか、ということが存在論的に理解可能にされうる。被投性のうちでは〔現存在の〕独自な追い回しが存しているが、それは〔突然〕驚かせる異常なものに対してそれ自身の方からそのつどつねに開かれている。そこからマナ－表象を手引きにして、神話的思惟の特殊な『カテゴリー』が『演繹』されなければならない」(KP, 267f.)。神話問題と時間性との連関に関しては一九二八年夏学期講義での以下の発言も参照。「神話の形而上学はこの〔時間性に基づく〕原歴史から理解されなければならず、しかも原－時間つまり時間の形而上学的構築を助けにして理解されなければならない」(GA26, 270)。

(22)　本章では割愛したがメタ存在論には神話問題と連関して以下の四つの問題も属していると考えられる。①「領域的存在論」としての諸学の基礎づけの問題 (vgl. Friedrich-Willhelm von Herrmann, *Heideggers „Grundprobleme der Phänomenologie“. Zur „Zweiten Hälfte“ von „Sein und Zeit“*, Vittorio Klostermann, Frankfurt am Main, 1991, S. 54f.)。ハイデッガーは前学的な構えのうちに「存在者の諸領域」の確保を見ており、そこには学的認識の「実証性」を保証する「領域表示的企投」が存していると指摘している (vgl. GA27, 196f, 387)。「領域的存在論」の一般的な規定については『存在と時間』第三節および一九二七／二八年冬学期講義を参照 (vgl. GA25, 36ff.)。また一九二九／三〇年冬学期講義での有名な動物論は、「動物の実証的研究がそのなかで動くべき領野を画定する先行規定」として「動物は世界貧乏的である」という命題を掲げるが、それはまさしく「動物学の前提」の解明、つまり動物学の基礎づけを意図した領域表示的企投の「本質言表」であり (GA29/30, 275)、この試み自体が領域的存在論の具体例のひとつとみなしうる。この点に関しては、阿部将伸「ハイデガーの「メタ存在論」再考――現存在の被投性とモナドの有限性」『人間存在論』第一七号、『人間存在論』刊行会編、二〇一一年、五四頁参照。②「実存の形而上学」としての「倫理学の基礎づけ」の問題。ハイデッガーは一九二八／二九年冬学期講義のなかで、原始的なあり方に特徴的な「諸物の人格化」のうちに独特な「共存在」を指摘したり (GA27, 142)、あるいはこの発言の直後に「共同体の問題」を「現存在の形而上学の問題」とみなしたり (ibid.)、さらには初期の前学的実存における「相互存在」が神話的伝承に規定された「祭礼的風習」を通じて規制されていると述べるなど (ibid., 163)、散発的ではあるが神話的あるいは前学的世界における共存在についての言及が見られる。加えて一九二八年夏学期講義では、「メタ存在論的－実存的な問いの領域には実存の形而上学の領域も存する (ここではじめて倫理学の問いも立てられうる)」(GA26, 199) と指摘している。これらからハイデッガーがメタ存在論のなかに倫理学の基礎にかかわるものとして、神話的あるいは前学的な風習・習俗における共存在の問題を見ようとしていた可能性が指摘できる。もちろん本書第二章の最後に触れた、「道徳性の基礎づけ」としての現存在分析についても、このメタ存在論としてのいわば「倫理学の基礎づけ」の問題と通底するものと思われるが、後年の「根源的倫理学」の問題も含めて、今後の研究課題としたい。なお轟はメタ存在論のなかに一九三四年夏学期講義などで語られた「労働」や「国家」をめぐる議論を位置づけ、それらを後の「根源的倫理学」の問題と連関づけている (轟、前掲書、一七三－一九〇頁参照)。③空間性の問題。一九二八年夏学期講義では「空間性のメタ存在論」(GA26, 174) という言い回しが見られるが、それは一九二八／二九年冬学期講義で語られた「遊動」の歴史的な「空間形成」、つまり「世界形成」の議論に連関するものと思われる（本章第三節参照）。④シェーラーとの関係。ハイデッガーは一九二八年夏学期講義の注において、超越に基づく「存在理解」のうちに「聖性」としての「超力者」「ダイモニオン」の理解が属していると指摘しつつ、「そのような発生についてのシェーラーのイデーを参照」と括弧内で補足している（GA26, 211 Anm. 3）。これを踏まえて小野は、ハイデッガーが「超力」や「聖なるもの（Heiligkeit）」を扱うメタ存在論を構想した背景として、「生成する神」を語る晩年のシェーラーとの「長きにわたる対話」を重視し、それがヘルダーリン読解への「橋渡し」になったと推察している（小野真「ハイデッガーの形而上学構想（メタ・オントロギー）とシェーラー」『宗教研究』第三二二号、日本宗教学会編、一九九九年、一二頁以下、二〇頁以下参照）。なお小野も注記しているように、メタ存在論とシェーラーとの関係についてはペゲラーがすでに、とりわけ両者の「倫理学」の観点から注目している（vgl. Otto Päggeler, *Neue Wege mit Heidegger*, Karl Alber, Munchen, 1992, S. 276f.）。

第二編　将来への移行

第五章　自然――メタ存在論の行方

前章においてわれわれは、『存在と時間』公刊直後の時期に取り組まれた神話をめぐる問題を考察した。その結果明らかとなったのは、哲学・形而上学の始源として捉えられた神話の問題が『存在と時間』構想の最終局面に位置することであった。ハイデッガー哲学の射程は古代形而上学や自然哲学をはるかに超えて、遠く神話的世界にまで及んでいたのである。われわれはそこに現存在の形而上学自身における神話との再帰的なかかわり、つまりハイデッガー自身の将来的な想起を見出した。それを一言で言うなら、時間性を光源として神話的世界の闇を暴露することである。ハイデッガーは超越において神話的な闇を乗り越え、世界をテンポラールな光の地平のうちにもたらそうとする。この試みは神話との対決を本質とする哲学・形而上学の伝統を受け継ぐものであり、しかも形而上学の基礎づけといういわばより高次の「メタ形而上学」の立場から一層ラディカルな歴史的対決を画策しようとするものである。神話的世界観からの脱却と人類の自立性への歩みを哲学の本来の課題とするこのような思想は、いわば哲学史の教科書を地で行くようなものであろう。

しかしながら、はたして形而上学は自身の出自である神話の闇を完全に除去し、超克することなどできるのだろうか。われわれは前章の最後にこう問うていた。この問題を考えるうえで重要な発言が、すでに触れた一九二九年夏学期第二講義での「洞窟神話」の解釈のなかに見受けられる。ハイデッガーはそこで洞窟内での神話的なあり方を「宗教」とも呼び、以下のように指摘する。

われわれはまた洞窟内での現存在の境位を宗教としても特徴づけることができる。宗教はいかなる感情でも体験でもなく、存在者の全体に対する現存在の特定の根本地位である。〔……〕宗教とは〔上で〕示された意味での現存在の匿われとしての根本地位である。現存在は実存する限りこの根本地位を完全には超克しない。根本境位としての宗教のこうした規定にはいかなる価値評定も存せず、重要なことは告白と自由な学との関係への小市民的な問いではなく、人間の本質規定である。宗教は学に先立つ現存在の根本境位である。現存在は洞窟の出口について知ることがなくても実存することができる、つまり現存在は根本境位のうちに留まることができるのである。（GA28, 354）

この発言は前後の文脈からするとやや唐突に感じる。この講義を記録したマルクーゼによれば、この発言の直前に聴講者から「宗教に関する」質問が出されており、おそらくはそれを踏まえて急遽差し挟まれたものと推察される（vgl. ibid.）。質問者は具体的な宗教についてのハイデッガーの見解を聞きたかったのだろう。しかしここで語られた「宗教」は特定の教義や宗派に定位したものでも、また信仰と科学の対立といった「小市民的」な話題でもなく、いわんやその解決方策として案出された心理学的な「感情」や「体験」の類いでもない。宗教とはここでは、存在者の全体に対する現存在の「匿われ」という「根本地位（Grundstellung）」あるいは「根本境位（Grundstadium）」を意味し、要するに前学的な、厳密には神話的な「人間の本質規定」として捉えられている。ハイデッガーは「宗教の本質規定はここでは与えられるべきではない」（ibid.）と断りつつも、宗教を現存在の根本的なあり方として見定めようとする。ここにこの時期のハイデッガー哲学の有する、ある種の「宗教哲学的」な可能性を探ることも可能だろう。

そうすると、われわれが注目している哲学・形而上学と神話との再帰的なかかわりはまた宗教との再帰的なかかわりとみなすこともできる。だが注意すべきはハイデッガーがここで、まさしくこの「宗教」に関して、「完全には超克しない」と部分否定的に述べ、さらには「現存在は洞窟の出口を知らなくても実存することができる」とも発言していることである。これらの指摘は、匿い・隠れの暴露はある程度まで可能だがしかし完全にはできないし、また必ずしもその必要性もない、というほどのことを意味する。けれども前章で見たように、この発言の五頁後には、神話的世界の匿い・隠れを強奪し、「この洞窟とわれわれの鎖を見えるようにすること」つまり「古い真理概念の解除」が哲学・形而上学の歴史的な使命であると言われている[1](ibid., 359)。一体、神話あるいは宗教と呼ばれる人間の根本地位をめぐって、ハイデッガーの思索はどうなっているのか。そのとき始源はいかなる姿で現出するか。われわれはこれを問わざるをえない。

ハイデッガーはこの時期たしかに、自らの神話との再帰的なかかわりについて「神話の哲学」(KP, 270) ないしは「新しい神話の形而上学」(GA26, 270) という言い方で示唆してはいる。おそらくカッシーラー、さらにはシェリング[2]と連なるような独自な思索の課題をそこに見出していたのだろう。だが残念なことに、その内実をこれ以上追究することはできない。なぜならこの一九二〇年代末期以降、ハイデッガーは「神話」や「宗教」はおろか、「現存在の形而上学」や「形而上学の基礎づけ」という言葉自体を語らなくなるからである。そうするとやはり『存在と時間』構想は失敗し、思索は挫折したのだろうか。結論を急ぐ前にわれわれはひとまず、ハイデッガーが『存在と時間』構想の最終局面で直面していた事柄そのものへと向かうことにしよう。そのなかで、ハイデッガー自身の神話との対決の行方・結末を追跡できるだろうし、『存在と時間』構想の「限界」

と言いうる現象にも出会うだろう。そこからはじめてこの著作の途絶理由についても、事柄そのものに即した仕方で十分な光が当てられるようになるはずである。

第一節　哲学者の死——一九三一／三二年冬学期講義における「洞窟の比喩」解釈

その端緒としてここで再度「洞窟の比喩」解釈に注目したい。というのも、何度か触れたように、この時期のハイデッガーはこの比喩に即して『存在と時間』構想を練っていたふしが認められるからである。洞窟の比喩への言及は『存在と時間』に前後する諸講義においてもいくつか見受けられるが、とりわけ充実した議論が最初に展開されるのが、前章で取り上げた一九二九年夏学期第二講義での「洞窟神話」の解釈である。その後も一九三一／三二年冬学期講義のなかで再び比喩の全面的な解釈がなされており、[3] それゆえ、両解釈の相違を比較・検討することで、問題の糸口を見出すことができるものと期待される。

一九三一／三二年冬学期講義での洞窟の比喩解釈はおおむね以下の四つの場面に即して語られている。①洞窟内は「日常性」(GA34, 28) を意味し、拘束されている人間たちはそこで出会われるものへと没入しており、「『全く忘我的』であり、何かにとらわれ、その虜になっている」(ibid., 27)。彼らは「隠れたものに取り囲まれて」(ibid.) おり、現れるのは壁に映った一様な影だけなのだが、「そもそも光と闇の区別を全く知らない」(ibid., 26) ために、彼らはその影を本物の存在者だと思い込んでいる。②したがって洞窟からの解放は、物が次第に明らかになっていく過程であるとともに、拘束者たちが自己を取り戻し「自分自身に至ること」「本来的な自由」を獲得していくプロセスでもある (ibid., 37)。③洞窟の外へと解放された者は新たな環境に慣れることで次第に存在者の本来の姿である「諸イデア」を知るにいたる（ibid, 65ff.）。④こうして自由となった者は最後に、他の拘束者たちを解放するため再び洞窟内へと帰還する。今や彼は「解放者としての哲学者」（ibid., 80）となり、洞窟内の他者たちを「暴力」を使って解放しようとするが、逆に抵抗にあい、やがては殺害される運命をたどる（ibid., 85）。

以上の解釈内容は、前章で見た「洞窟神話」解釈と比べて色々な点で異なっている。そもそも洞窟内のあり方が神話・宗教ではなく、ここでは日常性とみなされている。そのことと何か関係があるのだろうか、この比喩はもはや「洞窟神話」とは呼ばれていない。なかでもとりわけわれわれの目を引くのは物語の最終場面、つまり哲学者が洞窟内へと帰還するくだりである。ハイデッガーはそこで「哲学者の死」について注目しているが、これは以前の解釈には見られないものである。[4] ハイデッガーによればこの「死」は必ずしも肉体的な絶命ではなく、むしろ殺害の絶えざる危険のなかで「立続けに死を自分の前にもつこと」であり、またそれを通じて「自分の本質が無的－無力になること」を意味する（ibid., 84）。ハイデッガーはこの事態をまた、「彼〔哲学者〕は生きながらにして洞窟内で死ぬだろう――彼は死を耐えねばならない」と言い表し、そこに哲学者の本質的な孤独化、「個別化」を指摘している（ibid., 85ff.）。

洞窟内へと帰還するこの場面は、以前は、哲学が誕生し形而上学へと極まる歩みに重ねられていた（本書第四章第四節参照）。この帰還の目的はまさしく神話に対する哲学の根本的な対決である。哲学は神話に対し攻撃（Angriff）をしかけ、洞窟内でのあり方の全面的な概念把握（Begreifen）を試みる。それは匿い・隠れの強奪を通じて、洞窟の住人たちをいわば無理矢理に啓蒙・教化することとも言えるが、[5] 先ほどの比喩解釈においても他者たちの解放というこの同じ場面で「暴力」の行使が指摘されていた。この暴力が他者たちの本来的な解放を担うのであれば、われわれはそれを本書第二章で見た歴史的な率先的顧慮の観点から理解することも、あるいは可能であるかもしれない。しかしこの解放の暴力が、かえって哲学者自身に死をもたらすのである。一体彼の身に何が起こったというのか。洞窟の比喩に即して『存在と時間』が構想されている以上、その最終局面の解明を目指すわれわれにとって解釈の最後に語られた「哲学者の死」は極めて重要な意味をもつように思われる。

　ハイデッガーはこの「死」についてひとまず、「本来的に哲学することが、支配的な自明性の領域の内部では無力であること」(ibid., 84)と解釈している。洞窟内を日常性とみなす限りこの解釈はなるほど説得的であろう。「世界の転倒」を目論むような危険な哲学も、世人の話題にのぼるころにはすっかり自明な教説となり、無害なものとして毒抜きされてしまう。このようなことは哲学にたずさわる者なら誰しも経験する日常茶飯事である。他者たちの度重なる無理解に嫌気がさし、ある種の優越感とともに「孤高の高み」へひきこもる自称「哲学者」も少なくない。だがハイデッガーは哲学者の死とそれに伴う個別化を、決してこのように「冷笑的な優越にひきこもること」(ibid., 85)とはみなさない。反対に、洞窟内の住人たちとの戦いを通じて、「そこ〔洞窟内〕で通用している哲学者たちと共に彼らの仕方で共に行為すること」こそが真の哲学者のあるべき姿であるとし、そのようにして「はじめて彼は洞窟内での阻止できない死を真正に死ぬことができる」とさえ言っている(ibid.)。

　だがなぜ日常性における戦いが、毒抜きされた哲学者たちと同行することになるのか。またそれがどうして哲学者の「真正な死」につながるのか。この「死」が戦わずして優越感にひきこもることではなく、ハイデッガーの言うように「本来的に哲学すること」、つまり隠れの暴露を目指した哲学的対決の必然的な帰結であるとするなら、それは一体何を意味するか。この点についてのハイデッガーの議論は必ずしも判然としない。ゆえにわれわれは語られた事柄を手がかりにしてより踏み込んだ考察が求められる。ここで繰り返し押えておかなければならないことは、この死が支配的な自明性に対する哲学者の本質的な「無力化」を意味する、ということである。この場面での哲学者の本質とは、太陽のように輝く目をもって洞窟内に帰還し、隠れているもの全てを暴露することで、他者たちを解放に導くことであり、それが「暴力」と呼ばれている。それらが全て無に帰すわけだから、哲学者の死・無力化とは要するに、彼が洞窟内の暗さを完全には取り除くことができず、したがって他者解放の暴力的な試みが結局は失敗に終わらざるをえない状況を指す。洞窟に帰還した哲学者は、日常性との戦いに敗れ自明性の軍門に下るのである。それでもなお洞窟内に留まろうとするなら、彼は、この暗闇の支配を承服し、洞窟内の習慣を再び受け入れなければならない。その決意、あるいは解放の断念がそこで認められている「常識的」な哲学者たちの列に加わることへと哲学者を向かわせるのだろう。われわれはここにある意味での哲学の限界・挫折を指摘できる。そうすると結局のところ、哲学者は洞窟内でまたもや拘束されてしまい、せっかく手にした自由を自ら放棄するのか。そうではない。ハイデッガーはむしろ必然的に挫折せざるをえないこの帰還にこそ、哲学者自身の解放の最後の一歩を見ている。

> 太陽へ向かう単なる登高でもって解放は決して終わってはいない。自由とはたんに鎖から解放されることでもないし、光へと自由になっていることでもなく、本来的な自由－存在とは〔他者たちを〕暗闇から解放する者－であることだ。〔……〕洞窟内への帰還は自由になることをようやく本来的に完遂することなのである。(ibid., 91)

このなかでハイデッガーは、他者たちを解放するための戦いが、哲学者自身の本来的な自由の完遂であると言っている。なぜそうなるのか。もう少しハイデッガーの言うところを聴いてみる。

自由になった者〔哲学者〕は洞窟内にいるべきであり、そこにいる者たちにとって存在者と隠れなきものが何であるのかについて、彼の見解を表明すべきである。自由な者は本質視のみを知っている。解放者はひとつの区別を持参する。彼がこの区別、つまり存在と存在者の区別に熟達している限り、彼は存在者であるものと仮象であるもの、隠れなきものと、それが提示されることで、それにも拘らず（諸々の影のように）隠すものとの区分にこだわる。（ibid.）

「本質視（Wesensblick）」とは存在者の本質、つまりそれが〈何であるか〉を見抜く力であり、ここでは「諸イデア」を知っていることに相当する。この知は洞窟の外で習得したものであるが、ハイデッガーはそこに存在と存在者との区別の獲得を見ており、そこから、本物と影（偽物）、光と闇、隠れなさと隠れ、真理と非真理などの区別も可能になると述べる。この区別する力が哲学者の目に宿ることで、彼は洞窟内の住人に対し、何が本物で何が影なのかをまさしく「自由な者の構えから」（ibid., 88）語る使命を帯びるのである。その遂行が「本来的な自由の完遂」である、とまずは考えられよう。そしてここに殺害の危険も迫る。プラトンはこの場面にソクラテスの運命を重ね、「正しい意見」と「誤謬・仮象」との争いを見るのだが[6]、ハイデッガーはむしろここで、隠れなさと隠れ、真理と非真理を区別する能力自体に注目する。この能力、つまり他者たちを解放するための暴力の本質は、影を影として見ること、すなわち影が本当の存在者の隠れた姿であることを知りうることに他ならない。このいわば本質知は、区別そのものを知らない洞窟の住人たちに対して決定的である。けれども「そこにいる者たちにとって」みれば、影こそが唯一の真なる存在者であり、隠れなきものである（vgl. ibid., 89f., 93）。哲学者の解放の努力むなしく、この事実は変わらない。影はそこで依然、真理として現れ続け本当の存在者を隠し続ける。隠れとの戦いに敗れた哲学者は自らの無力さとともにそのことを受け入れざるをえない。だがこのこと自体、つまり隠れの支配を承服すること自体は、隠れを隠れとして理解しうる帰還した哲学者にのみ許された言うなれば特権的な挫折と言える。哲学者は自らの自由を本来的に完遂するがゆえに、つまり隠れの超克を試みるがゆえにまさしく「真正に死ぬことができる」のである。ここに「哲学者の死」と言われた事態の真相があるように思われる。そのとき彼は無力であるにも拘わらず、いや無力だからこそ、洞窟内を支配する真理の本質に関して、こう言い放つことができる。「隠れなさには本質的に隠蔽（Verbergung）が属している —— あたかも山に谷が属するように」（ibid., 90）、と。「山に谷が属するように」、真理と非真理、隠れなさと隠れは本質的に「共属性」（ibid., 91）の関係にある。「真理の本質には非真理が属している」（ibid., 92）。彼はこの「真理」を、自らの本来的な死と敗北から学んだのである。

以上の考察からわれわれは、哲学者の「本来的な自由の完遂」の第一義的な本質を理解することができるだろう。それは単なる暗闇からの脱却ではなく、また隠れの除去・暴露ではなく、いわんや自由の放棄でもない。それ以前にそもそも隠れを隠れとして認め、その支配を受け入れつつ、自らの無力さに耐えながら隠れのうちに留まることである。支配的な隠れのこうした根本経験こそ、本来的な自由の完遂を通じて哲学者が到達した本来的な境位に他ならない。そして隠れが「隠れ - なさ」としての「真理（アー - レーテイア）」の本質に属すると言われる以上、このことはまた真理の問題にもかかわってくる。この点に関してハイデッガーは、解釈の最後にこの比喩の作者プラトンについて触れつつ、彼の語り方では「アレーテイアの本質が明らかではない」（ibid., 93）と指摘している。アレーテイア（真理）の本質とはここでは命題や言表の「正しさ」や、いわんや論理の「整合性」あるいは価値の「妥当性」などではなく、それ以前に存在者の「隠れなさ」を意味する。だが先ほど触れたようにプラトンはこの比喩を通して、アレーテイアをもっぱら「仮象との対決」という観点から「正しさ（オルトテース）」として論じている。ハイデッガーによれば、そこでは隠れが根本的には経験されておらず、それゆえ隠れと共属する隠れ - なさや対決（隠れ - 強奪）も概念把握されていない。「プラトンにおいてアレーテイアという語が由来する根本経験はすでに消失している」(ibid.)のである。この「消失事件」は以後、西洋形而上学の歴史にとって決定的なものになる、とハイデッガーは考えるのだが、それでも哲学の本質があくまで「隠れとの対決」にある以上、哲学は隠れをあらかじめ——たとえことさらに問うたり概念把握することはないにしても——何らかの仕方で経験していなければならない。ハイデッガーはすでに洞窟の比喩解釈に先立つこの講義の「導入的考察」のなかで、この点について次のように触れている。

> アリストテレスが、哲学することのうちで肝要なのは「真理」であると言うとき〔……〕彼が言おうとしているのは、哲学は存在者をその隠れなさのうちで存在者として探求する、ということである。ゆえにあらかじめ同時に存在者はその隠れのなかで経験されていなければならない——隠れるものとしての存在者。隠れについての根本経験はあきらかに、そこからはじめて隠れ-なきものの探求が生育する基盤である。(ibid., 13)

このように述べた後ハイデッガーはこの「隠れの根本経験」についての最古の証言を、自然哲学者の一人であるヘラクレイトスの言葉「自然ハ隠レルコトヲ好ム」のうちに見出す(ibid., 13f., auch 93)。そうすると哲学にとって本質的な隠れとの対決とは、つまるところ、「隠れを好む」この自然との対決ということになる。もちろん「自然」といってもこの場合の「自然(ピュシス)」は、自然科学の対象領域でも、歴史や精神の対立概念でも、はたまた神の被造物でもなく、「人間の歴史、自然の生起、神的な働きという存在者の、全ての存在者の支配」を担う端的な支配者を意味し、要するに存在者の存在とみなされる(ibid, 14, 93)。こうした支配的な存在としての「自然」はもはや水や火など特定の自然物を特権化したものではない。それゆえここでは自然哲学者の「自然」概念が、前章で見たものよりも一層根源的な次元から理解されている、と言えるだろう。[7] さらにハイデッガーはこのヘラクレイトスの言葉のなかに、「それとともにはじめてまさしく哲学することがはじまった古代人の根本経験と根本地位」(ibid.)をも読み取るのだが、隠れの経験が哲学の「生育する基盤」と言われ、そこから「哲学することがはじまった」とするなら、自然の隠れの経験は哲学にとってまさしく始源にあたるものと言える。そしてハイデッガーはこの始源について、ここではっきりと「だが哲学が属している本質的なもののうちでは始源は決して超克されえない」と断言する(ibid., 15)。そうであるなら隠れの根本経験は、人間とこの「決して超克されえない」、その意味で「偉大」な始源との根源的なかかわりを意味し、そこでは「人間の日常的な行状よりも偉大で根源的な何かが、人間自身とともに生起した」(ibid.)と言わなければならない。洞窟内での存在者とのかかわりにおいて人々は、自然の隠れというこの日常性を越えたピュシスとしての存在の根本動向を、つねにすでに経験してしまっているのである。「それ〔隠れの根本経験〕は、真理の本質について何かを概念把握しようとするなら、われわれが帰還に努めたい――努めなければならないある生起、歴史である」(ibid.)。もちろん日常性に没入した拘束者たちには、この経験そのものが隠れているため、そのことを予感することすらできない。それを知りうるのはただ一人、隠れをめぐる戦いに敗れ、無力となってもなお洞窟内に留まろうとする帰還した哲学者だけである。

われわれはここで、哲学的な対決の前提となるような、その意味で、対決を挑む以前のより根源的な経験として自然の隠れという根本現象に突き当たっている。それにしても「隠れを好む自然」とは一体いかなる自然か。人間の歴史や自然現象、さらには神的な働きにいたるまで「全てを支配する」この自然は、どのようなあり方をしているのか。「神的な働き」を支配すると言われ、また隠れ‐なさを求める哲学の「始源」に位置づけられている以上、ハイデッガーが日常性を超えた自然の根本経験のうちに、前章で見たような始源としての神話の問題と通じる何かを見ていたとしても何ら不思議ではない。さしあたり言えることは、神話的世界を意味した洞窟内の隠れ〔匿い〕という現象は、今や隠れる自然の根本経験のうちに引き継がれている、ということである。自然の隠れという始源が「決して超克されえない」という先ほどの発言も、以前に洞窟内の根本境位（神話・宗教）について「完全には超克しない」とか「出口を知らなくでも実存しうる」と言われた事態のある種深化形態とみなすことができるだろう。あるいはこの発言は、隠れとの対決に関するハイデッガー自身の何らかの態度決定、もしかすると敗北宣言なのだろうか。なるほど洞窟内に帰還した哲学者の死と無力化は、神話に対決を挑もうとするハイデッガー自身の挫折を象徴しているようにも見える。『存在と時間』構想が洞窟の比喩解釈に重ねられている以上、この推測はたしかに一定の説得力をもつ。はたして真相はどうか。いずれにせよわれわれが問うべきは、「隠れ」という卓抜な現象をめぐる神話と自然との連関性である。それを探るための準備として次節では、「自然の不在[8]」という従来の支配的なハイデッガー像に抗しつつ、ハイデッガー自身の思索のなかに自然の根源的なあり方とその経験の諸相を見ていくことにする[9]。

第二節　自然の直接経験

(1) 自然の暴力的超力

その最初の手がかりになりそうな指摘が、前節で見たのと同じ一九三一／三二年冬学期講義の後半部分でなされている。ハイデッガーはそこでプラトンの『テアイテトス』を論じているのだが、そのなかで、「自然を自然として際立たせること」に関して次のように語っている。

〔……〕世界内存在として実存する限り、われわれの現存在がかかわっている世界の経験から自然は直接的に〔第一義的に〕、すなわち自然暴力として、つまり昼と夜、陸と海、繁殖、成長と衰退、冬と夏として開かれる。そのときそれは何として経験されるのか。「自然暴力」がはじめてそのものとして現れるのは、人間自身が力を及ぼすもののうちへとそれ〔自然〕が突出するときであり、つまり、それに対して人間は結局は力を及ぼすことはないが、しかし人間がそれに固執し、それによって担われているかの全体として〔自然が突出するときである〕。（GA34, 237）

この発言はアイステーシス（感覚）をめぐって身体性と自然との区別を論じる箇所でなされたものである[10]。ハイデッガーは身体を現存在に帰属させることで自然と区別しようとするのだが、それをより際立たせるためにここで「自然暴力（Naturgewalt）」なる現象が、しかもその経験の直接性・第一義性において注目されている。ハイデッガーによると、「自然」がその圧倒的な「暴力」を発揮するのは、人間が自然に対して「結局は力を及ぼすことができない」にも拘わらず、自然に固執し、依存せざるをえないような状況においてである。そのとき自然は暴力として現れ、人間とのかかわりのなかで「突出する」。ハイデッガーはこの事態を自然の「超力」とも呼び、人間の「無力」と対比しつつこう続ける。

ある多様な意味での自然の超力が、したがってこの自然それ自身がはじめて開かれうるのは、人間がその独自な力を試し、その力のうちで挫折するときである。人間の最も近く、だがそれでも開かれている環境の狭さ、寄る辺なさ、無力さは、自然の広さ、広がり、超力の現出する舞台である。（ibid.）

自然がそのものとして直接われわれに現出するのは、人間に襲いかかる暴力的な超力においてである。それは人間および人間が作り出した環境の狭さ、無力さを露呈しつつ、それをはるかに越える圧倒的な仕方で展開される。逆に言えば、人間が自らの「力を試し[11]」そして「挫折するとき」、つまり自然との対決を通じて自らの無力を自覚するに至ったとき、自然の支配的な超力は「はじめて」露わになる。まさしく人間の無力さこそが「超力の現出する舞台」なのである。われわれはそのことを、二〇一一年の三月一一日に改めて痛感した[12]。突発する自然の猛威に対してわれわれはなすすべがなかった。けれどもハイデッガーによれば、自然暴力の発露は何もそうした自然災害のような異常事態にのみ限定されるものではなく、「昼と夜、陸と海、繁殖、成長と衰退、冬と夏」といったまさしく「自然なこと[13]」という意味でのありふれた自然の動向全てを貫いている。ただ災害時においてわれわれはその超力的な暴力性にはじめて、つまりことさらに気づかされるのである。それは裏を返せば、日常性においては自然暴力の超力的な動向はわれわれのあれこれの活動の背後に退くことで目立たず、しかもそうした突出しないという仕方で、日常的な営み自体の隠れた基盤となっている、ということを意味する。より鋭く言えば、自然暴力が表立って現出しない状況こそわれわれが日常生活を営むための条件、いや日常性そのものなのである。このような自然のあり方はまさしく、「隠れを好む」自然に特徴的なものと言えるだろう。さらにハイデッガーは、こうした「自然そのものが支配するのはただ、存在が理解されているところだけである」(ibid., 237f.) と述べ、自然の「暴力 (Gewalt)」という「支配 (walten)」形態と「存在」とをここでも連関づけている。

人間の挫折と無力さ、隠れの傾向、存在との連関性、といったこれらの論点から、ハイデッガーが「自然暴力」と呼ぶ卓抜な現象のうちに、先ほど「全てを支配する」と言われた始源的な自然 (ピュシス) の根本動向を見ていることはまず間違いないと思われる[14]。そうであるなら、隠れを好む自然のさらなる解明には、こうした超力的な自然の現れ方、経験の仕方をより深く追究することが有効であろう。

(2) 被投性における自然の根本開示

この試みを明瞭に行うためにここで、自然暴力と日常的に出会われる「自然」とを対比させてみたい。日常的に経験される自然とは、決して凶暴なものではなく、むしろわれわれの活動に不可欠なものとして親しく馴染み深いものである。それは諸々の道具の素材であり、また営林や石切場、水力や風力などのエネルギー供給源であり、総じて有益で都合の良い、いわば飼いならされた天然資源としての自然産物である。[15]『存在と時間』のなかでこうした自然は、道具の使用を通じて現れるとされ、それ自身もまた有意義な道具の全体として「自然環境(Umweltnatur)」とも呼ばれている(vgl. SZ, 70f.)。道具を介した自然のこの馴染みの現れ方は間接的と言えるが、それはかえって自然暴力が突出する際の直接性を際立たせてくれる。[16] すなわち、自然災害は道具の使用を飛び越えて、いわば有意義性を無視して、いやむしろ有意義性に反抗するような勢いで、いきなり突発する非常事態である。その瞬間、慣れ親しんだあれこれの道具の一切合財がわれわれの存在を脅かす「凶器」へと変貌する。その直接経験はまさにわれわれの理解を絶しており、いかなるかかわりも問答無用に拒絶する、まさに不条理な暴力以外の何物でもない。従来のハイデッガー研究においてこの問題はほとんど注目されてこなかったように思われるが、実は『存在と時間』のなかに、たしかに一瞬ではあるものの、まさしく「突発する破壊的な自然の諸変事(Naturereignisse)」に関して言い及ぶ箇所が存在する。

「非意味」とはここではいかなる価値評定も意味せず、ある存在論的な規定に表現を与えているのである。ただ非意味なものだけが不条理でありうる。たとえば、突発する破壊的な自然の諸変事のように、眼前物は現存在のうちで出会われるものとして、彼の存在にいわば衝突しうる。(SZ, 152)

この発言は「意味」について論じた第三二節でなされたものである。冒頭で言われた「非意味」とは、「意味を『もつ』のは現存在だけである」(ibid., 151) という規定を受けて、非現存在的な存在者が原則的には「非意味な、つまりそもそも本質上意味をもちえない」(ibid., 152) ことを指している。それを踏まえてハイデッガーは、自然災害を特徴づける「不条理性」を、こうした「非意味性」の存在論的な様態のひとつとみなすのである。ゆえにここでの「不条理的 (widersinnig)」とは、何か「馬鹿げている」とか「不合理」といった価値評定を意味するのではなく、いわんや「全ては無意味だ」というようなニヒリズムの表明でもなく (それらは「意味」をもちうる現存在の態度である)、文字通り、人間のみがもつ「意味 (Sinn)」に対して「反抗する (wider)」という自然災害の独自な動的性格とみなすことができよう。[17] ハイデッガーによれば、「意味」とはそもそも現存在が自己の存在をそこへと企投する先 (Woraufhin) のことであるから、自然災害の生起が不条理的＝反意味的な仕方で現存在の存在に「衝突 (anlaufen)」するのであれば、そこではいかなる先行的な企投も「反対」され「抵抗」にあい、つまりは拒絶されざるをえない。要するに不条理的＝反意味的に突発する自然災害は、その本質上必然的に、現存在の理解を絶したものとして現れるのである。その意味で自然災害の生起は、震災時にしばしば耳にしたように、つねにすでに「思いがけない」現象であり、その構造上原理的に「想定外」とならざるをえない。そもそも「想定内」の事象であれば、ことさら天災とは言われないだろう。自然暴力とはまさに人智の及ばぬ自然の理、いわゆる「自然の数」なのである。

ハイデッガーはこうした「突発する破壊的な自然の諸変事」、天変地異や暴風雨といった自然災害のことを、上の引用のなかで「眼前物」と呼んでいる。だがそれは自然科学的な対象や道具の故障を意味するのではなく、既述のように非現存在的な存在者の「非意味的」な存在様態である「最広義の眼前性」を意味している。それだけはない。この場面での「眼前的」という形容詞は、それら諸変事との「出会い方」、その不条理的＝反意味的な現れ方が、有意義な環境をなぎ倒し、われわれの理解を絶するほどの「衝突」であることを言い表している。いやむしろそこからはじめて現存在は、自分の独自な存在と自然とを本来的に区別しうるとも言えるだろう。突発する自然災害は、もはや「非意味的」な眼前性を通り越して、不条理的＝反意味的な仕方で現存在に衝突する、文字通りの意味で眼前の脅威という独特な動的性格をもっている。そしてそれこそが超力的な自然暴力の具体的な現れ方と言える。それはまた前章で、同じく「眼前の脅威」と性格づけた自然の前学的な経験とも通じるものであろう（本書第四章第三節⑸参照）。自然科学の発展に支えられた現代の科学技術文明がどれほど堅固さを誇ろうとも、自然暴力は依然として眼前の脅威そのものとして生起する。その超力が露呈する人間の無力さは、かつての前学的実存のそれと本質的には何ら変わらない。

さらに『存在と時間』にはこうした不条理的＝反意味的な自然災害への言及の他に、自然暴力と関連するような「自然力（*Naturmacht*）」（SZ, 70）なるものについての指摘も散見する。自然力とはこの場合、「畔道に咲く花」とか「谷間の泉」といった詩的な言葉が表現する自然のことであり、ハイデッガーはそれを科学的な自然観や日常的な自然環境と区別しつつ、「『生きとし生けるもの』の自然とか、われわれに襲いかかる自然とか、風景としてわれわれ〔の心〕を奪い取る自然」と言っている（SZ, 70）。「襲いかかる（überfällt）」とはまさに自然暴力と通じる規定だが、興味深いのは、われわれを魅了する自然の美しい「風景」も心を「奪い取る（gefangen nimmt）」自然として、ここでは自然力のなかに数え入れられている点である。そうだとすると、自然の力・超力といっても、何も自然暴力にのみ限定されているわけではなく、そこにはまた芸術的で情緒的な自然のいわば「魅力」も含まれるのである。ハイデッガーは「実在性」を論じた第四三節でも、「われわれを『抱擁する』自然は〔……〕手許的なあり方も眼前的〔対象的〕なあり方も示さない」（SZ, 211）と言い、同様の自然力について言及している。

おそらくこれら「生き生きとした」自然に関する指摘は、第一四節で触れられた「ロマン主義の自然概念」(SZ, 65)と何か関係があるのだろう。ハイデッガーはそこで、この「自然概念」の把握が現存在分析を通じて獲得された「世界概念」に基づいてはじめて可能になると述べているのだが、『存在と時間』の公刊部分ではこの問題の具体的な展開はなされずに終わった。このことをハイデッガー自身自覚しており、『存在と時間』公刊から二年後の論考『根拠の本質について』に付けられた注のなかで、以下のように振り返っている。

だがそのように〔道具分析に〕方向づけられた現存在の分析論において自然が欠落しているように見えるなら――自然科学の対象としての自然だけでなく、根源的な意味での自然も(この点に関しては『存在と時間』六五頁の下を参照)――それには諸々の理由がある。自然が根源的に現存在のうちで露わであるのは、現存在が情態的に-気分づけられた者として存在者の直中で実存することを通じてである。だが情態性(被投性)が現存在の本質に属し、慮りの完全な概念の統一のうちで表現されている限り、ここにおいてのみはじめて自然の問題にとっての基盤が獲得されうる。(WM, 155f. Anm. 55)

ハイデッガーはこのなかで、現存在分析で展開されたような道具に定位した自然環境をめぐる議論だけでは「根源的な意味での自然」が「欠落しているように見える」と述べ、この点に関して『存在と時間』の「六五頁の下を参照」と括弧内で指示している。ここで指示された箇所こそ先ほどの「ロマン主義の自然概念」についての言及箇所に他ならない。そうすると、引用の最後で言われている「自然の問題にとっての基盤」とは、実存論的に仕上げられた例の「世界概念」にあたると言えるだろう。だがそのこと以上にここで注目すべきは、「根源的な自然」の開示に関して企投的な理解ではなく、被投的な気分が強調されている点である。[18] 先に自然暴力の不条理的=反意味的な現出は「理解を絶する」と述べたが、それは現存在のいかなる企投も完全に拒まれることを意味した。同様のことは自然の魅力に心を奪われたときの、いわゆる「言葉を失う」といった経験のうちにも指摘できる。われわれはこの世のものとは思えないほどの美しい風景に触れるとき「わけもなく」感動する。これらの事実は、自然力の第一義的な開示性を担うのは企投的な理解ではなく被投的な情態性であるということを示唆している。ここからすると、現存在に「衝突する」と言われた自然災害の「眼前性」についても、気分づけられた被投性の〈それに面して〉から第一義的に規定されている、と言えるだろう。[19] 実際ハイデッガーは本節の冒頭で引用した自然暴力に関するくだりで、「自然は〈現存在が〉気分づけられていることにおいて現に存在する」(GA34, 237) あるいは「そうした気分づけるものとして自然は根源的に告げられる」(ibid., 238) と述べ、自然暴力の突発的な現れ方、その「告げられる」仕方を一貫して「気分」から性格づけている。この局面で現れる自然は直接的に経験されるわけだから、われわれはひとまずここで、暴力や魅力として発露する根源的な自然の動向は被投的な直接経験において出会われる、と言うことができるだろう。このとき現存在を「気分づける」のは、その気分を通じてはじめて根源的に開示されうる自然そのものである。

(3) 神話と自然の連関性 —— 神的な自然

以上の考察から自然の根本動向は、暴力的かつ魅力的な超力性の発露として、現存在の被投性のうちで直接的に経験されることが明らかになったかと思う。根源的な自然の現出はつねに現存在を気分づけつつ圧倒する超力として経験される。もちろんこの自然の超力的な側面は、日常性においてはことさら目立つことはない。しかしそれは自然力の衰退や消失を意味せず、むしろこの目立たなさこそが「隠れ」という自然の超力的な根本動向そのものであった。より鋭く言えば、自然は隠れるという仕方で日常性を超力的に支配している。自然の隠れという動向自体が、自然災害や自然美をもたらすのと同じ自然力のいわば日常的な支配形態なのである。

このことは繰り返し押さえておかなければならない。ところで、このような自然の隠れを隠れとして根本的に経験することが哲学の始源とされ、われわれはそこに、同じく哲学・形而上学の始源とみなされた神話の問題との連関性を問うていた。ここで神話的現存在の第一義的なあり方が被投性であったことを想起するなら、[20]両者の連関性も幾分か見えやすくなると思われる。神話的現存在の被投性は、そのつど直接的に現前する超力者に「襲われ」「奪われ」ていることとして無差別的な没入性格を特徴としていた（本書第四章第一節参照）。実はハイデッガーは、『存在と時間』のなかで唯一神話問題に割かれた第一一節において、この点に関する以下のような興味深い指摘をしている。

> 原始的な現存在は（前現象学的な意味での）「諸現象」のうちに根源的に没入しており、そこからしばしばより直接的に語る。われわれから見ればおそらく不器用で、大まかな概念性は、諸現象の存在論的な諸構造を純粋に取り出すためには、積極的にして促進的でありうる。（SZ, 51）

「諸現象の存在論的な諸構造を純粋に取り出す」という実存論的分析論の課題は、この節の表題（「実存論的分析論と原始的現存在の研究解釈。『自然的世界概念』の獲得の諸困難さ」）にもあるように「『自然的世界概念』という理念の仕上げ」（ibid., 52）にかかわるものである。ハイデッガーはこの「仕上げ」を「ずっと以前から哲学を動揺せしめ、しかも哲学がそれを果たすことに繰り返し頓挫してきた」課題であり、そのため哲学にとってはいつまでも「満たされない要求」に留まるものであると言う（ibid.）。この「ずっと以前から」とはおそらく初期の自然哲学者たちを念頭に置いたものだろう。ハイデッガーは哲学の誕生以来長らく課せられてきた「自然的世界概念」の獲得という積年の課題を果たすうえで、「前現象学的」な諸現象、つまり諸々の存在者の動向に没入した神話的（原始的）現存在の「より直接的な語り」が有益なのだ、と主張するのである。もちろんこの試みは先ほどの「ロマン主義の自然概念」同様、「世界一般の明示的なイデー」(ibid.)に基づくものだが、われわれはこれまでの考察からこの語りの「直接性」のうちに、神話的現存在における自然の直接経験を指摘することができる。[21]現前する自然の諸現象に没入しつつ、それを直接的に経験しているからこそ、彼らの原始的な語りは自然を探求する哲学者の耳に「より直接的」に響くのである。ここにはたしかに、自然の根本経験と神話問題との連関性が見え隠れしている。問題は自然への没入経験から発せられる神話的な語りの中身である。

他方でわれわれは、突発する自然暴力の経験を前学的実存のそれと重ねて理解していた。構えとしての前学的世界観は眼前の脅威である自然に対決を挑むことを本質としており、そこから根本-構えとしての哲学的世界観が神話との対決として生起してくる。自然を万物のアルケーとして探究する自然哲学は、その本質上、神話的世界観に対決を挑み、世界の闇・隠れを暴露しようとするのだから、このとき哲学が概念把握を目指す隠れなき世界こそ、まさしく「自然的世界」と言いうるだろう。これらから帰結するのは、哲学者から見れば神話的世界観そのものが自然的世界を隠しているということである。神話との対決を通じて哲学がその獲得を目指す自然的世界概念とは、神話による隠れを払拭した自然の隠れなき姿に他ならない。だとすると逆に、自然の隠れとは根源的には神話的世界観に深く根差した世界の始源的な存在様態であるとも言える。神話の言葉のなかで、つまり原始的で没入的な語りを通じて自然は隠れる(隠される)のである。だがそうはいっても、神話による自然の「隠れ」を何か古代人の愚かさや誤解、無知蒙昧の類いに帰すことはできない。そのような考えは、「世界観」を何か主観的な意識表象の産物であるかのようにみなす近代特有の先入見に基づいている。それに対して本書第四章で見たように、ハイデッガーにとっての「神話的世界観」とは決して人間の意識現象に回収されうるものではなく、第一義的にはマナ的な超力者による現存在の匿いであった。この見解に立てば、神話的世界観が自然的世界を「隠す」という出来事自体、超力的な匿い方のひとつであるとも言えるだろう。いやむしろ、神話的世界における諸現象の動向全てを支配するのは超力者であり、自然の動向もそこに帰属している以上、「隠れ」というこの始源的な現象それ自体がすでにして神話的な超力の発露である、とも考えられる。上で見たようにハイデッガー自身、根源的な自然の経験を特徴づける際に、現存在を「襲い」「捕え（befangen）」「奪い取り（gefangennehmen）」「抱擁する（umfangen）」という、文字通り、始源的な（anfänglich）側面を強調するが、これらの規定はそのままマナ的な超力者の動向にあてはまるものである。そもそも神話的な匿い自体すでに世界の隠れとして受け取られていたし、自然暴力はまさしく「超力」と呼ばれている[22]。加えて、眼前の脅威としてわれわれに「衝突」する自然は、とりわけ前学的世界の「初期」の段階では、いまだ神話的な超力によって強烈に規定されていた（本書第四章第三節(1)参照）。したがって、これまで見てきたような「隠れを好む自然」、つまりヘラクレイトスの「ピュシス」のうちにハイデッガーが読み込もうとする根源的で支配的な自然概念は、ただしく神話的な超力者を引き継ぐ根本概念として捉え返すことができるだろう。神話と自然の両者における「超力」の現れ方について、現存在の被投性のなかでのみ「告げられる（sich bekundet）」と同じ言葉が用いられていることも、この解釈を裏づける傍証のひとつとなりうる（vgl. KP, 267; GA34, 238）。

そうである以上もはや、人間が神話を恣意的に案出し、自然的世界を勝手に隠したとは言えない。「隠レルコトヲ好ム（κρύπτεσθαι φιλεῖ）」というヘラクレイトスの言葉を文字通り受け取るなら、支配者としての自然が神話を通じて自らを隠したのである。神話とはその意味で、超力的な自然が自らを隠すためのいわば「隠れ家」のようなものと言える。始源的な哲学者たちが経験する「自然の隠れ」という現象それ自身が、神話的な色彩を色濃くまとった自然の超力的な動向そのものなのである。「万物は神々に満ちている」とタレスは言った。だとすると、自然の隠れを隠れとして哲学者を気分づけつつ告げ知らせたのは決して単なる自然現象ではなく、根本的には自然として現出した支配的な超力者自身に他ならない、ということになろう。哲学者の面前で自らを隠そうとする自然の正体は、実はマナ的な超力者自身なのである。自然の根本経験の根底に神的な超力者の動向を見るこうした洞察はまた、神話との再帰的なかかわりの現象学的な深まりとみなすこともできる。われわれは以後、自然科学の対象領域や自然環境と区別するために、神話的世界観を背景にしたこうした超力的で支配的な自然概念を「神的な自然[23]」と呼ぶことにする。いまだ神的な超力に捕らわれつつ、自然を隠れるままに表現しているからこそ、神話的現存在の語りは、自然の隠れを暴露しようとする哲学者にとって「より直接的」なもの、つまり隠れる自然の直接経験に根差した純粋な言葉に思えるのである。

ここから哲学の始源が神話であると同時に自然の隠れの根本経験でもある、と言われた理由が浮き彫りになる。すなわち、日常性を越えて支配する自然の隠れという根本現象は、実は神話の匿いという太古の現象に淵源していたのである。もちろん、隠れを隠れとして経験できない日常的現存在、およびマナ的な超力者に深く匿われたままの神話的現存在は、こうした「偉大」な自然の隠れをそのものとして受け取り、理解することはできない。そこでは根本 - 構えとしての哲学が生起することはなく、そもそも隠れを暴露する必要もない。隠れを隠れとして経験し、それに対決を挑むことができるのは、あくまで始源を探究する哲学者に限られている。ゆえにこの戦いに敗れ、隠れの支配を全面的に受け入れることができるのも、同じく哲学者にのみ許された特権行為である。

第三節　メタ存在論の行方――対決の結末

隠れをめぐる神話と自然の連関性が明らかになったことで、われわれはようやく、洞窟の比喩における哲学者の死とハイデッガー自身の思索とを突き合わすことができる。比喩解釈の最後の場面に見出された隠れの根本経験は今や、神話問題との連関の下、神的な自然の直接経験として明らかになっている。『存在と時間』構想に即せば、洞窟内に帰還したこの場面は、形而上学の基礎づけの最終局面、つまりメタ存在論に相当するものであった。これを踏まえてわれわれは、これまでの考察のさしあたりの帰結として、神話との対決を担うメタ存在論の主題（全体としての存在者）がここに至って隠れることを好む神的な自然として現出している、と主張しうるだろう。哲学的な対決に先立つこうした自然の根本経験こそが、メタ存在論の深化した問題に他ならない。この問題は哲学の「決して超克されえない始源」にかかわるが、そのことは「自然的世界概念」の獲得が哲学には拒まれ、「満たされない要求」として留まっているという先に引いた指摘と軌を一にするものである。ところで、哲学の始源が超克不可能であるということは、別言すれば、隠れの暴露を本質とする哲学の対決姿勢が自らの「限界」にぶつかっていることでもある。そこに哲学者の死と無力化を読み込むこともできるだろう。しかしながらメタ存在論において、哲学の始源に直面しているのは、他ならぬハイデッガー自身であった。はたしてハイデッガーは、この始源的な限界をいかにして切り抜けるのか。そのときメタ存在論はどうなるか。『存在と時間』構想の行方は今や、この一点にかかっているといっても過言ではない。それを考えるにあたって、そのものずばり「哲学の限界」「哲学の有限性」について触れた一九二八年夏学期講義の以下の指摘は、重要な示唆を与えてくれる。

哲学の有限性は、哲学が限界にぶつかってそれ以上進めなくなることのうちに存するのではなく、哲学がその中心的な問題系の単純さにおいて、そのつど再び新しい目覚めを要求する豊かさを匿っていることのうちに存している。（GA26, 198）

なるほどハイデッガーは洞窟の比喩解釈でも、哲学者の死や無力化といったいわば哲学の「限界状況」において、むしろ本来的な自由の完遂を指摘し、それが隠れの根本経験へと導いていた。文中の「新しい目覚め」とはそのことと何か関係があるのかもしれない。しかしながらここでより注目すべきは発言内容でなく、むしろ発言箇所である。実はこの発言がなされているのは、メタ存在論についてはじめて開陳される箇所の直前にあたる。それゆえハイデッガーが『存在と時間』構想のなかで、哲学の始源的な限界としての自然の根本経験を実際のところどう捉えていたのかを探るため、また『存在と時間』構想の全体像を今一度整理・確認するためにも、この引用からメタ存在論が登場するまでの流れを以下駆け足で要約しておく（vgl. ibid., 199）。

①引用文中の「中心的な問題系」とは基礎的存在論が扱う諸問題を意味するが、②さりとて「基礎的存在論は形而上学の概念を汲み尽くすものではない」ため、③そこにはさらなる「ある根源的で形而上学的な変様への傾向」が潜んでおり、④その遂行を担うのが「全体としての存在者」を主題とする「新しい問題設定」、つまり「メタ存在論」への「転換、メタボレー」である。すると先ほど「新しい目覚め」と言われていた事態は、要するにメタ存在論への「転回（Kehre）」を指すことになるが、ハイデッガーによればこの転回、すなわち「存在論がそこから出発したところへ打ち返すこと」は、以下のような「人間的実存の原現象（Urphänomen）」に即してはじめて明瞭になるという。

「人間」という存在者は存在を理解する。存在の理解のうちには同時に存在と存在者との区別の遂行が存する。存在が与えられているのはただ、現存在が存在を理解するときだけである。換言すれば、理解において存在が与えられる可能性は、現存在の事実的な実存を前提としており、そしてこの実存はさらに自然の事実的な眼前存在を前提にしている。まさしくラディカルに立てられた存在問題の地平において示されることは、ただ存在者の可能的な総体性がすでに現に存在するときにのみ、このこと全ては見られ、そして存在として理解されうる、ということである。(ibid.)

本書第三章で見たように、「存在と存在者の区別の遂行」を担うのは現存在の超越であり、そこからはじめて存在の理解や存在の問いも可能となった。超越とはここでは「現存在の事実的な実存」を意味し、そのなかで「全体としての存在者そのもの」が開示されるとともに、それと「直列に接続する」仕方で、存在一般の形像(イデー)もまた時間性のアプリオリな地平的図式から獲得される(本書第三章第三節参照)。引用の後半で言われている「ラディカルに立てられた存在問題の地平」とはこの地平的図式を指すものと思われるが、それはまた基礎的存在論の「ラディカル化」を担う「存在のテンポラールな分析」の主題でもあった。ここまでは以前見たことの確認である。だが注意して読めばこの引用ではさらに、現存在の「事実的な実存」のさらなる「前提」として「自然の事実的な眼前存在」なるものが指摘されている。それが、直後に語られた「存在者の可能的な総体性(Totalität)がすでに現に存在すること」を意味することは、文脈上また事柄からも明らかである。そして転回とは、存在の問い(存在論)をその由来に引き戻すための「ラディカル化」を意味し、また存在の問いは現存在の超越のなかで問われ答えられうるから、この転回を通じて現存在の超越それ自身も存在の問いとともにその根底(Radix)へと連れ戻される、と言えるだろう。それこそが事実的な実存の、ひいては存在理解の「前提」に見出された「自然の事実的な眼前存在」であり、「存在者の可能的な総体性がすでに現に存在すること」、つまりは現存在の被投性において第一義的に開示される、自然としての存在者全体の既在性に他ならない。ハイデッガーはそこにメタ存在論の独自な主題を見るのだが（ibid.）、それは「新しい目覚め」をもたらす哲学自身の限界でもあった。われわれも哲学の始源的な限界において同じく、哲学の前提として被投的に経験される眼前的な自然に出会っている。したがってメタ存在論の問題系のなかに実際、「自然の事実的な眼前存在」という指摘が確認できる以上、これをもってメタ存在論のうちに根源的な自然の問題系を位置づけようとするわれわれの見立ては、ひとまず裏づけられたと見てよいだろう[24]。

　すると問題は、こうした「自然の事実的な眼前存在」に対するハイデッガー自身のかかわり方である。先ほどの引用では、この自然の問題は「ラディカルに立てられた存在問題の地平」、つまり存在の問いのアプリオリな時間地平のなかではじめて「示される」と言われていた。この発言は、本書第三章で詳しく見たように、『存在と時間』公刊直後の時期に取り組まれた現存在の超越問題と一致する。この試みの目的は時間性の将来優位の構造を光源とするアプリオリの地平において、存在一般の意味を概念把握しようとするものである。そしてこのテンポラールな光の地平こそ、ハイデッガー自身の神話との対決の舞台にもなる、とわれわれは前章の最後で結論づけていた。けれども本章で見てきたように、根源的な自然の直接経験は、いかなる企投的な理解も寄せつけず、もっぱら被投的な気分を通じて開示されうる。神的な自然（ピュシス）としての存在の超力的な動向は第一義的には、企投ではなく被投性のうちで、しかも隠れを好むものとして哲学者に対してのみ「告げられる」のである。同様のことは何らかの存在理解に基づく全体としての存在者、すなわち世界の開示性についても言える。たしかに本書第三章で見たように、不安という根本情態性は世界そのものを赤裸々に開示する。だが基礎的存在論の論調が最終的には将来優位に定位する以上、そこでの第一義的な開示性はやはり超越的な世界企投・超投が担っている、と言わざるをえない。それは神的な自然の隠れが被投性のなかで根本経験されることと対照的である[25]。つまり両者では、存在および世界を開示する際の企投と被投性の重心が決定的に異なっているのである。このことから、前者と後者の間に「企投から被投性へ」とでも言いうる慮り構造の重心移動を指摘できるだろう。それはちょうど本書第四章で見た、「被投性から企投へ」の超越の歴史的な重心移動と反対方向にあたるものである。

こうした重心移動が端的に意味するのは、ハイデッガーの思索における隠れとの再帰的なかかわり方の変様に他ならない。『存在と時間』構想に即して言えば、神話との対決を通じて隠れの暴露・強奪を目指した企投優位の超越論的なかかわり方は、日常性を越えて支配する神的な自然の「偉大な」隠れを隠れとして承服する被投性優位のあり方へと変様している。しかしこのような隠れに対する態度変更は、何か人間の主体的な「転向」や「変節」のようなものではなく、あくまで第一義的には存在それ自身の現出様態に基づくものとして理解しなければならない。存在はもはや超越論的な光の地平において見られる「イデー」ではなく、まさにそうした輝きの視線に逆らって自らを隠す、独自な超力的動性として生起している。われわれはここに、『存在と時間』構想における転回、つまり基礎的存在論からメタ存在論への転換（メタボレー）と呼ばれた動向の最極端な徹底化を看取する。今一度振り返れば、転回とは形而上学全体の基礎づけを目指して、その由来となる哲学の始源へと歴史的に回帰することであった。洞窟の比喩に即せば、洞窟の外への移行が「超越」であるなら、この回帰は洞窟の内への「下降」にあたり、哲学・形而上学のさらなる「根拠へ向かうこと」と言える。ハイデッガーは当初、この「メタ－ボレー」のうちに神話的世界の暴露という哲学の使命を託していた。だが今やハイデッガーの思索は、形而上学へと「メタ（超越）」する以前に哲学がかつて経験していたかの「ピュシス（自然）」へと帰還し、しかもそれを哲学的対決以前のより根源的な経験において再び取り返しうるほど、新たなしかし一層古い次元にまで突入している。この領域は哲学が「形而－上学（メタ－ピュシカ）」として成立するための前段階であるだけでなく、いやそれに先立って、自然哲学が神話と対決する際のいわば前景に位置する。形而上学の基礎づけという始源への歩みはこうして、「神話との対決」という哲学そのものの本質に先立つような、極めてラディカルないわば先行的古層領野を切り開くに至ったのである。

既述のようにハイデッガーは、こうした由来への帰還のうちに哲学の「新しい目覚め」を指摘する。しかしながら、そこではもはや以前のような超越論的な光の地平に依拠した根本‐構えは無力化している。なぜなら隠れを好む自然の超力は、哲学の「決して超克されえない始源」として、いかなる暴露・強奪も原理的に拒絶するからである。自然の暴力的な超力を前にしては、哲学を含めた人間のあらゆる企投的な暴力行使は必然的に挫折し無力とならざるをえない。そのことは形而上学を基礎づけるために神話と対決する、他ならぬ現存在の形而上学自身にとって深刻な躓きの石となろう。形而上学の「根拠へ向かう」転回は、文字通り、この試みが依って立つ超越論的地平を暗闇への「没落（zu Grunde gehen）」に導くのである。おそらくこの辺りに『存在と時間』構想の不可避的な限界とその途絶理由が存していると推察される。だがそれは決して消極的なものではなく、むしろ存在の探究そのものにとってみれば一層新しくかつ古いステージの幕開けを意味する。隠れの強奪という哲学の伝統を生真面目に引き受け、神話とのラディカルな対決を挑んだがゆえに、ハイデッガーの始源の思索は隠れを好む神的な自然という始源的な根本現象と遭遇しえたのである。その意味で、先ほどのハイデッガーの言葉を借りるなら、いささか逆説的ではあるが、企投的将来に重心をおいた超越論的な時間地平こそが、超力的な「自然の事実的な眼前存在」が「示される」ための無力な舞台であった、と言うことができるだろう。ただそこでの存在の現出動向はもはや隠れなきアプリオリの光を背景とはせず、むしろ太古の闇のなかに隠れることを好む。それゆえこの局面で自然として生起した存在の動向をあくまで現象学的に追い駆けようとするなら、また何より共存在する他者たちに対して支配的な隠れの動向を明確に語ろうとするなら、ハイデッガーはここで、超越論的な方法に定位した従来の対決姿勢を、当該の現象に即さない不適切なものとして改めなければならない。それはもはや思索の転回というより、存在という思索の事柄そのものから告げられた現象学的な要求である。

＊

だとするとハイデッガーは、隠れを好む自然をどのような仕方で追究し、また語るのだろうか。われわれはこのことを、始源をめぐる彼の思索の次なる根本問題とせざるをえない。この難問に対して示唆を与えてくれそうな指摘が、少し時代は下るものの、アリストテレスの『自然学』を主題とした論考『ピュシスの本質と概念について』（一九三九年）のなかでなされている。ハイデッガーはそこで、アリストテレスが「ピュシス」を形而上学的な「質料‐形相図式」の下で見ており、それが今日に至るまで哲学的‐科学的な自然観を決定づけたと断じつつも、そこになお「ギリシア哲学の偉大な始源の余韻」として「始源的に企投されたピュシスのほとんど識別され難い余韻」を聴き取る（WM, 300）。そしてこの「ピュシスの始源的な余韻」を証示するために、ここでもヘラクレイトスの言葉「自然ハ隠レルコトヲ好ム」が引かれ、次のように解釈されている。

> その本質上それ自身を露現するもの、露現しなければならないものだけが隠れることを好みうる。露現であるもののみが隠蔽でありうる。それゆえ肝要なことは、ピュシスの隠レルコトを超克したり、ピュシスを隠レルコトから奪い取ることではなく、課せられたはるかに困難なことは、隠レルコトをピュシスに属するものとして、ピュシスに向けて全ての本質純粋性のなかでそのままにしておくことである。（ibid., 301）

最後の「そのままにしておくこと（zu lassen）」がどうやら、自然とのかかわり方を問う際にはとりわけ重要になってくるようである。自然の隠れを超克・奪取するのではなく、むしろ隠れたままにしておくというこの注目すべき態度は、隠れを隠れとして受け取りその支配を承服するという上で見た哲学者の本来的な自由の完遂に通じるものである。だがハイデッガーはこの発言の直後に、「存在とは隠れつつ露現することであり——つまり始源的な意味でのピュシスである」(ibid.)と述べ、自然（ピュシス）に特徴的な隠れと現れの共属性のうちに存在それ自身の根本動向を重ねて見ている。「隠れつつ現れる」というこの言い回しが単なる矛盾命題ではなく、真に事柄に即した発言であるなら、ここでは一体いかなる現象が目撃されているのか。『存在と時間』構想の限界と挫折理由の内実をより具体的に究明しようとするなら、われわれは、こうした「隠れ」と「現れ」の問題、すなわちハイデッガーの言うところの真理の本質についての問題諸連関をさらに踏み込んで追究していく必要がある。

注

（1）ハイデッガーはすでにいわゆる『ナトルプ報告』（一九二二年）のなかで哲学を「原則的に無神論的」であるとし、次のような注を付している。「あらゆる哲学は、〔……〕哲学が神についての『予感』をなおもっているのであるなら、哲学によって遂行される生の自分自身への帰還が、宗教的に言えば、神に対して手向かうことであることを知らねばならない。だがそれでもって哲学は真剣に〔……〕神の面前に立つのである」(GA62, 363)。同様の指摘は一九二一／二二年冬学期講義のなかにも見られる（vgl. GA61, 197ff.）。「神に対して手向かう」という仕方で「神の面前に立つ」ことは、まさしく対決としての根本‐構えと言いうる哲学的な態度である。さらに一九二八年夏学期講義の注でも「超力者」「聖性」「ダイモニオン」への言及に続き以下の興味深い指摘がなされている。「これらは本講義では意図的に論じられない、なぜならまさしくここ〔マールブルク大学〕では今日まさしく暴力的な仕方で不正な宗教性のもとに弁証法的な仮象がとりわけ有力であるから。無神論だという安っぽい非難を甘受する方がましである。無神論が存在者的に思念されているならこの非難は完全に正当ですらある。しかし神への思い誤った信仰は根本的に神喪失ではないのか。そして真正の形而上学者は通常の信仰者たち、『教会』

の信徒たち、それどころかいずれの宗派の『神学者たち』よりも宗教的であるか」(GA26, 211 Anm. 3)。この発言はおそらく当時の弁証法神学者たち(とりわけブルトマン)を念頭においたものと推察される。

(2) ハイデッガーはシェリングの「神話の哲学」に関しても何度か言及している。神話を何か無知蒙昧の産物として切り捨てるのではなく、積極的な仕方で再帰的にかかわろうとするハイデッガーの態度は、神話を「民族の運命」と捉えるシェリングの神話論に通底するものと思われる(vgl. KP, 255)。だがハイデッガーによれば、シェリングの神話論は「はなはだ神学的な根本諸概念に定位している」ため、神話を「現存在自身のひとつの生起」と見る彼の立場からすれば不十分なものである(vgl. GA27, 361)。

(3) 洞窟の比喩を主題とした一九三〇年代の講義としてさらに一九三三/三四年冬学期講義があるが、その内容は一九三一/三二年冬学期講義をほぼ踏襲したものであるためここでは割愛する。なおこの二つの講義の成果は最終的に『真理についてのプラトンの教説』(一九四〇年)として発表されることになる(vgl. WM, 483)。

(4) 一九二〇年代後半の諸講義のなかで哲学者の死に関して触れたものは、管見の限りでは、一九二七年夏学期講義である。しかしそこでは、洞窟内の住人たちが帰還者を「殺そうとするかもしれない」と指摘されるに留まり、充実した議論には至っていない(GA24, 403f.)。そこでのハイデッガーの強調点はむしろ洞窟内の頑迷な常識を「洞窟から引きずり出すこと」に置かれており、そこに隠れとの対決としての哲学の本質がプラトンに依拠して主張される(ibid.)。

(5) 『真理についてのプラトンの教説』ではこの場面で、「人間の心の全的転向」あるいは「人間全体の本質転向」としての「教育(パイデイア)」の問題が、真理論との連関で語られる(vgl. WM, 216f.)。この問題に関して筆者は以前に論じたことがある(田鍋良臣「ハイデッガーにおける「転回」についての予備的な輪郭付けの試み――『道標』におさめられた三つの論考を手がかりにして」『宗教学研究室紀要』第四号、京都大学文学研究科宗教学専修編、二〇〇七年、三二頁以下参照)。

(6) プラトン 藤沢令夫訳『国家(下)』岩波文庫、一九七九年、九六頁以下参照。

(7) 一九二九/三〇年冬学期講義のなかですでに、支配的なピュシス(自然)についての同様の規定が見受けられる(vgl. GA29/30, §8)。そこでもやはりヘラクレイトスの言葉「自然ハ隠レルコトヲ好ム」が引かれた上で、自然哲学者たちが「ピュシスについて、全体としての存在者の支配について発言し、それを発言へと、つまり露現(真理)へともたらす者たち」と性格づけられている(ibid., 41ff.)。しかしそこでのハイデッガーの力点はなお、ロゴスによるピュシスの隠れの暴露・強奪に置かれており(ibid.)、「決して超克されえない」と見るここでのピュシス理解とは微妙に、しかし決定的に異なったものである。

(8) Vgl. Karl Löwith, *Heidegger: Denker in dürftiger Zeit*, S. Fischer Verlag, Frankfurt am Main, 1953, S. 61f. 杉田泰一・岡崎英輔訳『ハイデッガー 乏しき時代の思索者』未来社、一九六八年、一〇六頁以下参照。同様の批判としては、『風土』(一九三五年)執筆の原型となった和辻の講義ノート「国民性の考察」(一九二八年)における指摘が最も早い(和辻哲郎『和辻哲郎

全集　別巻二』岩波書店、一九九二年、三八九頁以下参照）。この点に関しては、加藤恵介「和辻哲郎のハイデガー解釈」『神戸山手大学紀要』第七号、二〇〇五年、三頁以下も参照。

（9）リーデルは、レーヴィットが「見失った」ハイデッガーにおける「自然への問い」を探るなかで、『存在と時間』の問題圏においても「自然」が重要なテーマであったと指摘する。そしてそれを「内‐存在（住まうこと）」としての「滞在（エートス）」の問題と連関づけることで、「原子物理学時代における新たに思索し抜くべき倫理学の課題」としての「自然倫理学（Naturethik）」といったアクチュアルな問題提起と結びつけている（vgl. Manfred Riedel, *Hören auf die Sprache. Die akroamatische Dimension der Hermeneutik*, Suhrkamp, Frankfurt am Main, 1990, 12f., S. 230–299）。本章の試みも自然の問題をハイデッガーの思索のなかに求めるという点ではリーデルと問題関心を共有する。だが本章の主眼は新たな倫理学を創設することではなく、リーデルの研究では十分には捉えられていないと思われる自然の「隠れ」という動向・現象の究明である。

（10）氣多はこの箇所での「人間が身体的に自然として共振する」（GA34, 237）という発言に着目し、「人間自身が自然として力を及ぼすということと、自然に対して力を及ぼすということ」という人間の自然に対する二重のかかわり方を指摘する（氣多雅子「自然災害と自然の社会化」『宗教研究』第三七三号、日本宗教学会編、二〇一二年、九三頁参照）。ここから身体的な病をも自然の暴力的な発露と捉える独自な議論を展開することで、氣多は災害論と身体論の接続という興味深い問題系を提起している（同、九四頁以下参照）。ハイデッガーが身体性を論じる際にこのようにしばしば自然を引き合いに出すことを考えると、この問題をハイデッガーの思索のなかに探ることは新たな問題提起につながると思われる（vgl. GA26, 212; GA27, 322, 328）。後年の『ツォリコンゼミナール』では心身問題との連関で、「身体の実存論的分析」とでも言うべき注目に値する議論が、とりわけ「身振り（Gebärde）」という身体運動を中心に展開されている（vgl. ZS, 105–120, bes. 115ff.）。

（11）人間が自然に対して「力を試すこと」、つまり科学技術に象徴されるような人間の挑発的な暴力行使に関して、ハイデッガーはしばしばソポクレスの『アンティゴネー』の一節「人間以上の不思議（デイノン）はない」を手がかりに論じている（vgl. GA40, 155ff.; GA53, 69ff.）。これを受けて森は、原子力技術というアクチュアルな問題を見据えつつ、ハイデッガーやアーレントの技術論を踏まえながら、注目すべき考察を展開している（森一郎『死を超えるもの——3・11以後の哲学の可能性』東京大学出版会、二〇一三年、とりわけ第四章以降参照）。周知のように後期ハイデッガーにおいて、原子力技術に極まる科学技術の問題が思索のひとつのテーマとなるが、それと本章で取り上げた超力的な自然の問題とは本質的な連関性をもつと考えられる。この問題の究明は本書の問題設定を越えるものであるため、今後の研究課題とする。

（12）筆者は3・11以後に求められる新しい自然理解・自然観の構築に貢献することを意図して、本章でも扱ったハイデッガーの「自然」概念を軸に、自然災害という特異な現象に関する現象学的な考察を試みている（田鍋良臣「自然災害の現象学——ハイデッガーを手がかりに——」『現象学年報』第二九号、日本現象学会編、二〇一三年、一二五‐一三二頁）。

（13）興味深いことに日本語の「自然」という言葉には、①「自然なこと」というように自明な事柄を指す場合と、②「自然の、こと」というように非常事態を意味する場合とがある。ここでの文脈に即すと、前者は自然の日常的な隠れに、後者は災害時の突発的な発露にあたるだろう。「自然」という言葉にはこのように、「隠れ」と「現れ」という自然の超力的な二重性格が備わっている。

(14) 実際、この講義の二年前の一九二九／三〇年冬学期講義のなかでもハイデッガーは、支配的な自然（ピュシス）について、「四季の変遷、昼夜の変化、星々の遊動」と並んで「暴風雨と天変地異」を指摘するとともに（GA29/30, 38）、ここでの自然暴力とほぼ同様の規定をしている。「〔……〕このピュシス、全体としての存在者の支配は、人間によってまさしく直接的に、諸物それ自体と、彼と共存在している者〔他者〕たちと組み合わさって、経験される。人間が自分に即して経験する諸々の生起、つまり生殖、誕生、幼年、青年、老年、死は〔……〕人間の運命とその歴史がそれ自身において共に把握している存在者の普遍的な支配のうちに属している。〔……〕自然とはこの全体の支配を意味し、それによって人間自身は支配し抜かれ、それに対しては無力である〔……〕。それは存在するものとして、つまり自然、支配者、存在者、全体存在者として彼に近づき、担い、そして圧倒する」(ibid., 39)。

(15) 今日われわれの自然環境は「エコロジー」の名のもと、ますます飼いならされていく傾向にある。伊藤はこの事態こそ、後期ハイデッガーが問題にしたGestellの現代的な現れであるとみなしている（伊藤徹「作品のなかの自然――ハイデッガー『芸術作品の根源』における世界と大地」『現象学年報』第一〇号、日本現象学会編、一九九五年、四九頁以下参照）。

(16) 『存在と時間』公刊と同年の一九二七／二八年冬学期講義にも、物理学的‐数学的な自然把握に先立って、「自然は実存している現存在にとっては、つねにすでにある仕方で露呈されており、さしあたりは自然暴力と自然産物として出会われる」(GA25, 29)という指摘がある。同様の指摘は『存在と時間』公刊直前の一九二六／二七年冬学期講義にも前学的（日常的）なあり方から学的なあり方への変様を論じる際に見受けられる。「今やただ一定の道がある。すなわち自然の許での前学的な存在から学的な自然把握への道。自然力、自然暴力としての自然――委ねられると同時に驚嘆する。耕作地、鉱山、航海が征服されると同時に利用される。手許物――趨向――する‐ため。ハンマーは手許物として――重すぎる、軽すぎる、あるいはまさに適切である。それに対して〔学的な〕眼前的な物。重量の計測。重すぎる、軽すぎると言うことは〔ここでは〕全く意味をなさない」(GA23, 21)。このように自然の経験に関して、根源的、前学的（日常的）、学的な位相がこの時期すでに秩序づけられていることがうかがえる。

(17) 『存在と時間』にはこの発言以外にもう一箇所「自然災害」についての言及がある。それは現存在の歴史性と「世界‐歴史的なもの」を扱った第七五節において見受けられる。ハイデッガーはそこで、科学的な客観的観察によっては捉えられない世界‐歴史的な現象のひとつとしてまさしく「諸々の自然災害（Naturkatastrophen）」を挙げている（vgl. SZ, 389）。ハイデッガーは、単なる場所の変化（運動）としては捉え切れないその独特の生起のうちに「動性の独自な性格」があると指摘したうえで、注目すべき「世界‐歴史的な生起の存在論的構造」について触れているが、その具体的な究明はなされていない。筆者は第三二節の不条理的＝反意味的な動性とこの世界－歴史的な存在論的構造が自然災害という現象を考察する際に本質的な連関性をもっと見ている（田鍋、前掲論文、一二六頁以下参照）。

（18） 和辻は『風土』の序言において、『存在と時間』におけるロマン主義的な「自然」に関して次のような発言をしている。「もちろんハイデッガーにおいても空間性が全然顔を出さないのではない。人の存在における具体的な空間への注視からして、〔『存在と時間』では〕ドイツ浪漫派の『生ける自然』が新しく蘇生させられるかに見えている。しかしそれは時間性の強い照明のなかでほとんど影を失い去った」（和辻哲郎『風土』岩波文庫、一九七九年、三－四頁）。和辻はこうした空間性の軽視のうちにハイデッガー哲学の限界を指摘し、そこから自身の風土論を展開していく。しかしハイデッガーに即すなら、ロマン主義的な自然が「時間性の強い照明」により「ほとんど影を失い去った」ように見えるのは、空間性の問題ではなく、第一義的には慮りおよび時間性の将来優位の構造に起因すると言わざるをえない。空間性ではなく被投性こそ、ハイデッガー哲学における根源的な自然現象への通路である。

（19） 一九二七年夏学期講義のなかでもハイデッガーはすでに「最広義での自然」のことを、「われわれがそれにぶつかり、委ねられ、それ自身からつねにすでに存在している存在者、眼前物」と呼んでいる（GA24, 240）。こうした「ぶつかり」や「委ねられ」というあり方が自然への被投性に基づくことは明白である。

（20） 『存在と時間』第八〇節のなかでも時間の「時付可能性（Datierbarkeit）」を問題にする箇所で、時計による「時間測定」や日常的に配慮された「世界時間」の根底に、つまり太陽の運行に基づく「自然な」時間計算の基本的モデルとして、日出とともに日課をはじめ日没とともに帰路につく「『原始的』な現存在」（SZ, 415）の「被投性のうちで昼夜の交替に委ねられている」（ibid., 412）あり方が想定されている。ただし時計の使用を介して現れる「太陽の位置」は、時計と「共に手許にある」自然環境であり（ibid., 71）、神話的現存在にとっても日常的な配慮物（日時計）であることには変わりない（ibid., 415f.）。

（21） 自然への被投的な没入性格については一九二八年夏学期講義のなかでも以下のように言及されている。「現存在はたとえば、われわれが全く広い意味で自然と呼んでいるものによって担われうることができる。ただその本質上、何かのうちへと投げ込まれ、捕えられている者だけが、それ〔自然〕によって担われ、抱擁されうることができる。このことはまた、原始的、神話的現存在の没入についても当てはまることである」（GA26, 174）。「捕えられ（befangen）」とか「抱擁（umfangen）」というfangen系の語が使われていること、また神話的現存在について触れられていることからしても、ここで語られている「広義の自然」が根源的な自然概念と通じることは明らかである。

（22） 一九二九／三〇年冬学期講義でも「隠れを好む自然（ピュシス）」がまさしく「超力的な支配者」と呼ばれている（vgl. GA29/30, 41ff.）。

（23） ハイデッガーは一九二九／三〇年冬学期講義のなかで支配的な「ピュシス」のうちに「神的存在者をもそれ自身において含む根源的な意義」を読み取っている（GA29/30, 39）。

(24) したがってわれわれの見解からすれば、ここでの「自然の事実的な眼前存在」とは、決して自然科学の対象性ではなく、繰り返し述べているように、被投性の〈それに面して(Wovor)〉から規定された、全体としての存在者の事実的な既在性を意味するものとして受け取られなければならない。なおリーデルも、メタ存在論において「倫理学の問いが初めて立てられうる」(vgl. Riedel, op. cit., S. 265)。もちろん彼の見解は、メタ存在論の主題のひとつとして「自然」の問題を挙げている(GA26, 199)という一九二八年夏学期講義での指摘を、自身の主張する「自然倫理学」の観点から解釈したものであり(vgl. Riedel, op. cit., S. 282)、われわれのように神話問題を念頭においたものではない。

(25) 不安を「実践の限界」とみなすフェルは、そこで一切の意義と実践から独立した「根源的自然」が「根源的眼前性」のうちで露わになると主張している(cf. Joseph P. Fell, "The Familiar and the Strange. On the Limits of Praxis in the Early Heidegger", in: *Heidegger. A Critical Reader*, ed. by H. Dreyfus & H. Hall, Brackwell Publishers, Cambridge, 1992, pp. 63-80)。不安と自然の根本経験を重ねて理解することは興味深い試みであるが、両者では開示の場面が決定的に異なるため、より慎重な議論が求められると思われる。だがそうはいっても、とりわけ『形而上学とは何か』における不安の分析には、企投優位の構造には収まりきらない「無の拒絶的指示」という注目すべき現象もたしかに確認できる(vgl. WM, 114)。このことは不安の根本気分においてもハイデッガーが、いまだ明確ではないにせよ、隠れの根本経験に通じる現象を目撃していたことを示唆する。この問題はわれわれの考察にとって重要であり、次章第二節で改めて取り上げる。

第六章　真理――隠れの現れ

本章では、ハイデッガーにおける「真理の本質」の問題を前章から引き続きより深く追究するために、まさしく『真理の本質について』（一九三〇－四三年）と題された論考を取り上げる。この論考は一九三〇年に同じ表題で三度繰り返され、一九三二年にも再演された講演原稿がもとになっており、これらは最終的に「講演の本文を幾重にも検討した」（WM, 483）後、一九四三年に出版される、というやや複雑な経過をたどる。この論考にわれわれが注目する理由は、まず講演のなされた時期もさることながら、それ以上に、「真理の本質について」というこの表題にある。それは前章で取り上げた、一九三一／三二年冬学期講義の講義名に他ならない。この講義のなかで「洞窟の比喩」解釈が展開され、隠れや自然の根本経験という決定的な事柄が語られた。この論考では、洞窟の比喩への言及こそ見られないものの、表題や講演の時期を考えると、前章で考察した諸問題に共通する事柄について扱われていることが予想される。だがそれだけではない。最初の講演から一三年後の出版に至るまで「幾重もの検討」が繰り返されたということは、そこにはまた、『存在と時間』を途絶へ導いた思索動向の痕跡がいまだなお色濃く残されているものと期待される。『存在と時間』構想の限界とその途絶理由を見極めるうえで、この論考は恰好の手がかりとなりうるのである。以下では、これらの点を念頭に置きつつ、この論考で語られた真理の本質について、できる限り議論の流れに沿う仕方で考察を試みていく。

第一節　放下としての柔軟な哲学

(1) 自由の本質 —— あるがままにすること

論考『真理の本質について』は全部で九節からなり、内容から言って「第五節　真理の本質」と「第六節　隠蔽としての非真理」の間で区分することができる。隠れと現れの関係を追究するわれわれにとってとりわけ重要なのは後半部分であるが、それをより明瞭に行うために、またこれまでの議論との接続を考慮して、まずは前半部分の要点を簡単に整理しておく。前半部分は以下の四点にまとめることができる。①知と物との「合致」や認識・言表の「正しさ」といった伝統的な真理概念は、人間が存在者とかかわりうる「開け」の内に立つことを前提としている（WM, 184f.）。②この「開立性」[1]は開けへの解放という意味で人間の「自由」を意味し、この自由のなかで全ての存在者はそのものとして、隠れなくあるがままに露わとなる（ibid.）。③したがって、人間的自由の本質は諸物を〈あるがままにすること（Seinlassen）〉にある。④だが〈あるがままにする〉といっても、それは何か無責任な放棄や放任あるいは無関心を意味せず、むしろそれら消極的な態度の前提をもなす「存在者への参入（Sicheinlassen）」のことであり、それこそが存在者とのより根源的なかかわり方である（ibid., 188）。

以上のように論じた後ハイデッガーは、この〈あるがままにする〉という人間のあり方のうちに隠れなさとしての「真理の本質」を指摘する。それは人間の側からすれば、「存在者そのものに曝し出され、一切のかかわりを開けへと置き入れる」(ibid., 189) ことである。こうした「曝し出された」あり方はさらに「脱‐存(Ek-sistenz)」とも呼ばれ、この言葉のうちに開けとしての「現(Da)」に立つ人間の独自な実存、つまり「現‐存在」の意義が従来よりも一層深く捉え返される。人間の「現‐存在」とは第一義的には、全体としての存在者そのものの開けのうちに進入しつつ曝し出された脱‐存であり、それは存在者の側から見れば、人間が存在者の現出するいわば「現場」となることを意味する。さらにハイデッガーは、この開立的な脱‐存を歴史的なものともみなすのだが、ここでも歴史の「最初期」に現出する全体としての存在者のことを「自然(ピュシス)」と呼んでいる (ibid., 189f.)。この自然との始源的なかかわりのなかで、「最初の思索者の問い」として哲学が生まれ、それが同時に、「西洋の歴史の開始」をも告げることになるのである (ibid.)。

ここまでの流れはこれまで見てきた問題系と連続している。〈あるがままにする〉という自由の本質は、全体としての存在者をその隠れやすい傾向から奪い取ることであり、その戦いが神話との根本対決として哲学の本質をなしていた。その舞台となるのがここで「曝し出され」とか「脱‐存」と言われる人間の開立性としての「現‐存在」に他ならない。洞窟の比喩に即せば、それは洞窟の外へと解放され、太陽の下で「本質知」を獲得した哲学者が、踵を返して再び洞窟内へと向かう場面に相当するだろう。この場面はまた「超越」[2]が開くアプリオリな光の地平を背景に、哲学が形而上学へと至る歩みにも重ねられていた。ところがハイデッガーはここで突然、この同じ「人間的自由の本質」に関して、以下のように自由が人間を所有するという異様な事態を語り出す。

> 人間は自由を性質として「所有」しているのではなく、せいぜいのところその逆があてはまる。すなわち、自由が、つまり脱‐存し露現する現‐存在が人間を所有するのであり、しかも自由だけがひとつの人間形態に対し、全ての歴史をはじめて根拠づけるとともに際立たせている、全体としての存在者そのものへの連関を授ける、というほど根源的に人間を所有しているのである。(ibid., 190)

「自由」は人間に帰属する性質ではなく、逆に自由が「人間を所有する」と言われている。(3) これは一体何を意味するのか。この自由が「全体としての存在者そのものの連関を授ける」とは、要するに哲学を誕生させるということであり、ひいては西洋の歴史全体の開始を根拠づけることでもある。その限りにおいてこの奇怪な「自由」は、以前に同じく哲学の始源に位置づけられた支配的な隠れの根本経験と無縁ではなかろう。実際ハイデッガーはこの発言の直後に「隠れ」、つまり彼の言う意味での「真理の非本質」「非真理」について次のように言及している。

> だが脱‐存する自由は真理の本質として人間のひとつの性質ではなく、人間はただこの自由の所有物として脱‐存し、そのようにして歴史を可能にするのであり、それゆえにまた真理の非本質は、人間の単なる無能力や怠慢から事後的に発源することはできない。非真理はむしろ真理の本質から出て来ざるをえないのである。(ibid., 191)

自由の開け、真理の本質としての隠れなさが人間を所有する以上、その隠れなさの本質に属する隠れ、すなわち「非真理」もまた人間の無能さや怠慢に還元することはできない。誤謬や仮象も全て、この意味では、真理の本質に由来するのである。ハイデッガーはこのような洞察に基づいて、以後「隠れ」についての特異な議論を展開していくわけだが、われわれは「真理の本質(隠れなさ)から非真理(隠れ)へ」というこの「決定的な一歩」(ibid.)のうちに、哲学者を隠れの根本経験へと導いたあの本来的な自由の完遂を重ね合わせることができるだろう。そうであるなら本来的な自由の完遂はすでに、「自由の人間所有」と呼ばれるこの異様な現象とどこかで出会っていたに違いない。いずれにせよ、ここでの「自由」の内実をより深く探るためには、論考の後半部分で展開された隠れ・非真理の議論を検討する必要がある。

(2) 隠れの現れ

その前にここで見逃すことのできない注記が、この論考の前半と後半を区分する箇所で、すなわち「第五節　真理の本質」と「第六節　隠蔽としての非真理」の間に付されている。ハイデッガーはそこでまさしく、「第五節と第六節の間に〔……〕転回への跳躍」(WM, 193 Anm. a)があると明言しているのだが、本章の冒頭で触れたように、この論考と洞窟の比喩解釈との連関性を考えた場合、またそもそも両節の表題からしても、ここで言われている「転回」が、隠れなさから隠れへの転換、比喩的に言えば、洞窟外から洞窟内への回帰を意味することは明らかであろう。無論、われわれはすでにこの転換・回帰を、『存在と時間』構想における転回として解釈している(本書第五章第三節参照)。ところで、この転回の向かう「隠れ」とは、前章で見た洞窟の比喩解釈では「日常性」を意味した。日常性のなかで存在者はそのつど影として現れる反面、存在者そのものは全体として隠れている。ハイデッガーはこの論考でも、隠れを語る際にやはり日常性を引き合いに出す。

> 人間のかかわりは、全体としての存在者が開かれていることによって一貫して気分づけられている。だがこの「全体として」は、日常的な計算や調達の視界では、計算不可能なもの、把握不可能なものとして現出する。〔……〕それ〔「全体として」〕は絶えず全てのものを気分づけているにも拘わらず、他方では無規定なもの、規定不可能な

ものに留まり、たいていはまた最もありふれたものにして最も熟慮されないものと一緒になっている。しかしこの気分づけるものは、何でもないのではなく、全体としての存在者の隠蔽である。（WM, 193）

全体としての存在者の「開け」が「一貫して気分づける（durchstimmt）」とは、人間のあらゆるかかわり・振舞いがつねにすでに、この開けへの被投的な引き渡しのなかでなされていることを意味する。これは先ほど「曝し出され」とか「脱‐存」あるいは「開立性」と言われた事態と重なる。そこでは全体としての存在者そのものが「隠れなく」あるがままの姿で現れていた。しかしこの引用によれば、日常性にとってこうした「全体」は「計算不可能なもの、把握不可能なもの」、要するにどこまでも知りえぬものに留まり、そうした不可思議なものはたいていの場合どうでもよいものとみなされる。そのことがここで全体としての存在者の「隠蔽（Verbergung）」と言われるわけだが、ハイデッガーはこの隠蔽、つまり隠れの様態に関しても以下のように〈あるがままにすること〉として語る。

〈あるがままにすること〉は、個々のかかわりにおいて、かかわる存在者をそのつどあるがままにし、それでもってその存在者を露現する、まさしくそのなかで、〈あるがままにすること〉は全体としての存在者を隠蔽している。〈あるがままにすること〉はそれ自身において同時に隠すことでもある。現‐存在の脱‐存的な自由において全体としての存在者の隠蔽が出来し（sich ereignet）、隠れが存在する。（ibid.）

ここでの〈あるがままにすること〉がさしあたり、あれこれの存在者との日常的なかかわり方を意味することは文脈上、また事柄の上からも明らかである。存在者を日常的に〈あるがままにする〉とは、ハイデッガーによれば、あれこれの道具を有意義性へと解放すること、要するにその時々の用途に応じて適切に使用することに他ならない。ハイデッガーは道具を〈あるがままにする〉こうした使用の解放を指して「趨向させること

（Bewendenlassen）」と呼ぶ（vgl. SZ, 84）。これはすでに『存在と時間』やその前後の講義のなかで繰り返し論じられた人間のいわゆる「非本来的」なあり方であるが、それがまさしく「全体としての存在者を隠蔽する」のである。しかしながら、先ほどはこの同じ〈あるがままにすること〉が「脱-存的な自由」として、むしろ全体としての存在者そのものを「露現する」と言われていた。はたして〈あるがままにすること〉は全体としての存在者を露現するのか、隠蔽するのか。

ハイデッガーはこの点について明瞭にはしていない。けれどもすでに述べたように、この講演の流れ、つまり隠れなさとしての「真理の本質」（第五節）から「隠蔽としての真理の非本質」（第六節）へという展開を考えるならば、露現と隠蔽のこの問題は、洞窟の比喩解釈の最後の場面、すなわち洞窟の外で隠れなき真理を獲得した哲学者が、再び隠れの支配する洞窟内へと帰還した場面に重ねて理解することができるだろう。ハイデッガーはそこに解放された哲学者の「本来的な自由の完遂」を見ていた。そうであるなら、ここで語られた〈あるがままにすること〉としての「脱-存的な自由」はこの本来的な自由の完遂とみなすことができる。このとき、帰還した哲学者から見れば、日常性における隠れそのものはその「偉大さ」ゆえに、もはや『存在と時間』でのように「非本来的」なものではなく、むしろ「日常性を越えた」という意味で、それ自体が「本来的」な現象の生起である、と言わなければならない(4)。この解釈を裏づけるようにハイデッガー自身、ここでの隠れ・非真理を指して以下のように「本来的」と形容している。

隠れとは、露現としての真理の方から考えるならば、非-露現性であり、したがって真理の本質にとって最も独自で本来的な非-真理である。〔……〕全体としての存在者の隠れ、本来的な非-真理はあれこれの存在者のいかなる開かれよりも古い。この隠れはまた、露現しつつすでに隠れを保ち、〔そのようにして〕隠蔽とかかわっている〈あるがままにすること〉よりも古い。(WM., 193f.)

このなかでハイデッガーは、隠れとしての「本来的な非‐真理」が存在者のあらゆる開け、つまりは隠れなさとしての真理よりも「古く」、また〈あるがままにすること〉よりも「古い」と述べている。この発言の背景には、隠れの根本経験が哲学の「最古」の始源にあたり、そこからそもそも西洋の歴史自体がはじまった、という前章で見た彼独自の歴史観が存している。けれども洞窟内に拘束されている者たち、つまり日常性に没入している人々は、この始源的な隠れを隠れとして受け取ることができない。隠れが隠れそのものとしてはじめて出来しうるのは、洞窟内に帰還した哲学者の本来的な自由の完遂、その〈あるがままにする〉という脱‐存的な自由においてのみであった。ハイデッガーの以下の発言は、この事態を的確に言い表すものである。

> 露現しつつ同時に隠しつつ全体としての存在者を〈あるがままにすること〉のうちで生起しているのは、隠蔽が第一に隠れたものとして現出することである。現‐存在が脱‐存する限り、現‐存在は最初にして最も広い非‐露現性、本来的な非‐真理を保有する。(ibid., 194)

「隠蔽が第一に隠れたものとして現出する」とは、日常性のなかでは存在者全体の隠蔽自体が隠れていること、そしてそのことが本来的な自由の完遂のうちでまさしくラディカルな隠れそのものとして現出することを意味する。このとき哲学者には全体としての存在者そのものが隠れるという仕方で現れており、逆に、彼だけがその現出の日常的な隠れやすさを知っている。このことはまた、哲学者が隠れとの対決に敗れ、その日常的な支配を承認することでもあった。ハイデッガーもここで、隠れが「人間の現‐存在を支配し抜いている」と述べ、そのような隠れの支配的なあり方を指して「秘密(Geheimnis)」と名づけている(ibid.)。こうした隠れの支配的な現出動向はまた、前章の最後に触れた自然〔ピュシス〕の「隠れつつ露現する」という根本動向とも重なる。上の引用における「露現しつつ同時に隠しつつ」という一見矛盾した言い方も、何か弁証法的な論理を弄しているわけではなく、[5] あくまでこうした隠れの現れ（あるいは現れの隠れ）とでも言うべき存在それ自身の特異な現象に即した態度、その支配的な動向の一切を歪めることなく〈あるがままにすること〉として受け取られなければならないだろう。

そうであるなら、この場面での〈あるがままにすること〉は、もはや単なる道具の使用に留まらず、いわんや隠れの除去・暴露といった対決姿勢とも言えない。隠れはそもそも頑なに「アレーテイア〔真理〕に対して露現を拒絶し、真理をステレーシス〔剥奪〕としてはいまだ認めない」(ibid., 193) のである。そうではなく、ここでの〈あるがままにすること〉とはそれ以前に、そもそも隠れが隠れとして現れるがままにすることであり、つまりは隠れの支配的な秘密の動向に対して徹底的に従うことである。[6] それはいわば「隠れの現象学」とでも呼ぶにふさわしい、事柄そのものに即した哲学的態度と言えよう。われわれはここに、現象学的思索の一層ラディカルな展開を目撃する。それこそが挫折を通じてはじめて完遂されうる、哲学者の本来的な自由の完遂の具体的なあり方に他ならない。[7]

そしてこの〈あるがままにする〉という態度が現存在の「自由」を意味するのなら、そこに前節の最後に問うた「自由の人間所有」という奇怪な現象も関与しているはずである。ここで注目すべきは、隠れの現出動向について先ほどの引用のなかで「生起する」と言われていた点である。というのも、「生起〔Geschehen〕」とは「歴史〔Geschichte〕」の原型とも言うべき現象形態であるが〔vgl. SZ, 375〕、この異様な「自由」もまた人間所有を通じて、まさしく「全ての歴史をはじめて根拠づける」と言われていたからである。したがってこの隠れの生起・出来にこそ、「自由の人間所有」と呼ばれる事態の真相が隠されているように思われる。そして既述のように隠れの現出は〈あるがままにする〉という人間の本来的な自由の完遂において生起し、他方この自由は隠れの支配の承服として、「人間を支配し抜く」この隠れの秘密に従うことであった。そもそも「隠れ」とは、自然(ピュシス)として生起した存在それ自身の根本動向であるから、この局面での〈あるがままにすること〉とは、文字通りの意味で、〈存在がなすままに任せること〉、より厳密に言えば〈存在が隠れるままに従うこと〉と換言しうるだろう。要するに人間の本来的な自由の完遂とは存在の支配的な動向への服従なのである。これを存在の側から見れば、存在それ自身が自らを隠すという仕方で現出・生起するために、人間をして〈あるがままにする〉よう命じ、またそうする自由を授けているとも言える。[8] そうであるなら、「自由」とはハイデッガーが言うように、もはや人間の性質などではなく、根本的には存在それ自身による人間の支配形態を指すものとなろう。「自由の人間所有」とは、存在のこの支配形態の別名に他ならない。そのとき人間の脱‐存する現‐存在は、この支配が展開するための舞台となるのである。

(3) 存在の真理と放下の思索

ハイデッガーは、人間を支配し所有する存在それ自身のこうした動性、つまり隠れの現れの生起のことを「存在の真理」(WM, 194)と名づけ、彼の存在の思索の中心概念に据える。ここからすると、日常性が隠れについて知らないのは、そもそも存在の真理それ自身が自らを隠しているからであり、その意味でいわゆる「存在忘却」とは、いささか逆説的ではあるが、存在の真理に徹底的にしたがった人間の忠実な態度であるとも言える。隠れそのものがすでに隠れているわけだから、そこでは隠れとのかかわり自体も、さらには隠れとかかわる人間の本来的な姿もまた必然的に隠蔽されざるをえない。ハイデッガーは存在の真理に由来する、こうした徹底的な隠れの状況を指して「秘密の忘却」と呼び、そこでの人間のあり方についてこう指摘する。

しかしながら現存在によって忘却された秘密は忘却を通じては除去されず、忘却は忘却されたものの外見上の消滅に対して独自な現在を貸し与える。秘密が忘却において、また忘却のために拒絶されることのうちで、秘密は歴史的な人間をその慣行のもののなかで彼の制作物の許に立たせるのである。(ibid., 195)

この発言は、存在の真理が人間をして「歴史を根拠づける」その仕方について語っている。ハイデッガーはそれを、「秘密が〈人間によって〉拒絶される(sich versagt)」と言い表す。この拒絶は「秘密の忘却」に基づくものであり、要するに、存在の真理が徹底的に隠蔽される傾向にあることを意味する。だがこの忘却・隠蔽は、基本的には存在それ自身の根本動向に由来する。ゆえに「秘密の拒絶」とは第一義的には、何か人間の消極的な振舞いではなく、厳密には、「秘密が〈人間に対して〉それ自身を拒絶する(*sich versagt*)」と言わなければならない。存在の真理は人間に対して、それ自身の露現を拒むことで歴史を開始させ、そのようにして人間を「慣行のもののなかで」、つまり日常性において「制作物の許に立たせる」のである。ハイデッガーはそれを、秘密の忘却による「独自な現在」とも言っているが、それは『存在と時間』で語られた日常性の「現在優位」の思想のより深い捉え直しとして受け取ることができるだろう(9)。

だがこのこと自体は、繰り返しになるが、日常性を超えた根源的で偉大な現象の超力的な生起であり、しかも歴史に先立つという意味で、まさに「先－史」に属する始源的な事柄に他ならない。今やピュシスの隠れを超克・奪取しない態度として前章の最後に注目された「そのままにしておくこと(zu lassen)」は、存在の真理の根本動向を〈あるがままにすること〉、鋭く言えば、〈在るが真々にすること〉(10)として明らかになっている。それは存在の秘密そのものを承認する、いわば「秘密が拒絶されない」寛容な態度であり、より厳密には、「秘密に拒絶されない」人間の本来的な自由の完遂を意味する。ハイデッガーは、隠れが隠れのままに現れうるこのような自由な態度を「柔軟さの放下（die Gelassenheit der Milde）」と呼び、そこに哲学的思索のあるべき姿を求めている。

その〔哲学の〕思索は、全体としての存在者の隠れに拒絶されない柔軟さの放下である。その思索はとりわけ隠蔽を爆破せずに、隠蔽の破損されない本質を概念把握する開けへと強い、そうして隠蔽に独自な真理へと強いる強さの決－意性である。（ibid., 199）

「隠蔽を爆破せず」とは、この思索がもはや隠れの除去・暴露を暴力的に目論むのではなく、隠れを隠れとしてその「破損されない本質」のうちであるがままにしようとする「柔軟さ」を言い表している。存在の動向に対するこうした自由で柔軟な態度にこそ「放下」という思索態度の本領がある。それはまた存在の真理が人間を所有し、歴史を支配することの承服であり、そのことに徹底的に従うことでもあった。もちろん、自然の隠れ（秘密）を暴露的に解明しようとする哲学や科学の立場からすれば、隠れに対するこうした服従的なかかわり方は、人間理性の劣化や弱体化ないしは退行のように映るだろう。だが「従う」といってもそれは何か思索の消極的な隷属態度を意味しない。むしろ放下とは、通常は隠蔽されている隠れを隠れそのものとして「開示（erschliessen）」しうるほどに強靭で厳密な自由の完遂であり、その積極性を指してここで「強さの決－意性（Ent-schlossenheit）」と形容されるのである。

ここに至ってハイデッガーは、この論考を主導した「真理の本質への問い」が「本質の真理への問い」に変容するのではないか、と問い直している（ibid., 200）。後者の「本質の真理」とは、上の引用で「隠蔽に独自な真理」と呼ばれているものに相当し、言うまでもなくそれは「存在の真理」の別名である（ibid.）。それゆえ「本質」といっても、ここではもはや「実体」や「普遍性」あるいは「類的一般者」のような形而上学の「本質概念」ではなく、むしろそれらに先立って哲学の始源に位置する存在それ自身の根本生起のことである。ここでの「本質」という語は名詞としてではなく、ハイデッガーの言い方にしたがえば、「先-現成する本質（das vor-wesende Wesen）」（ibid., 194）として動詞的に理解されなければならない。

これまで見てきたことからすれば、存在の真理の生起としてのこの先行的な「本質現成（das Wesende）」は、具体的には、秘密の生起、隠れの現れに相当するだろう。そうすると「真理の本質」から「本質（存在）の真理」へという問いのこの変容は、まさに隠れなさから隠れへの転換に対応したものとみなすことができる。われわれはそこに「転回」を見ていた。このことは両者の名称が逆転していることからも幾分示唆されているが、この論考の第二版（一九四九年）に新たに付加された「第九節　注記」の第一段落のなかでも（vgl. ibid., 483）、ハイデッガーは「真理の本質は本質の真理である」と述べ、続けて「真理の本質への問いに対する〔本質の真理という〕答えは存在の歴史の内部での転回の言である」と「転回」について明言している（ibid., 201）。「存在の歴史」とはここでは、秘密の拒絶に由来する存在忘却の歴史、最終的にはニヒリズムの完成へと収斂する西洋形而上学全体の歴史的展開を指す。そのような歴史がその内部で転回するわけだから、この転回はまた、秘密に拒絶されたままの従来の形而上学から、秘密に拒絶されない放下の思索への歴史的転換ともみなすことができよう。転回は今やハイデッガー哲学内部の単なる構成上の問題に留まらず、哲学それ自身の歴史的な態度変更を担うものとして、より大きなスケールの下で捉え直されているのである。問題はこのことが『存在と時間』構想そのものにとって何を意味するかである。

第二節　『存在と時間』構想の限界――超越論的な問題設定の挫折

(1) 第二の講演『本質の真理について』の失敗と転回の思索

以上の考察をもってわれわれはひとまず、『存在と時間』の途絶理由を問うための準備ができたことにしよう。『存在と時間』構想は今や、存在の真理を問うべく放下の思索へと向かっている。ハイデッガーはこの時期、こうした自らの思想の展開に対して明確なビジョンをもっていたと思われるから、この著作の途絶理由は単なる過誤やミスの類いではなく、構想そのものの本質にかかわる何か決定的な問題であったことが推測される。それは何か。前章の最後でわれわれはその理由を、基礎的存在論を主導した超越論的な対決姿勢のうちに求めた。われわれはここで、これまで見てきた真理の本質に関する問題連関から、このことに関してより深く追究しなければならない。その最初の手がかりとなる指摘を、先ほど触れた「第九節　注記」の第二段落のなかに見出すことができる。

講演『真理の本質について』はあらかじめもともとの構想では第二の講演『本質の真理について』によって補完されるはずであった。この第二の講演は諸理由により失敗し、その諸理由は今では書簡『ヒューマニズムについて』のなかで暗示されている。(WM, 201)

この指摘は前節の最後に触れた第一段落同様、第二版(一九四九年)ではじめて付加されたものである。ここで「失敗した」と言われている第二の講演『本質の真理について』は表題からもうかがえるように、「本質の

「真理」を主題にするものであったと考えられる。ハイデッガーはその失敗の「諸理由」を、この注記の二年前に公表された『ヒューマニズムについて』（一九四七年）のなかで暗示しておいた、と言っている。だがこの発言自体は、以下のような初版（一九四三年）の原文の直前に後から挿入されたものである。

決定的な問い（『存在と時間』、一九二七年）、存在者だけでなく存在の意味への問い、すなわち存在の企投領域への問い（『存在と時間』一五一頁）、すなわち存在の開性への問い、すなわち存在の真理への問いは、意図するところがあって展開されないままである。(ibid.)

ハイデッガーはここで「存在の意味への問い」を三つの「すなわち（d. h.）」でつなぎ、それぞれ「存在の企投領域への問い」「存在の開性への問い」そして「存在の真理への問い」と列記している。これら全てを『存在と時間』における「決定的な問い」とみなしているのだから、このときハイデッガーが「存在の真理」の問題を『存在と時間』構想のうちに見据えていることは明らかである。最後の「意図することころがあって展開されないままである」という発言は、文脈上また内容から言っても、これらの「決定的な問い」が展開されるはずであった、『存在と時間』第一部第三編「時間と存在」が未公刊である事実を指すものと思われる。この文章の直前に第二の講演『本質の真理について』の失敗に関する先ほどの言及が差し込まれ、それがまた存在の真理を主題とする以上、この講演の「失敗の諸理由」なるものが本質（存在）の真理の問題にかかわり、ひいてはそれが『存在と時間』の途絶理由にもつながっていく、とまずは考えられる。

では「存在の真理への問い」の展開を拒んだ「意図するところ」とは何か。先ほどの引用でハイデッガー自身が言っていたように、それはたしかに『ヒューマニズムについて』のなかで示唆されている。幾度も引用されてきた有名な箇所ではあるが、本書にとっても極めて重要なものであるため、前後を含め全文引用する。

> 主観性を放棄していくこの別の思索を〔読者が〕十分に追‐遂行しまた共に‐遂行することはもちろん、『存在と時間』の公刊に際し第一部第三編「時間と存在」が差し控えられたことによって困難にされている（『存在と時間』三九頁参照）。ここで全体が反転する。当該の第三編が差し控えられたのは、思索がこの転回の十分な言のなかではうまくいかなかったからであり、そうして形而上学の言葉の助けをもってしては切り抜けられなかったからである。一九三〇年に思索され伝達されたが、一九四三年になってはじめて印刷された講演『真理の本質について』は、「存在と時間」から「時間と存在」への転回の思索のたしかな洞察を与えている。この転回は『存在と時間』の立脚点の変更ではなく、転回においてはじめて、試みられた思索はそこから『存在と時間』が経験され、それも存在忘却の根本経験のうちで経験される次元の所在へと達するのである。（WM, 327f.）

引用冒頭の「主観性を放棄していくこの別の思索」とは『存在と時間』で試みられた実存論的分析論にあたり、それがここでは「存在理解」や「企投」を何か主観的な表象作用とみなす当時の誤解に対して鋭く区別されている。だがこうした誤解を生んだ責任の一端をハイデッガーは自身のうちに認め、なかでも第一部第三編「時間と存在」の発表が「差し控えられたこと」をその要因として挙げている。われわれは以前、この第三編の主題である「テンポラリテートの分析論（存在のテンポラールな仕上げ）」のなかに『存在と時間』構想の転回を確認したのだが（本書第三章第四節参照）、ハイデッガー自身ここで、まさしくこの第三編において「全体が反転する」と述べ、「転回」について触れている。[11]

転回に関してはさらにここで、『真理の本質について』が指示されているが、転回を考えるうえでこの論考が重要な示唆を与えていることはすでに見たとおりである。もう一度確認しておくと、そこで転回は真理の本質から本質の真理（存在の真理）への、したがって隠れなさから隠れへの問いの変容を意味した。転回を通じて思索が「存在忘却の根本経験」の「次元」へ導かれるとここで言われていることも、存在忘却は隠れの根本動向（秘密の拒絶）に由来するから、同じ「転回」が想定されていることの傍証となる。加えて、付会の謗りを承知で言えば、転回が「存在と時間」から「時間と存在」への転換と言われるのは、存在の問いがテンポラリテートの問題系を手引きにして、存在論の歴史を解体しつつ、神話という太古の「原‐時間（Ur-zeit）」へ向かい、そこから存在の真理の「先‐史的」な根本生起（存在の歴史）のなかで再び捉え返される、といった本書でこれまで見てきた思索の歩みを暗示していると言えなくもない。わかりやすく言うと、いったん時間へ還元された存在（テンポラリテート）は、転回の徹底化を通じて、今や隠れの歴史（存在の歴史）として立ち現れるのである。それはちょうど現存在分析において、時間性に引き戻された現存在の存在（慮り）が、反復を通じて、歴史性のなかで再び取り返されたこととパラレルな関係にあるだろう。[12]

ところで、『存在と時間』構想は「現存在の形而上学」と呼ばれ、その中核を担うのは現存在の「超越」という超越論的な動性であり、この超越において転回は遂行され、形而上学はその存在論‐神学体制のうちで統一的に基礎づけられるとわれわれは見ていた（第三章第四節参照）。このような試みは、まさに「形而上学の形而上学」あるいは「メタ形而上学」と言えるものだが、先の引用においてハイデッガーは、第三編が公表されなかった理由として、転回を語る際にまさしく「形而上学の言葉の助けをもってしては切り抜けられなかった」ことを挙げ、その直前には、「思索がこの転回の十分な言のなかではうまくいかなかった」とも証言している。これまでの考察にしたがえば、この発言はもはや木田のように「後から付けた言いわけではないか[13]」などとは言えない。「転回の十分な言」とは転回を語るにふさわしい言葉のことであり、それは隠れの根本経験、隠れの現れを語りうるに適した言葉、つまるところ、「隠れを拒絶しない」と同時に「隠れに拒絶されない」ほどに強靭かつ柔軟にして自由な放下の言葉である。けれどもそうした十分な言葉のなかで「思索がうまくいかなかった（versagte）」と言われる以上、この「思索」、すなわち『存在と時間』構想を特徴づけた現存在の形而上学は、ここでは明らかに隠れに拒絶される（sich versagt）思索とみなされている、と言わなければならない。要するにハイデッガーは、現存在の形而上学という試みそのものが、転回について十分な仕方で語るにはいまだ未熟であった、と反省しているのである。

(2) 不安における無の拒絶的指示 —— 存在の真理の先駆形態

では『存在と時間』構想のどこに問題があったのか。ハイデッガー自身はそれを『ヒューマニズムについて』のなかでは、『存在と時間』が採用した超越論的な問題設定のうちに求めている（vgl. WM, 322, 337, 357）。だが、こうした問題設定がとられたのはもともと、問われるべき「存在」があらゆる存在者に対する「端的な超越者」として最初に規定されたからであった（vgl. SZ, 38）。存在理解や存在と存在者の区別（存在論的差異）、そもそも存在の問い自身が現存在の「超越」のなかに見出されたのも、もとをたどれば全てこの端緒の規定に由来する。要諦を確認しておくと、現存在の超越は無の経験とともに全体としての存在者そのものを隠れなくあるがままにし、そこから「直列に接続した」仕方で、存在一般の概念が超越論的な地平的図式を通じて、そのテンポラールな存在のイデー（形像）をアプリオリに獲得するのであった[14]。しかしながら他方で、われわれが前章で見たように、転回が隠れの根本経験、隠れそのものの現れへと導く以上、転回を担う超越にはすでに存在の隠れについても何らかの仕方で予感されていたはずである。そしてそこにこそ、超越論的な問題設定が未熟である理由もまた存していると思われる。それを探るためにここで『形而上学とは何か』において、全体としての存在者そのものが不安のなかで開示される無の経験の場面に今一度注目したい。ハイデッガーはこう述べていた。

> 不安には〈〜に面して退却する〉ということが存しているが、もちろんそれはもはやいかなる逃避でもなく、ある魅せられた安らぎである。この〈〜に面して退く〉ことはその出発点を無にもつ。この無はそれ自身へと引き寄せるのではなく、本質的に拒む。だがそれ自身から拒むことはそのものとして、沈みゆく全体としての存在者へと滑落させつつ指示することである。(WM, 114)

不安において全体としての存在者そのものは「滑落」という仕方で開示される。この事態は「無の無化」と言われ、ハイデッガーはそこに現存在の超越を指摘していた。この超越のなかで「存在」が開示されるため、われわれの注意はおのずと、全体としての存在者そのものの開示からどのようにして存在そのものへと至るのかに向けられた(本書第三章第四節参照)。だが改めてこの引用を読むと、現存在の超越だけでは汲み尽されない現象も、予感的にではあるが、たしかに語られている。

まず注目すべきは「滑落させつつ指示する」という無の働き方である。この使役動詞を強くとれば、不安における異様な現象はすべてこの無の働き・無化によって生起した、と言うことができる。現存在を不安がらせるのも、世界を無意義にするのも、全体としての存在者が滑落しつつ赤裸々に現れるのも、さらには現存在が超越するのも、厳密には現存在を超越させるのも、そして存在一般のイデーを見させるのも、全てこの無化のお陰ということになる。そうすると次に問うべきは、このときの無の現れ方・無化の仕方であろう。ハイデッガーはそれを、「それ自身から拒むこと(Abweisung von sich)」と表現している。無が現存在を寄せつけず「それ自身から拒むこと」、つまり現存在に対してそれ自身を示さない・現れないからこそ、無はまた「無それ自身ではない(das Nichts selbst nichtet)」という仕方で、逆に全体としての存在者を現存在に対して「指示する(verweisen)」ことができる。このように、それ自身は現れずに隠れていながらそれでいて指示することこそが、無の無化という現象の独特な現れ方なのである。現存在は無のこうした拒絶的な指示により、無から全体としての存在者そのものへと「退却」しつつ、そこで「安らぎ」を得ている。不安を特徴づける「魅せられた安らぎ」は、無の拒絶的な経験に由来するのである。

だがこうした無の無化の経験は、日常的には「偽装」されており、決して世人に「知られることはない」(ibid.)と言われる。つまり無がそれ自身を拒み、隠れつつ指示するというこの異様な現象自体が、日常性には徹頭徹尾閉ざされているのである。それはまさしく、秘密の拒絶・忘却という先に見た存在の真理の根本動向と重なるものである。[15] 現にハイデッガーはこの箇所でも、無の無化を存在の本質に属するものと見ている(ibid., 115, 120)。だとすると、無の無化は存在一般のイデーよりも一層根源的な存在の根本現象と言わざるをえず、いやむしろ後者は前者の拒み方のひとつの現れ方・射影とすら言えるだろう。「不安の無の明るい夜」(ibid., 114)という有名な言い回しは、はからずもこの事態を絶妙に言い当てている。ここから見れば、存在のイデーとは決して太陽光のような明るみのなかで見られているのではなく、むしろ無の隠れを後景としたいわば「闇の輝き」のなかで、そのくっきりとした輪郭を描かれていることがわかる。

ここで看過すべきでない重要な点は、たしかに現存在の超越も無に拒絶されてはいるものの、日常性のようにこの拒絶自体が隠蔽されているわけではない、ということである。超越する現存在は無の拒絶に気づき、そこから退却するなかで、隠れの根本動向をたしかに目に留めている。ハイデッガーの「無はそれ自身から拒む」という発言自体がその動かぬ証拠である。そうすると当然、存在の本質にこのような無の動向が属する以上、存在の探究はこの注目に値する現象の解明に向かわなければならない。それにも拘らず、無の無化・隠れそのものは超越の行使する暴力に対してどこまでもそれ自身を拒み続ける。なぜなら、超越の本質が隠れの暴露・除去である限り、隈なく照らし出された超越論的な地平の明るみのうちには、原則的に言って、隠れが隠れとして現れうる余地はどこにも無いからである。影は光に照らされた瞬間、その身を引く。その意味で、超越における隠れの暴露と無の拒絶とは互いに相容れない表裏の関係にあると言えるだろう。それでも無は超越において、まさしく拒絶という仕方で、しかも超越それ自身を生起せしめる有限な「根拠」として、現存在を「圧迫」し、「現存在の周りに押しかける」ことを止めない（ibid., 114）。無は超越にとって決して暴露し超克することのできない、超越それ自身の「深淵」にあたり、超越論的地平のいわば縁暈に現れ続けるのである（ibid., 118ff., 174）。不安に襲われた現存在が「いかなる支えもなく」、宙づり状態のまま「浮動」せざるをえないと言われるのは、こうした無の立続けの圧迫のためである（ibid., 112）。

このように無の拒絶現象を語る『形而上学とは何か』のハイデッガーは、間違いなく、存在の真理が生起する現場に居合わせている。だがこのときの彼の思索は超越論的な視座に定位しており、いきおい、存在のイデーの明るみへと向かわざるをえなかった。しかしそれは決して彼の誤りや不注意などではなく、むしろ無の拒絶の経験があまりにも強烈であったからであり、そのためかえって、全体としての存在者そのものの隠れなさが逆照射的に際立ち、そこへ行く（退却する）よう無の経験自身に強いられたのだ、と考えることもできる。だがそれにより、どこまでも隠れに拒絶されたままの超越、およびそれに基づいて整備された超越論的な問題設定においては、隠れそのものの現れを語ること、われわれが「隠れの現象学」と呼んだよりラディカルな存在の思索を十全に展開することは原理的に閉ざされてしまう。なぜなら何度も見たように、隠れそのものの拒絶されない現れ方とは、超越が開く光のアプリオリな地平のうちには決して入ってこないより始源的な経験であり、他ならぬ全体としての存在者そのものの隠れの根本経験、すなわち隠れの現れを意味するからである。そしてそれこそが転回の導く存在の真理の根本生起であった。

したがって、転回はたしかに超越においてはじめて生起しうるが、その完遂は超越には徹底的に拒まれている、と結論づけざるをえないだろう。われわれはここに、『存在と時間』構想が本質的に直面した、方法論上の限界と挫折を見て取る。前章で示唆したように、洞窟の比喩で語られた哲学者の本来的な死と無力化をここに重ねて理解することも、あるいは許されるかもしれない[16]。存在の真理とは、「超越」において概念把握されうる端的な超越者・存在のイデーである以前に、形而上学の根底への「下降」のなかではじめて生起しうる、隠れそのものの現出の直接経験なのである。それは一切の哲学・形而上学に先立って先-史的に本質現成すると同時に、それらを将来に渡って支配し抜く根源的な始源に他ならない[17]。超越する現存在の目にはわずかに深淵に映ったこの始源が、自らの死と敗北を経験しつつ完遂される哲学者の本来的な自由のなかで、すなわち、隠れに拒絶されない柔軟さの放下のなかで、ようやくそのあるがままの姿を露わにするのである。

第三節　存在の守人

ハイデッガーは、存在の真理という思索の事柄へ突入した自身の歩みを振り返って、『存在と時間』構想の「挫折」(WM, 343) を示唆している。だがそれは存在の思索にとってなんら消極的なものではなく、逆に、「この挫折する思索がある人間にうまくいくとき、いかなる不幸も生起しないだろう。彼には存在から思索に到来しうるような唯一的な贈り物が生じよう」(ibid.) と、まるで開き直っている。存在を問い求める思索にとって、超越論的な方法の挫折はたしかに不可避であった。だがそのなかで存在の真理がより根源的な現象として「贈られる」のであれば、挫折はむしろ思索が「幸運にもうまくいっている (glücken)」ことの証左であり、喜びこそすれ、決して嘆くものではない。挫折や失敗を嘆いたり、咎めたりすることは、唯一の課題に真剣に向き合っていると自負する思索にとってみれば、どうでもよいことなのだろう。存在の思索はこのいわば幸運な挫折の経験を通じて、超越論的な問題設定を突破し、ようやく始源への適切な帰路についたのである。形而上学の基礎づけを目指した始源への歩みは今や、当初の超越論的‐形而上学的な対決姿勢を解除した、本来的な自由の完遂としての放下へと達している。

ハイデッガーはこの決定的な一歩とともに、いわゆる「形而上学の超克[18]」という思索のモチーフを語りはじめる(ibid., 202)。だがそれは単に従来の形而上学批判にのみ終始したものではない。先に「形而上学の言葉の助けをもってしては切り抜けられなかった」と述懐されていたように、そこには、『真理の本質について』で語られた「脱‐存的な現‐存在」を、かつての超越論的‐形而上学的な「現存在の超越」とは「別の根拠」として捉え返すことで、転回の遂行を「存在への連関の変様」として一層堅固なものにしようとする、ハイデッガー自身の自己批判的な狙いがあったと思われる(vgl. ibid.)。『ヒューマニズムについて』のなかで語られた以下の一節は、そのことを十分に裏づけてくれる。

思索が形而上学を超克するのは、思索が形而上学をより高く登りつつ乗り越えてどこかへ棄却することによってではなく、思索が最も近いものの近さへと下り帰ることにおいてである。下降はとりわけ、人間が主観性へと登りすぎて道に迷ってしまったところでは、上昇よりも困難であり危険である。下降は人間的な人間の脱‐存の貧しさへと導く。脱‐存において形而上学の動物的な人間の領域は放棄される。(WM, 352)

おそらくハイデッガーはこの発言をする際、洞窟の比喩を念頭に置いているのだろう[19]。比喩解釈を検討したわれわれにとって、ここで言われている「上昇」と「下降」の動性はそれぞれ洞窟外への解放と洞窟内への帰還を連想させるものである。ここでは形而上学を超克する思索が下降に配置されているが、この発言の直後にもやはりこの同じ思索が「存在の真理の思索」(ibid.)と言い換えられている。ハイデッガーはそれを行う人間の本来性、つまり形而上学の「理性的動物」と区別された「人間的な人間」のあり方を、「存在の真理に仕える人間性」と言う(ibid.)。それは先ほどの引用で「脱-存の貧しさ」と呼ばれているものに相当するが、これらの表現にはもはや隠れを除去せんと意気込む、形而上学的な対決色は見受けられない。むしろ人間の歴史全体を支配する始源的な存在の真理の動向に、どこまでも付き従おうとする思索の従順さすら感じられる。われわれはこのような思索の態度をすでに、隠れの支配への承服としての〈あるがままにすること〉のうちに見ていた。

それゆえこの思索に関してさらに、「存在への聴従」(ibid., 316)とか「存在の呼び求め」あるいは「存在の呼声」への「応答」などと言われたとしても(ibid., 313, 342)、もはやそれほど驚きはしない。むしろこれら聴従や応答こそ、「存在を —— あるがままにする」(ibid., 358)ように、存在それ自身から命じられた放下の思索の責務とすら言えるだろう[20]。ハイデッガーは『形而上学とは何か』の「後書き」(一九四三年)のなかでも、存在の真理に適した思索を「長く苦しい省慮の放下」(WM, 305)と呼び、そこでの「本質的な不安への明瞭な勇気が、存在の経験の秘密に満ちた可能性を保証する」(ibid., 307)と述べている。そして存在の秘密へと方向づけられた不安のこの「気分(Stimmung)」が同様に「存在の声(Stimme)」による「気分づけ(Stimmen)」に由来すると言われ(ibid.)、不安が以前よりも一層根源的な次元から捉え返されていることがわかる。不安はここではもはや超越論的地平への視線の目覚めではなく、存在それ自身の呼び求めを聴き、真っ先に反応して予示する、いわば存在現出の「徴候」とでも呼ぶべき役割を担っている[21]。

ハイデッガーは不安に関してさらに「不安の近くには物怖じが住んでいる」と述べ、この「物怖じ(Sheu)[22]」なる気分が人間をして、存在がそこへと呼び戻す「かの所在(Ortschaft)」に導くとも言う(ibid.)。この「所在」

はまた、無を耐え抜く「不安への勇気（Mut）」や「脱-存の貧しさ（Armut）」がはじめて開示する、「存在のほとんど未踏の空間」（ibid., 308）であるとも言われる。そうするとこの「所在」あるいは「未踏空間」を明らかにすることが、このような「存在が人間を存在の真理のために呼び求めへ取り込む」（ibid., 311）という一見異様とも思える事態を見定めるための鍵となろう。しかしこの場合、「存在の真理のために」とは一体何を意味するのか。ハイデッガーの答えは明快である。「存在の真理のために」とは単純に、「存在の真理を守ること（die Wahrung der Wahrheit）」であり、そのために存在は思索を呼び求め、自身を委ね渡すのである。「感謝」あるいは「恩恵」とも呼ばれるこうした「存在からの連関」、Es gibt という慣用句に読み込まれる存在の「贈与」に対して、思索者はその真理をあるがままに見守る「守人（Wahrnis）」や「番人」ないしは「牧人」という使命を帯びる（ibid., 310, 313, 333f., 342f.）。

以上のような洞察に基づいて、ハイデッガーは周知のように、「言葉」を存在が人間へと到来し滞在するための「家」とみなし、この「言葉の家」に人間も住むことで、存在に聴従しその近くで見守ることができると主張する（ibid., 313, 333）。だとすれば、言葉が存在の家として建つのにふさわしい場所こそ、要するに、存在が到来するのに適した領域こそ「かの所在」ということになろう。ハイデッガーはそれを「存在の空け透き（Lichtung）」とも呼ぶが、それは既述した脱-存的な現-存在、つまり人間を所有し支配する自由の現場・開けの別名に他ならない。しかしこの「空け透き」は、従来の暴力的-暴露的な形而上学が超越論的に開く光の地平には全く拒まれているため、「存在の真理のいまだ経験されていない領域」（WM, 194）であり、今もって「存在のほとんど未踏の空間」のままに留まっている。

この未踏の領域に踏み込んだ思索にとって、存在理解・企投とはもはや、存在の秘密に拒絶されたままの超越・超投ではなく、それ以前にそもそも「存在の空け透きへの脱自的連関」（WM, 327）と言い直される。「脱自的連関」とはこの場合、存在の呼び求めを聴きつつ応答することを意味し、つまりは放下の思索としての〈あるがままにすること〉にあたる。ハイデッガーはさらにこの企投の向かう先、もはや超越論的地平ではない空け透き・現‐存在のことを、「存在が投げること」において「投げられたもの」と呼ぶ（ibid.）。「投げられたもの」のあり方は被投性であるから、現‐存在の被投性はここで、存在それ自身によって投げられていることとして、よりラディカルに捉え返されていると言えよう。『存在と時間』以来長らく不明だった被投性の投げる「主体」は今や、存在それ自身として露わになっている。そして、存在のこの「投げ」が「贈与（Es gibt）」の現場となる空け透きをいわば「投げ開く」以上、ここでは『存在と時間』のテーゼとは逆に、被投性が企投に対して優位を占めていると言わねばならない。もちろんわれわれはこのような被投性の優位のうちに、転回の徹底化における企投から被投性への重心移動を指摘することができる。だが「被投性」といっても、ここではもはや人間のあり方である以上に、存在それ自身の本質現成する現場、言うなれば「存在の現」としての現‐存在である。人間が存在の「牧人（Hirt）」とあえて呼ばれるのは、人間がもはや万物の「霊長・主人（Herr）」の地位におらず、歴史的世界を動かす主導権が、存在それ自身の投げ方に委ねられていることを強調するためであろう（vgl. ibid., 342）。このような洞察は結局、転回の思索そのものが、存在の呼び求めに対する歴史的な応答に他ならない、というハイデッガー自身の確信に基づいたものである。

*

ところで、本章で見てきたような存在の呼声に対する人間の聴従的な態度は、前章で扱った神的な自然（ピュシス）の超力に対する人間の無力さを彷彿とさせる。そもそも存在の真理とは隠れの現れであり、それは神的な自然の根本動向でもあった。ここで語られている存在の呼び求めという現象も、現存在を被投性において気分づけつつ「自らを告げる（sich bekundet）」と言われた神的な自然の現出様態に通じるものである。加えて、神話的世界観を背景にした神的な自然は、存在の真理同様、哲学の超克しえない始源に位置した。そうであるなら、超越論的 - 形而上学的な地平を突破することではじめて開けた上述のような思索領野においても、これまで見てきた神話や自然の問題は何らかの仕方でなお息づいているのではないだろうか。いやむしろこれらの問題こそが、「形而上学の超克」をめぐる諸課題、つまり形而上学の言葉とは異なる「転回の十分な言」を模索し、存在の真理が宿るにふさわしい「言葉の家」を建築するうえで、改めて重要になってくるとは考えられないか。だとすれば、そのとき『存在と時間』構想はどうなるか。

われわれはこれらの問題を念頭に置きつつ、終章である第七章では、一九三〇年代中盤から一九四〇年代初頭にかけてなされた一連のヘルダーリン解釈を取り上げることにする。なぜなら、そこにこそ形而上学の超克に定位して、まさしくより始源的に捉え直された『存在と時間』構想の別様な姿が、神話や神的な自然あるいは存在の真理との連関のなかで、また自己や他者、時間性や超越の問題を踏まえながら、具体的に展開されていると思われるからである。

注

（1）辻村は「開立性（Offenständigkeit）」という語の ständig に注目し、このあり方を人間が「開け」としての世界の「内に立ち続けつつ〔……〕空け開かれてある」ことと解釈している（辻村公一『ハイデッガーの思索』創文社、一九九一年、二二一頁参照）。だがこの ständig には、「立ち続け」という場所的な側面とともに、後に触れるように歴史的なものも指摘されているわけだから、本書第一章で注目した「立て続け」という時間的な側面も見出しうると思われる。ständig に関しては本書第一章注（5）も参照。

（2）辻村もここでの「自由」を「以前にハイデッガーに依って『超越』と名づけられたことと同じ」と解釈している（辻村、前掲書、二二二頁）。

（3）「自由の人間所有」というこの異様な思想は、シェリングの自由論を扱った一九三六年夏学期講義でも語られている（vgl. Schel, 11）。

（4）『存在と時間』においても「非真理（隠れ）」は日常性を特徴づけるものであったが、それはもっぱら本来性の隠蔽・頽落を意味し、「真理（隠れなさ）」へと暴露・除去されるべき非本来的なものとみなされていた。だがここでは、非真理がむしろ暴露しえない存在それ自身の本来的動向として捉えられている。この点に注目したブラッサーは、『存在と時間』における「真理」を「隠れの除去」の意味で「欠如的真理（die privative Wahrheit）」と捉え、他方『真理の本質について』における「真理」を「隠れの保護」の意味で「保守的真理（die konservative Wahrheit）」と呼び、「隠れ」をめぐって両真理概念の間に変容があると指摘している（vgl. Martin Brasser, *Wahrheit und Verborgenheit*, Königshausen & Neiman, Würzbug, 1997, S. 13）。

（5）ハイデッガーは一貫して弁証法を批判している。とりわけ晩年には、ヘーゲルの「根本の立場（キリスト教的－神学的形而上学）」を放棄した「マルクス主義的弁証法」のことを「今なお空虚に回転している製粉機にすぎない」と揶揄したうえで、「弁証法は問いなきものの独裁である。その網にかかればいかなる問いも窒息する」と断じている（GA13, 212）。

（6）こうした隠れ・秘密とのかかわり方に関してケッテリングは、「秘密を秘密として経験すること、すなわちだがその秘密性のなかで謎を解かないこと」と述べ、逆に全体としての存在者を隠す秘密が「むしろ個々の存在者への開立的なかかわりをはじめて授ける」と指摘している（vgl. Emil Kettering, *NÄHE. Das Denken Martin Heideggers*, Günter Neske, Pfullingen, 1987, S. 361 川原栄峰監訳『近さ　ハイデッガーの思惟』理想社、一九八九年、三七三頁以下参照）。この解釈は鋭いものだが、しかしなぜ秘密が個々の存在者とのかかわりを「授ける」のかを彼は明らかにしていない。秘密が日常的なかかわりを何か神秘的に「授ける」のではなく、むしろ秘密の隠れそのものがすでに本来的な意味での日常性なのである。こうした本来的な隠れ・非真理の視点から『存在と時間』でなされた日常性分析を捉え返すことも可能であると思われるが、ここでは割愛する。

（7）リーは、ハイデッガーの「自由」概念が、実存の「存在可能」から、「超越」を経て、存在の真理における「あるがままにすること」へと変遷していく過程をたどり、そこに「彼の思索の歩みの転回」を指摘している（vgl. Yu-Taek Lee, *Vom Seinkönnen zum Seinlassen. Heideggers Denken der Freiheit*, Ergon Verlag, Würzburg, 2000, S. 11ff., 177 Anm. 275）。

（8）辻村は隠れの「秘密（Geheimnis）」を存在からの「指令（Geheiß）」と解釈することで、Geheimnisという語を「密令」と意訳している（辻村、前掲書、二二七頁以下参照）。ここでの解釈は辻村の見解に負うところが大きい。なお辻村は同じ箇いたことを考えると、この指摘は興味深い。

（9）ハイデッガーは日常性に象徴されるこうした「秘密からの離反」を、①あれこれの存在者に「固執すること（in-sistieren）」、②秘密を素通りし慣行のものに漂流する「迷い（Irre）」、③この迷いの歴史的な支配形態である「迷妄（Irrtum）」の三点から分析している（vgl. WM, 196ff.）。だがこれらのあり方も、人間の頽落的な非本来性である以前に、根本的には「秘密の拒絶」という存在の真理の動向に由来するものである。

（10）〈あるがままにする〉という日本語の「まま（儘）」について、日本語源学者の賀茂は、「真々なり。其儘はその物のその真々なり」と見ている（賀茂百樹『日本語源　下巻』名著普及会、一九八七年、二八一頁参照）。

（11）この発言は講義を除けば、いわゆる「転回」が公にされたはじめてのものである。周知のようにこの転回問題をめぐって従来さまざまな解釈が提出されてきたわけだが、『存在と時間』公刊を前後する講義録が出揃いつつある現在、われわれが見てきた諸問題（形而上学の基礎づけ、メタ存在論、神話、自然、存在の真理など）を抜きにして転回を論じることはもはや不可能であると思われる。ハイデッガー自身転回を、「前期と後期を区別する徴表」であるとか、「立場の変更」、いわんや「『存在と時間』の問題設定の放棄」などと考えたことは一度としてない（vgl. GA11, 149）。転回とはハイデッガーにとって、いわゆる「思索の転回」ではなく、どこまでも『存在と時間』構想そのものにかかわる思索の事柄なのである。この点に限定して言えば、転回を『存在と時間』の「第一部第三編の間」に見るのか（vgl. Winfried Franzen, *Von der Existenzialontologie zur Geschichte des Seins*, Hain Verlag, Bodenheim, 1997, 1. Aufl., 1975, S. 219 Anm. 178）、はたまた「第一部と第二部の間」に見るのか（vgl. Otto Pöggeler, *Philosophie und Politik bei Heidegger*, Karl Alber, Freiburg/München, 1974, 1. Aufl., 1972, S. 139）で論者の見解は分かれている。だが『存在と時間』の未公刊部分の構成をめぐってこのどちらが正しいのかを判定することよりも、「転回の思索」と言われている以上、ハイデッガーは『存在と時間』を公刊して以降、少なくとも第一部第三編に取り組みはじめてからずっと、転回の途上を歩みその直中で転回それ自身を思索し続けているわけであり、この事実自体が転回問題を考察する際にははるかに重要であると思われる。実際『存在と時間』で試みられた思索は、転回が向かう「存在の真理」への「途上にある」と『形而上学とは何か』の「導入」（一九四九年）では明言されている（vgl. WM, 372）。これに関しては晩年のゼミナール（一九六九年）での以下の発言も参照。「それ〔現存在〕が存在の真理のために〔『存在と時間』での〕存在の意味という語を断念することによって『存在と時間』から生じた思索は以降、存在の開性に直面した現存在の開性よりも存在それ自身の開性を強調するようになる。／それは『転回』を意味し、そのなかで思索はますます決定的に存在としての存在に向かうのである」（GA15, 345）。ついでに付言すると、今日でもしばしば見受けられる「転回以前／以後」といった研究上のテクニカルな区分も、あるいは「転回」についての年代記的な確定作業も、文献学的・

思想形成史的な分類・整理には何ほどか役立つかもしれないが、「転回の思索」という事柄そのものに近づくためには、あまり適したものではないように思われる。

(12)『ヒューマニズムについて』のなかでは、「存在の歴運」を思索するために『存在と時間』において「現存在の歴史性」が経験されたと言われている(vgl. WM, 336)。

(13) 木田元『ハイデガー『存在と時間』の構築』岩波現代文庫、二〇〇〇年、二四頁。

(14) 一九二七年夏学期講義には「テンポラールな企投が存在の対象化を可能にし、概念把握可能性を確保する」(GA24, 459f.)という問題的な発言が見られ、超越論的な地平的図式を通じて概念把握されうる「存在のイデー」には、いまだ近代的な主観性に相関する対象性・客観性の残滓がつきまとっていることがうかがえる(vgl. auch ibid., 463f.)。なお一九三五年夏学期講義『形而上学入門』では、超越における存在者から存在への「直列に接続した」問いの連動、すなわち「存在そのものへの問いを単に存在者そのものへの問いの機械的な反復と受け取る」ような「超越論的な問い」の展開によって、「事柄そのものに即した展開への道がこの〔存在の〕問いから閉ざされる」と言われ、その理由が「存在者そのものへの形而上学的な問いの意味での『存在の問い』は、まさしく主題的に存在を問うことがないからである。存在は忘却されている」ことに求められている(GA40, 20f.)。この発言が他ならぬ『存在と時間』構想に向けられていることは、前後の文脈からも明らかである。さらに『哲学への寄与論考』(一九三六―三八年)においても、超越論的な問題設定による「存在の対象化」が「存在の問いの危機」と言われ、それを回避するために「『テンポラールな』解釈を差し控えること」が必要であり、同時にこの差し控えによって「存在の真理」を問うことが可能になった、と指摘されている(GA65, 451)。

(15) 実際ハイデッガーは、無のうちに保たれた現存在の「最も独自で深い有限性」、つまり無とのかかわりそのものが、「われわれの自由に対して拒絶される(sich versagt 自らを拒絶する)」(WM, 118)と述べており、言葉の上からも、ここでの無の現われ方は「秘密の拒絶」の先駆形態と見てよいだろう。なお一九二九/三〇年冬学期講義では「退屈」において「全体としての存在者が拒絶される」という事態も語られている(vgl. GA29/30, 215)。

(16) ハイデッガーは後年、『真理の本質について』が最初に講演された「一九三〇年」という年を、つまり「哲学者の死」にはじめて注目した前年にあたるこの年を、自身の思索にとって決定的な年であったと回顧している(vgl. NI, Vorwort; SD, 61)。とりわけ晩年の講演『哲学の終わりと思索の課題』(一九六四年)の冒頭では、「『存在と時間』の問題設定をより始源的に形成することは、一九三〇年以来繰り返し企てられた試みである。このことは『存在と時間』における問いの端緒を内在的な批判にかけることを意味する」(SD, 61)と言われている。「『存在と時間』の問題設定をより始源的に形成すること」とは超越論的な問題設定をよりラディカルに見直す作業を意味し、それが「問いの端緒を内在的な批判にかけること」、つまり存在が「端的な超越者」と最初に設定されたことの自己批判へとつながるのである。これに関しては次章で改めて論じる。

(17) それゆえハイデッガーが形而上学の本質を「ニヒリズム」と言うとき、それは存在の真理が「拒絶される／それ自身を拒絶する」こと、つまりは「存在忘却」という存在の歴史的動向（歴運）が踏まえられている（vgl. HW, 263ff.）。ハイデッガーによれば、ニーチェといえどもこのニヒリズムの「本質（現成）」からは閉ざされている（ibid.）。

(18) 「形而上学の超克」というこの課題は一九三〇年代後半の一連のニーチェへの取り組みのなかで錬成されていく。この問題について本書では扱えなかったが、ハイデッガーの形而上学の問題を考察する上ではもちろん不可避なものである。他日を期したい。

(19) 「洞窟の比喩」解釈の決定版とも言える論考『真理についてプラトンの教説』が後にこの発言を含む『ヒューマニズムについて』と併せて一九四七年に単行書として公刊されたことは、このことのひとつの傍証となりうる（vgl. WM, 483）。また「洞窟の比喩」を扱った一九三一／三二年冬学期講義において隠れの根本経験への「帰還」を説く箇所ではまさしく「形而上学の超克」に関する以下の補足が付け加えられている（GA34, 15 Anm. 6）。「存在の問いは曖昧である。必要とされる第一のものは形而上学の超克への進入であり、形而上学の完成はあらかじめ経験されていなければならない〔……〕」（ibid., 324）。ハイデッガーが始源的な隠れの経験と形而上学の超克を連関づけていたことは明らかである。

(20) このような「本質的」な思索、すなわち存在の「本質現成」に由来し呼応する放下のうちにハイデッガーはいわゆる「存在の性起（Ereignis）」を見出している（vgl. WM, 308ff.）。

(21) すでに『形而上学とは何か』でも「滑落」について語られる直前の箇所で、「無の呼び求め」（WM, 113）という言い方が見られるが、それは不安のなかで発せられる「存在の呼び求め」の先駆形態にあたるものと考えられる。

(22) 「物怖じ」とはヘルダーリンの讃歌『回想』の一節「多くの者が／源泉へ行くことに対し物怖じする」（V. 38f.）からとられたものである。これに関しては次章で論じる。

第七章　詩作——始源への歩み（2）

転回の途上にあるハイデッガーの思索には、存在の呼声に対する適切な応答が求められている。その応答は「存在の家」とみなされた言葉のうちでなされなければならないが、存在の真理を語ることはもはや形而上学には拒まれているため、形而上学とは別の言葉が必要となる。ハイデッガーの思索には今や、形而上学とは別様に思索すること、つまり形而上学の超克が求められるのである。

この課題に取り組むためにハイデッガーは詩人ヘルダーリンに注目する。なぜならハイデッガーによれば、彼の詩作は「全ての形而上学の超克の前触れ」(GA52, 143) であり、形而上学とは「別様に存在を思索している」(ibid., 102) ためである。詩作の重要性についてはすでに『存在と時間』公刊前後の講義でも、[1] あるいは一九三〇年代前半の講義においてもときおり指摘されている。[2] しかしながらそれらはいまだ、形而上学の超克を視野に入れたものではないし、いわんやヘルダーリンに関するものでもない。この観点から思索と詩作との連関が明確に語られるのは、最後のヘルダーリン講義の翌年に公表された、『形而上学とは何か』の「後書き」（一九四三年）においてである。ハイデッガーはそこで形而上学の超克を念頭におきつつ、「詩作の名指し」が存在の思索と「等しき由来」をもち、「思索者は存在を思索し、詩人は聖なるものを名指す」(WM, 312) と述べている。『ヒューマニズムについて』(一九四七年) によればこの「聖なるもの」とは、そのなかで「神と神々」の出現や拒絶、到来や逃亡といった神的な動向全てが決定される「神性の本質空間」であり、それが開かれるためにはあらかじめ存在の真理の経験が必要とされる (vgl. WM, 338f., 351)。詩作の名指しが存在の思索と「等しき由来」をもつと言われるのはそのためである。[3] ハイデッガーにとってヘルダーリンは、存在の真理を逸早く経験し、それを形而上学とは別の言葉にもたらしたいわば「先達」にあたり、その限りにおいて、彼の詩作は同じく存在の真理を思索し、それを語るにふさわしい言葉を模索するうえで重要な参照軸となりうる、と思われたのであろう。

だがそれは単に表面的な言葉の問題にのみ留まりはしない。詩作の名指すものが「聖なるもの」とか「神性の本質空間」と言われる以上、詩作の向かう事柄はまさしく、われわれが『存在と時間』構想の最終局面に見出した、神話や神的な自然に通じるものでもある。事実「聖なるもの」は神話問題のなかでも繰り返し言及されており[4]、また神的な自然は「畔道に咲く花」とか「谷間の泉」など、そのなかにヘルダーリンが位置づけられることもある「ロマン主義的」な表現のうちに早くから見出されていた。[5] ヘルダーリンへの接近は何か偶然の思いつきでなされたのではなく[6]、『存在と時間』構想の本質と限界からくる、思索の事柄上の必然性から要請されたのである。そうであるならハイデッガーのヘルダーリン読解のうちには、神話や自然、存在の真理だけでなく、さらには自己や他者、超越など本書で取り上げてきた『存在と時間』構想を構成する諸問題の全てが引き継がれ、さらなる展開を遂げていることが予想される。そしてその試みが形而上学の超克へと定位したものである以上、そこにはまた『存在と時間』構想そのものの方法論的な挫折が導く、思索の新たな領域が開かれているはずである。

本章では、以上の論点を念頭に置きつつ、本書全体の締め括りとこの新たな思想領域の究明を目指し、ハイデッガーのヘルダーリン読解に取り組む。だがハイデッガーの読解は —— それは詩作解釈一般に言えることでもあるが —— 繰り返しが多く、議論が前後することも頻繁に見られ、必ずしも理路整然と秩序立ったものではない。そこに詩作の解釈を追跡することの難しさがある。したがってわれわれは、ハイデッガーが問題にする事柄の追究を最優先課題とし、解釈の順序やテキストの書かれた年代順などにはそれほど神経質にならず、むしろ問題となる事柄そのものにより強く促される仕方で、比較的自由に考察を進めていくことにする。考察の手順としては、まず詩作の本質を「存在の建立」に見るハイデッガーの規定を確認し（第一節）、次に「聖なる自然」を詩作するヘルダーリン自身の立場を問題にすることで（第二節）、ギリシアとドイツの根源的な関係における存在の真理の現れ方に注目する（第三節）。そこからヘルダーリンの根本語である「親密性」のうちに「別の始源への移行」を読み取ろうとする、ハイデッガーの独自な解釈を見届け（第四節）、最後に、哲学・形而上学の「最初の始源」に見出された思索の事柄が「別の始源」に向けて捉え返されていくなかで、『存在と時間』構想自体がより始源的に再設定されていく道程を浮かび上がらせようと思う（第五節）。

第一節　詩作の本質 —— 存在の建立

ハイデッガーによれば、ヘルダーリンを他の詩人と決定的に分かつ卓抜さは、彼の詩作が本質的に「詩作の詩作」であり、したがって彼が「詩人の詩人」である点に存している。ヘルダーリンは詩作することそれ自体の本質を詩作し、その主導モチーフは一貫して「詩人の詩作的現存在」(GA39, 7) であった。それを端的に示す詩作としてハイデッガーがしばしば引用するのが、讃歌『あたかも祝日の……』の次の一節である。

されどわれらに相応しいのは、詩人たちよ！／神の雷雨のただなかに、頭を曝して立ち／父の閃光を、それそのものを、手ずから／掴み、そして歌に包みて／民族に天の賜物を贈ることである。（『あたかも祝日の……』V. 56ff.)[7]

このなかで詩人にとって「相応しい」こと、つまり詩作の本質が、嵐のなかに立ち、神の閃光を手で受けとめ、それを民族へもたらすこと、と歌われている。そのもたらし方、贈り方が「歌に包むこと」、すなわち詩作である。神の「閃光」は別の詩作『ルソー』では「そして目配せ（Winke）は／古より神々の言葉である」(『ルソー』V. 39f.）と言われる。要するにヘルダーリンの歌う詩作の本質とは、詩人が神の閃光という「存在の超力のうちに曝されていること」(GA39, 31）を通じて、神々の言葉を民族に伝えること、民族の側からすれば、「民族の現存在をこの〔神々の〕目配せの領域へと置き入れること」(ibid., 32）であり、そのなかで神々と民族との出会いを可能ならしめる領域を開くことである。ハイデッガーはそこに民族の歴史的で始源的な基づけを指摘し、それを「存在の建立」と名づける。[8] 詩作により基づけられた民族は、「この大地の上に／詩的に住む」（『やさしい青空に……』V. 32f.）ようになる。そこでは「神々の目配せ〔言葉〕が詩人を通じていわば民族の根本台座のうちに埋め込まれる」(GA39, 33）ため、民族の言葉・語りは詩的にして神的な響きを帯びる。[9] このように、詩作が「民族の原語（Ursprache)」(GA39, 64; EH, 43）として受け入れられたとき、つまり「民族の声」になったとき、詩人の歌う始源的な「言（Sagen)」は、神々や英雄たちを称える「伝説（Sage)」となるのである（GA39, 214; EH, 46)。

以上のような使命を胸に抱いて、詩人は神々と民族（人間たち）の間に立つ。ハイデッガーは詩人のこの独特な立ち位置を、最初のヘルダーリン講義である一九三四／三五年冬学期講義のなかで「形而上学的な場所」

（GA39, 15）と呼んでいる。だが「形而上学的」といっても、それは何か哲学・形而上学の主題となるようなものではない。というのも「詩作に哲学が襲いかかること」（ibid., 5）、いわば詩作の哲学化ないしは形而上学的解釈を、ハイデッガーは詩作へのアプローチに適さないものとして真っ先に退けているからである。それでは「形而上学的な場所」とは、詩人の一体いかなる立場を意味するのか。

まず考えるべきは、詩人の特異な「間」の性格である。神々の閃光を受け取る詩人は、神々の下に立つ。その意味で詩人は「下神（Untergötter）」と言われるが、同時に人間たちから見れば神々の方向に位置するため人間を超えた者、「超人」でもある。ヘルダーリンの詩作において、神々でも人間でもないこのような中間存在者は「半神」と呼ばれ、ハイデッガーはそれを詩人の別名と見る（vgl. ibid., 288）。逆に言うと詩人のこの半神的なあり方が、神々と人間たちの間を仲介しつつ両者を「結びつける」と同時に、両者の厳格な「区別」をも担っているのである（ibid., 167）。そのなかで詩人は存在を始源的に建立しつつ、全体としての存在者を「詩的な言において存在の刻印を受け取る世界」（ibid., 80）として開示する。これにより「万物」は、各々それであるところのものとしてはじめて名づけられ、それによって「あるがままに」存在することができるようになる（vgl. EH, 41）。そのとき民族は、詩人が基づけたこの世界を詩的に受け取ることで、「日常性からの脱却」（GA39, 22）と「個々人の最も独自な本質の覚醒と奮起」（ibid., 8）が促される。つまり詩人の詩作は、それを聴く者一人ひとりをその自己の本来性へと解放する役目を担っているのである。ハイデッガーは、このように解放された個々人の「真正な結集」のうちに、民族の「根源的な共同体」の生起を指摘している（ibid., 8, 72）。

こうした「解放」をめぐる議論は、本書第一章および第二章で論じた現存在の本来性についての議論と多くの点で重なる。加えて、「人間を超えること」「全体としての存在者の開示」および「あるがままにする」といったモチーフは、まさしく第三章で扱った現存在の超越を構成するものであった。そもそも「建立」や「基づけ」

というこの同じ言葉のうちに、『根拠の本質について』では、現存在の超越における存在の企投・超投が考えられていた（本書第三章第三節参照）。だとすると、詩人の立つ「形而上学的な場所」とは現存在の超越において開示されたあの「世界そのもの」に相当するのだろうか。しかし、繰り返しになるが、この場所はたとえ「形而上学的」と言われても、あくまで詩人に独自な詩作の場所である。そのため、以前話題となった存在のイデー（形像）が見られ・形成されうるような超越論的な地平ではない。事実ハイデッガーは、詩人の存在が「人間を超えている」と言いつつも、それを決して「超越」という超越論的‐形而上学的な概念を用いて規定することはなかった。とはいえ、先ほどの議論を勘案すると、かつて超越が開示した世界の開け自体は、詩作においても堅持されていると見てよかろう。換言すれば、この開けを開示する仕方、存在企投による世界の建立の仕方が、ここでは超越に依拠した超越論哲学や形而上学ではなく、あくまで詩作なのである[10]。このことは、ヘルダーリンの詩作のなかに、ハイデッガーの追究する存在の真理の生起が「戦い取られた存在の顕現」（GA39, 6）として、それも形而上学とは別の仕方で見出されうることを示唆している。

第二節　聖なる自然

では詩作はどのような仕方で世界を語り・開示するのだろうか。ハイデッガーによれば、詩作において語の選択・配置・語順をあらかじめ主導するのは「詩作の根本気分」である（GA39, 14f.）。そうすると詩作における存在の建立・存在企投とは第一義的には、全体としての存在者のうちにすでに引き渡され、曝し出されてしまっている事実性、その被投的な気分に重心を置いてなされる、いわば被投的企投と言える。問題はヘルダーリンの詩作を規定する「根本気分」である。ハイデッガーはそれを「聖なる悲しみ」と言う。この語は讃歌『ゲルマーニエン』のなかで語られたものであり、そこでは「古き国の神々」の「逃亡」に対する詩人の悲しみを指している。「古き国」の民族は、自ら逃亡する彼らの神々をもはや引き留めることができなかった。ヘルダーリンも「然り私はそれら〔神々の姿〕を呼ぶことをもはや許されない」(『ゲルマーニエン』V. 3)と言い、逃亡した神々を再び呼び求めることの断念を表明している。けれどもハイデッガーはこの「断念」のうちに、神々を呼ぼうと「欲し」、そのなかで神々の不在に「耐え忍ぼうとする」、詩人の痛ましいあり方を指摘する(vgl. GA39, 81)。そもそも呼び戻したいと願うから、呼ぶことの断念は詩人にとって耐えがたい「悲しみ」なのである。それゆえこの悲しみは「痛み」や「苦しみ」「嘆き」を伴うのだが、ハイデッガーはそれらを神々のあり方に対応した適切な態度としてむしろ積極的に受け取っている。というのも、ここでの神々の「不在(Abwesung)」「神喪失性」とは、神の存在を否定するいわゆる無神論的な態度表明などではなく、あくまで逃亡する神々自身の既在する仕方であり、いわば「留守にしている(abwesend)」あり方であって、その前提として民族の「傍らを通り過ぎる(vorbeigehen)」(ibid., 111)神々の存在、つまり「神性」は詩人の悲しみのなかでいささかも損なわれることなく、保持され続けているからである(11)。

ハイデッガーはこの悲しみのうちに「聖なるもの」を見出す(ibid., 84)。詩人の悲しみは聖なるものを「感得(Empfindung)」するから「聖なる悲しみ」なのである。聖なるものとは、既述のように、神々の動向全てを決定する「神性の本質空間」であった。神々が逃亡しているにも拘わらず詩人がなお神性を保持し続けられうるのは、ひとえにこの聖なるものを悲しみのなかに確保しているからである。逆に、聖なるものをすでに受け取っているからこそ、詩人は神々の逃亡や不在の事実を知り、それについて嘆き悲しむことができる。だがそのためにはあらかじめ聖なるものが詩人に到来し、彼の許に留まり続けていなければならない。ここで、ハイデッガーが好んで引用する讃歌『回想』の最終句「留まるものをしかし、詩人たちが建立するのだ」（『回想』V. 59）を踏まえるなら、詩人が建立する「存在」とはこの「留まるもの」であり（vgl. EH, 41; GA39, 214）、畢竟それは「聖なるもの」であることがわかる。「父の閃光」を通じて「神々の言葉」が詩人に目配せするものは、詩人の許に到来しつつ、存在それ自身として留まるこの聖なるものなのである。[12]

さらにハイデッガーは、『あたかも祝日の……』の根本テーマである「奇跡のように偏在し、そっと抱擁して／力強く、神々しく美しい自然」（『あたかも祝日の……』V. 11f.）も同じく聖なるものであると言う。このいわば「聖なる自然」はしかし、特定の自然物でも自然科学の対象でもなく、また有意義な自然環境や創造主の被造物でもない。この自然は、そうした自然理解よりも一層根源的な現象として、あらゆる存在者のうちに「偏在」する自然、つまり「人間の作品、民族の歴運のなかに、星座や神々のなかに、だがまた医師や植物、動物のなかに、河川や天候のなかに現前する」（EH, 52）。それは存在者の全てに先立ち、その意味で「神々をも超えて」（ibid., 59）、存在者全体を現れへと鼓舞する閃光、「光の明るみの出現」（ibid., 57）であり、要するに、詩人がその超力のうちに曝されている存在それ自身の現出に他ならない。このような存在としての聖なる自然、「神々しく美しい自然」は、言うまでもなく、本書第五章で注目した神的な自然を連想させるものであるが、ハイデッガーはここでも、ヘラクレイトスをはじめとするギリシアの自然哲学者たちの根本語「ピュシス」と重ねて、ヘルダーリンの歌う自然を理解している（ibid, 56f.）。これらから帰結するのは、ハイデッガーが哲学・形而上学の始源に見出した神的な自然の根本経験を、ヘルダーリンの詩作のうちにも探ろうとしているということである。

だとすると、ここで聖なる自然（ピュシス）を詩人に目配せするのは、逃亡という仕方で既在する神々、具体的にはギリシアの神々ということになるだろう。神々が逃亡した「古き国」とは、古代ギリシアに他ならない。そうであるなら、詩人が神々の言葉を伝える民族も、やはり彼らギリシア人たちなのだろうか。しかしながら他方でハイデッガーは、ヘルダーリンの歌う「自然」に対してギリシアの「ピュシス」を想定することは、一定の条件下では許されるものの、「とはいえ——これでも十分ではない」(GA39, 255) と指摘する。つまり、ヘルダーリンの詩作する「自然（ナトゥーア）」には、ギリシア人たちが経験し思索した「ピュシス」からははみ出る、何か別のもの・独自なものが存すると言うのである。それは何か。「十分ではない」という先ほどの発言に続けてハイデッガーはこう述べる。「ヘルダーリンはギリシア精神ではなく、ドイツ人たちの将来なのだ」(ibid.)。要するにハイデッガーは、ヘルダーリンの詩作はギリシアや他のいかなる民族にも向けられてはおらず、ただ詩人の祖国ドイツの将来に対してのみ歌われている、と言うのである。同様の趣旨の発言は別の箇所でも、たとえば以下のように見受けられる。

〔……〕ヘルダーリンとは、卓抜な意味でドイツの存在の詩人、つまりドイツの存在の建立者である。なぜなら彼はドイツの存在をこの上なく遠くへと企投したから、すなわち、極めて遠くの将来へと投げ出し、つまりは先んじて投げたからである。この極めて将来的な遠さを彼がこじ開けることができたのは、彼がその鍵を神々の退却と肉迫の最深の困窮の経験から取ってきたためである。(ibid., 220)

最後に言われている「神々の退却」とは、もちろん神々の逃亡を意味する。では「神々の肉迫」とは何か。上述のように、聖なる悲しみは逃亡した神々を呼び戻すことの断念に由来する。その背景にはしかし、どこまでも神々を呼び求めようとする詩人の切なる願いがあり、それはまた神々の逃亡という既在的な動向を詩人があらかじめ理解していることに基づいている。だが神々の動向が理解されている限り、そこにはまた「神々との新しい出会いがあるかもしれない空間」も開けている (ibid., 97)。こうした神々の動向を規定する「空間」

こそ、神性の「本質空間」として聖なるものであった。ハイデッガーはここで、神々の到来を願ってこの聖なる空間へと参入し、そのなかで「純粋に持ちこたえる」(ibid.) という詩人の態度に注目する。そして詩人の「断念」のうちに、古き神々を呼び戻すことの諦めと同時に、いやむしろそれ以上に、新しき神々の到来を待望する決断を読み取る。ここには断念する悲しみから待望する喜びへの「最内奥の転換」がある (vgl. ibid., 97, 103, 148)。ハイデッガーはこの事態を、「待望がまさしく〔神々による〕見捨てのなかで震えており、そうして見捨ては窮迫と化す」と言い表し、この「窮迫 (Bedrängnis)」が「迫りくるものたち〔到来する神々〕の肉迫 (Andrang) に耐える限り」、新しい神々の到来に向けた「準備となる」と見ている (ibid., 103)。上の引用の最後に「神々の退却と肉迫の最深の困窮」と言われたのは、こうした転換の状況における「聖なる悲しみに耽る準備的困窮」(ibid., 182) を指すのだろう。聖なる悲しみはまさしく、「新しい神関係を建立する」(ibid., 87) ための準備的困窮を引き受けるのである。

　それゆえハイデッガーが言うように「神々はつねに民族の神々である」(ibid., 170) ならば、ヘルダーリンが聖なる悲しみに耽りつつその到来を情熱的に準備する神々とは、原則的に言って、ドイツの将来の神々でなければならないだろう。詩作が贈られ、新たな歴史が始源的に基づけられるのは、将来のドイツ人たちなのである。だがそこにこそ、このドイツの詩人特有の困窮もまた存する。すなわち、彼は詩作のなかで「逃亡した神々はもういないし、到来する神々はまだいない」(EH, 47) という二重の神不在の窮乏に耐え抜かねばならない。ここに「聖なる夜」という「乏しき時代」において「聖なる祭司」とならざるをえない詩人の困難な運命が見出される (vgl. GA39, 148)。

第三節　ギリシアとドイツ

(1) 相互解放としての挨拶

だがここで疑問が生じる。なにゆえギリシアの神々は、よりにもよってドイツの詩人ヘルダーリンをその閃光で射抜いたのだろうか。ヘルダーリンはいかなる権利をもって、ギリシアの神々から受け取った聖なる自然・存在を、ドイツ人たちのために建立すると言うのか。そもそもヘルダーリンの詩作において、またそれを読解するハイデッガーの思索にとって、ギリシアとドイツはいかなる関係にあるか。それを探るためにここで、讃歌『回想』について書かれたハイデッガーの論考『回想』(一九四三年)とその原型となった一九四一／四二年冬学期講義に注目したい。なぜならハイデッガーはこれらのなかで、まさしく「ギリシア的なもの」と「ドイツ的なもの」の関係性を問題にしているからである。この詩作の表題「回想(Andenken)」からして、そもそもドイツの詩人がギリシアの国を「思い返す」という意味合いが込められている。ではその「回想」の中身はいかなるものか。ハイデッガーはまず、この詩の冒頭の句「北東の風が吹く／私にとって最愛の風だ」(『回想』V. 1f.) に注目し、こう解釈する。

> 北東の風は故郷の国から発して、南西の天とその火の方向だけを示し、導く。かの南の国に滞在する者は、北東の風から故郷の鋭い涼しさと明瞭さという福音を受け取る。(EH, 84)

ここで「北東の風」が「故郷の国」ドイツから「南の国」ギリシアへと「示し、導く」と言われている。導かれるのは詩人の「思い」であるが、それが「回想」であるのは、この詩人がかつてギリシアを旅し、そこに滞在した経験を有するからである。今詩人は帰郷し、故郷から異郷の空を思い返している。そのなかで詩人は、北東の風に向けて「行けさらば、そして挨拶せよ」(『回想』V. 5)と命じる。そしてこの「挨拶(Grüßen)」をめぐって、ハイデッガーはこの詩に対する基本的な解釈軸を以下のように提示する。

真正な挨拶とは、挨拶されているものに対して、そのものに帰せられるべき本質の位階を約束する語りかけであり、そうしてこの挨拶されたものを、その本質の高貴から承認するとともに、この承認を通じて挨拶されたものを、それであるものとしてあるがままにする、そうした語りかけである。(GA52, 50)

他者を〈あるがままにする〉こうした挨拶はそれゆえ、「同時にひとつの解き放ち(Loslassen)」(ibid.)でもある。この挨拶を受けるものは、「独自に自分の本質へと新たに帰還」するとともに「初めてのように自分を見出す」(ibid., 51)。詩人の挨拶は、既在するギリシアに対してその独自な本質、「ギリシア的なもの」を贈り帰すのである。それは先ほど「南西の天の火[13]」と呼ばれていた。けれども讃歌『回想』は、こうした挨拶に触れた直後に第二節の冒頭で突然、「今なお私を思ってくれよう」(『回想』V. 13)と語り出す。ハイデッガーはこの言葉を、「挨拶されたもの自身〔ギリシア〕が挨拶するもの〔ドイツの詩人〕へと思いを寄せつつ、心を傾けてくれる」(ibid., 54)ことと理解する。つまり北東の風が運ぶ詩人の挨拶には、挨拶の仕返しが、いわば「突然の逆風」のように生じるのである[14]。そして挨拶が挨拶されるものをその独自な本質へと解放しうるのであれば、この挨拶の仕返しもまた、挨拶するドイツの詩人自身をその「ドイツ的なもの」——それは「故郷の鋭い涼しさと明瞭さ」と言われていた——へ連れ戻すはずである。

しかしなぜ挨拶は他者を解放しうるのか。またなにゆえ挨拶の仕返しは生起するのか。ギリシアとドイツの関係性を問題にする以上、このことが明らかにされなければならない。その手がかりがとなりそうな記述が、ヘルダーリンが旅先から送った『ベーレンドルフ宛書簡』（一八〇一年一二月四日付）のなかに見られる。

われわれが学ぶのに国民的なものを自由に使用することほど困難なものはない。そして私が信じるように、まさしく描写の明瞭さこそわれわれにとって根源的に自然的である、それはちょうどギリシア人たちにとって天の火がそうであったように。(15)

このなかでヘルダーリンは、「国民的なもの（das Nationelle）」について語っている。それは「われわれ」ドイツ人にとっては「描写の明瞭さ」であり、他方ギリシア人たちにとっては「天の火」である(16)。前者は先ほど「故郷の鋭い涼しさと明瞭さ」と呼ばれていたものに相当し、後者は「南西の天の火」にあたる。これら国民的なものは互いに独自なもの、つまり「根源的に自然的」なものであり、要するに生得のものである。にも拘わらず、ヘルダーリンはそれらの「自由な使用を学ぶこと」が極めて困難であると言う。というのも、独自なものはたいてい「自明なもの」とみなされ、その自由な使用がことさらに見直されることはないからである（vgl. GA52, 131）。したがって独自なものの自由な使用を学ぶためには、つまり国民的なものを自得するためには、まずもってこの「自明性」という見かけを剥ぎ取り、それが改めて獲得すべきものとして要請される必要がある。ハイデッガーによれば、その際の重要な契機となるのが以下のような他者との連関性である。

天の火は自得化、つまり描写を要求する。描写の明瞭さは描写されるべきもの、つまり天の火を要求する。独自なものはそれゆえ、なにか対自的にカプセルに包まれた素質のようなもののなかに存しているのではなく、〔……〕まさしく各々他者へと連関づけられており、火は描写へ、描写は火へと〔連関づけられている〕。（ibid.）

天の火・ギリシア的なものは、それを「自得化（Aneignung）」するためには明瞭な描写・ドイツ的なものを必要とし、逆もまた然りと言われている。両者ともにその独自なものを直接自得することはできず、必ず異質なもの・他者との出会いを迂回しなければならない。だが他者との出会いにはつねに自己喪失の危険が伴う。ハイデッガーはそこに独自なものの「自由な使用を学ぶこと」、すなわち本来的な自己を獲得することの最大の困難を見る（vgl. GA53, 179）。そのことはまさしく、異郷から帰郷したばかりのドイツの詩人についてあてはまるだろう。詩人は今、異郷の天の火を回想している。それはあてどない夢想ではなく、詩人はこの回想という詩作そのものを通じてまさに明瞭な描写の自得を試みているのである（vgl. EH, 151）。そしてもし天の火が一切歪められることなく、そのあるがままの姿において明瞭に描写されることができたなら、そのとき挨拶の語りかけは他者を「それであるものとしてあるがままに」し、その独自な本質へと解放しうるだろう。同時にそれは、天の火という異質なものを経験することにより、明瞭な描写という独自なものを詩人が獲得することでもある。挨拶の仕返しとはおそらくそのことを指すものと思われる。このように詩人の回想を通じて、ギリシアとドイツという異他的な者同士が相互にその独自な本質を獲得し合うとすれば、われわれはここに本書第二章で論じた相互解放、つまり本来的な相互性としての友情のひとつの形態を見出すことができる。要するに、回想する詩人の挨拶は率先的顧慮としての友の声を担っているのである。[17]

(2) 天の火の明瞭な描写 —— 存在の真理と葡萄酒の「暗き光」

そうすると次に問題となるのは詩人が回想する天の火の中身である。天の火とは一体いかなる経験だったのだろうか。ヘルダーリンは先ほどの手紙からおよそ一年後の、同じく『ベーレンドルフ宛書簡』（一八〇二年一二月二日付）のなかで、「アポロがぼくを撃った[18]」と書き送っている。それはまさしくギリシアの神アポロンの放った閃光によって詩人が射抜かれたことを意味する。詩人はそれを受けとめ、言葉に包み込むことで、明瞭に描写しようと試みる。しかしながら、異郷の天の火はその過剰な灼熱と光でもって、以下のように詩人を拒絶し続ける。

> あまりにも燃え上がる火は目を眩ますだけでなく、過剰な明るさは現れるもの全てを飲み込むので、暗さよりも一層暗い。単なる明るさはその輝きのうちに、明るさだけですでに見ることを保証するかのような外見を持ち合わせているので、むしろ描写を危うくする。（EH, 119）

天の火の過度な明るさは、全ての存在者を真白な輝きのうちに「飲み込む」。「暗さよりも一層暗い」と言われるこの光のなかで、存在者の全体は隠れてしまうのである。だが人は通常、明るさこそが見ることを保証するかのごとく思い込んでおり、よもや光が物を隠すなどと思わない。それはつまり、天の火が隠れそれ自身をも隠すほどの強度をもつということでもある。ここに「描写の危うさ」、自己喪失の危険がある。それゆえ詩人は天の火から身を守りその熱と光を和らげるために、故郷の「森の木陰」や「涼しい小川」を求める[19]。厳しい冷気で天空を掃き清める「北東の風」もそのひとつであろう。それらを求めて詩人はドイツに帰郷したのである。そして今、冷涼な故郷から異郷の天の火を再び回想する詩人には、かつて隠れていた存在者のあれこれが次第に明らかになってくる。だがそれとともに、いやそれに先立って詩人に露わになるのは、存在者の全体が過剰な光のなかで隠れていたという事実そのものである。それはまさしく、われわれが前章で取り組んだ隠れの現れとしての「存在の真理」の生起に他ならない。詩人が回想のなかで自得を目指すのは、天の火の本質に属するこの隠れの現出をそのまま明瞭に描写しうる力なのである。

このとき詩人に求められるのは、隠れをいささかも傷つけることなく、隠れを隠れとしてその現れ方に即して、適切に語りうるだけの言葉と描写力である。だがそのようなことはいかにして可能となるのか。それを考えるためにここで少し先回りして、仮にこの描写が成功したと仮定してみる。その場合、上述の規定にしたがうなら、詩作を通じて異郷の天の火が故郷の根本台座のうちに埋め込まれることになる。それはつまり、ギリシアの天空がドイツの大地と出会い結ばれることを意味する。そこから自然の恵みである葡萄の実が育ち、ヘルダーリンの詩想にとって重要な「葡萄酒」がもたらされる。この葡萄酒は、「高い太陽を浴びて、暗い地面から伸び上がるとき／大地と天空を証拠立てる〔……〕」(『エムペドクレスの死　第三稿』V. 372f.) もの、畢竟するに、異郷と故郷との始源的な交わりを示すいわば聖なる証しに他ならない。詩人はそれを切望し、讃歌『回想』第三節の冒頭で、次のように懇願する。

だが手渡せ／暗き光に満ちて／香ばしい杯を、誰か、私に／それで私は安らぎたい。というのも、甘かろうから／木陰のまどろみは。(『回想』V. 25ff.)

ハイデッガーはこの句のなかの「暗き光」という語に注目し、以下のように述べる。

詩人が懇願するのは、そのなかで明るさが和らげられる暗き光の施与である。だがこの和らげは明るさの光を弱めはしない。というのも暗さは、隠しているもの〔天の火〕の現出を開き、そのなかで隠れているもの〔全体としての存在者〕を、この隠しているものにおいて守るからである。(EH, 119)

葡萄酒の「暗き光」は、その暗さにおいて天の火の明るさを和らげるにも拘わらず、全てを隠し自らも隠れるほどに強烈な天の火そのものを現出させるため、なお光の強度を保持している。そのなかで隠れは隠れのままに守られつつ、しかも隠れそのものとして現れる。隠れの現れ、つまり存在の真理は葡萄酒の暗き光のなかに宿るのである。われわれはここに、以前不安の無の「明るい夜」と予感的に言われた、闇の輝きとしての隠れの根本経験の発展を指摘することができるだろう。そしてこのとき、天の火の明瞭な描写を試みる詩人には、この隠れつつ現れるという存在の根本動向に対応して、「露現すると同時に隠す」という独特な語法が求められる（vgl. EH, 115, 188, 191）。ハイデッガーは、それを可能にする葡萄酒の「施与（Spende）」を、暗き光がもたらす「陶酔の冷静さ」（ibid., 120）のうちに指摘する。というのも、そこでのみ「隠れているものの深さがあけ開かれ、暗さが明瞭さの姉妹として現出する」（ibid.）からである。詩人の「陶酔した額」（ibid.）からは今や、隠れと現れ、暗さと明るさが、存在の真理という同じ現象の「姉妹」として、「露現しつつ隠す」という適切な仕方で歌い出される。詩人がしばしば、「現前しつつ不在し、不在しつつ現前する」という仮面の酒神ディオニュソス（バッカス）に比せられるのはそのためである。[20]

第四節　別の始源への移行 ── 存在の根本動向と詩人の親密性

このようにして自得された明瞭な描写はしかし、決して詩人の主観的‐体験的な「内面の表現」の類いではなく（GA39, 26f.）、むしろ「あらゆる根本気分のなかで話している存在の声」（GA52, 72）を聴きとり、その動向に呼応するものとされる。ではこのとき、詩人の根本気分において存在と詩作はどのような関係にあるのか。ハイデッガーは次のように述べている。

しかしながら、それ自身が存在を建立する存在として本質現成するそのような〔詩作の〕存在は、全体としての存在の本質のうちにのみ基づきうる。だが存在そのものの本質には、自分を自分自身に向けて建立しつつ投げ返すことが属している。存在が詩作を発源させるのは、存在が根源的に詩作のなかで自分を見出し、そのようにして詩作のうちへと自分を閉じ込めつつ、秘密として自らをあけ開くためである。（GA39, 237）

ここでハイデッガーは詩作の存在が、詩作が「建立」すべき存在それ自身に基づくもの、存在から「発源」するものと言い、そのようにして存在が詩作のなかで「自分を建立し」、「自分自身に向けて投げ返す」ことで「自分を見出す」と述べている。要するに、「存在の建立」とは存在がそれ自身を見出すために、詩人を呼び求め、自らを詩作の言葉のなかで建立させることなのである。このとき、詩作の言葉は存在の到来するまさに「家」として、もはや人間の所有物ではなく逆に、「言葉がわれわれを所有する」（ibid., 23）と言われる。この構図は、前章で「自由の人間所有」として語られていた事態と同型のものである（本書第六章第一節参照）。ハイデッガーはこの引用の最後で、存在が言葉へと到来する仕方について触れており、それを「秘密として自らをあけ開く」と言い表している。「秘密」とは存在の真理に属する「隠れ」の現出様態を指すが、このことも以前、放下の思索との連関で語られていた。だがここでは、詩作においてのみ「秘密はそのものとして名指され、言われる」（ibid., 250）とされる。この「名指し」はまた詩作における「秘密の露呈」（ibid.）とも言われるが、しかし「露呈」といってもそれは何か謎めいたものを自明なもの・扱いやすいものへと引き戻す「説明（Erklären）」や「謎解き」といった類いの暴露的行為ではない。それはむしろ、「説明できない」秘密を秘密としてあるがままにする、その意味で隠れの「解放」のことであり、そうした解放的な露呈がここでは「理解」と呼ばれる[21]（ibid., 246f.）。このような「自分を隠す隠れとしての秘密の理解」こそ、「歌において、詩作のなかで、まさしくかろうじて完遂されることの許されるかの露呈」、要するに、根本気分が調律する詩作にのみ許された存在企投なのである（ibid., 250）。存在の側から言うと「秘密の露呈」とは、存在それ自身が「秘密として自らをあけ開く」仕方、つまり隠れが隠れとして現れる仕方、要するに存在の真理が詩作を通じて生起する仕方に他ならない。それゆえ詩作の存在企投・建立も、前章で見た存在の思索同様、根本的には存在それ自身の「投げ」に由来する「空け透きへの脱自的連関」であると言えよう。ハイデッガーはそこに、詩作の「唯一本来的な課題」（ibid.）を見ており、とりわけそれがヘルダーリンの晩年の詩作において「親密性」という語で名指されていると指摘する（ibid.）。そのため、詩作における存在の真理の動向をさらに追究しようとするなら、この「親密性」の解明が不可欠なものとなってくる。

ヘルダーリンは「親密性」という語をさまざまな場面で、多様な変化と組み合わせにおいて繰り返し語っており、そのためハイデッガーはこの語を「ヘルダーリンの主要語のひとつ」と捉える（ibid., 117）。しかし「親密性（Innigkeit）」といっても、そこで語られる事柄はわれわれが通常思い浮かべる「感情のぬくもり」のような穏やか体験の「内面性（Innerlichkeit）」を意味するものではない。反対にそこでは、「敵対性」や「抗争」といった激しいぶつかり合いの様相が前面に出てくる。それはむしろ、抗争そのものが結びつける敵対者同士の緊張関係にかかわるものである。ハイデッガーの形式的な規定によれば、親密性とは、「要するに、対立のうちに根源的な統一をもつもの、『調和的に対立したもの』の本質的な抗争を、気分づけられつつ知りつつ、そのうちに立って耐え抜くこと」（ibid.）である。これをシンプルにまとめるなら、対立する諸力の統一性のうちで耐え抜くという詩人の被投的なあり方と言えるだろう。それは既述した神々の逃亡と到来の動向に対する詩人の断念と待望という「最極端な諸対立」のなかで具体的に示されているが、ハイデッガーは詩人に独特なこの準備的困窮のうちに「〔詩作的〕現存在の最高の力」を見る（ibid.）。だがそうした神々の動向を理解するのに先立って、この親密性のうちで存在の秘密が露呈されるわけだから（ibid., 250）、親密性の本質をなす「対立的‐統一性」とは第一義的には露呈される秘密、つまりは隠れの現れを意味することになろう[22]。詩作される存在の真理において、隠れと現れという最極端な現象は互いに対立しつつも統一している（vgl. GA54, 199）。「隠れの現れ」という言い方の両項をつなぐ「の」は、こうした根源的な対立的統一性――「調和的対立」または「敵対‐浄福性（Feind-seligkeit）」とも呼ばれる――を端的に表しているのである。ハイデッガーは、このように特徴づけられるヘルダーリンの「親密性」が、同時代のヘーゲルやシェリングの「弁証法」ではなく、むしろヘラクレイトスの存在概念「ハルモニア（ἁρμονία）」とのみ比較可能な概念であると言う[23]。だがその一方で、「〔両者は〕ただ比較可能なだけであり、決して一緒にはできない」（GA39, 249）ことも強調している。この発言は、先に触れた聖なる自然をめぐるギリシアとドイツの関係を彷彿とさせる。ヘルダーリンの「自然（ナトゥーア）」はギリシアの「ピュシス」と親近性があるものの、それだけでは汲み尽されない独自な存在概念であった。それが天の火の明瞭な描写を通じて、葡萄酒の暗き光のうちに見出され、今や詩人の親密性における対立的統一性として把握されている。そしてここにこそ、ドイツの詩人ヘルダーリンの歴史的な偉大さもある、とハイデッガーは見る。

ハイデッガーによれば、ヘラクレイトスをはじめとするギリシアの始源的思索者たち、すなわち「ピュシス」を始源（アルケー）として思索した自然哲学者たちは、たしかに「アーレーテイア（隠れ‐なさ）」という言葉のうちで存在の「レーテー（隠れ）」としての秘密を経験し、いわば始源的に予感してはいた。だがそれをヘルダーリンのように、隠れそのものの現れとして把握し、それを秘密の露呈という仕方で明瞭に描写するには至らなかった[24]。その意味で、秘密の拒絶としての「存在忘却」の歴史はすでに哲学の誕生からはじまっている（vgl. HW, 263）。けれどもそのことは何ら彼らの無能さや怠慢、誤謬などを意味せず、むしろ存在それ自身の自己隠蔽的な根本動向に起因している、とハイデッガーは考える（vgl. GA54, 202; HW, 265）。それは裏を返せば、存在それ自身が自らを秘密として露呈するためにドイツの詩人ヘルダーリンを呼び求めた、ということでもある。ハイデッガーはこの点に、ギリシアに対するドイツの「最極端な対立性」（GA39, 293）を見るのだが、両者の対立性自体が存在の真理の対立的‐統一性に由来する以上、そこにはまた両者の統一性も存していなければならない。天の火の動向を明瞭に描写しようとするドイツの詩人ヘルダーリンはたしかに、ギリシア的なものと極めてラディカルな対立関係にあるにも拘わらず、その親密性において「ギリシアの許でのかの始源の根源性への唯一の真なる結びつき」（ibid.）をなお保持しているのである。ハイデッガーは、まさしくこの「真なる結びつき」のうちに、「〔始源の〕真正な取り返しが、根源的な変様から発源する」（ibid.）という注目すべき事態を見て取る。

ここから「自然」をめぐるギリシアとドイツの関係性が一層明瞭になる。「ギリシアの許でのかの始源」とはピュシスのことであり、ハイデッガーはそれを「最初の始源」と呼ぶ（EH, 64f.）。他方ヘルダーリンの詩作するナトゥーアはドイツの始源であり、「別の始源」と言われる（ibid., 76f.）。ヘルダーリンは、既在する異郷ギリシアの最初の始源（天の火）を、明瞭な描写を通じて根源的に変様しつつ取り返すことで、故郷ドイツの将来のために別の始源（暗き光）として建立するのである。それにより最初の始源においてわずかに予感され、それ以降全く忘却されてしまった隠れの現れという存在の真理の根本動向が、秘密そのものの露呈として、詩人の親密性のなかでより始源的に現出することになる。[25] それはまた、神々の逃亡したギリシアの既在性から神々の到来するドイツの将来に向けて、最内奥の転換が歴史的に基づけられたことをも意味する。要するにハイデッガーは、ヘルダーリンの詩作における「ギリシアとゲルマーニエンがひとつの移行の両岸を名指している」（GA52, 128）と理解するのである。

こうした歴史的な「移行」に向けて詩人は、聖なる悲しみに耽りつつ、逃亡した神々の呼び戻しを断念すると同時に、すでに新しい神々の到来に向けた準備にとりかかっている。この準備に際して、葡萄酒はその暗き光を詩人に「施与（Spende）」するのだが（vgl. GA52, 143f.）、それにより葡萄酒自身もまた到来する神々に捧げるべき「神酒（Spende）」となる。そこでは異郷の聖なる自然（天の火）が神性の本質空間のうちに担保されるわけだから、その明瞭な描写を試みる詩人にとってみれば、「この神酒により詩人は、故郷のもの〔明瞭な描写〕への独自な歩みを〔……〕祓い清める」（EH, 121）ことができる。またそのようにしてはじめて、天の火を宿した葡萄酒が詩人の手から故郷の人々にもふるまわれ、「だから天の火を今や大地の息子たちは／危険なしに飲む」（『あたかも祝日の……』V. 55f.）ようにもなる。だがもちろん、この飲酒は単なる息抜きや嗜好といった享受を目的としたものではなく、神々が到来し、彼らの神々になる将来を祝して、言ってみればその前祝いに飲まれるのである。そのため葡萄酒がふるまわれるこの期間は、本章第一節で「日常性からの脱却」について見たように、「日常的な営為を中断し、仕事を休むこと」が求められる（vgl. EH, 102; GA52, 74f.）。ハイデッガーはそれを、日常的なものから非日常的なものへの、その意味で「異常なもの（das Ungewöhnliche）」への解放とみなし、そうした解放の期間を讃歌『回想』の第二節にならって「祝日」と名づける（vgl. EH, 102f.; GA52, 65ff.）。

この祝日はつねに、神々と人間たちが出会い「迎え合う」（GA52, 77）ための準備期間にあたる。ハイデッガーによると将来そのときが来れば、神々と民族の間では「婚礼祭」が「暫しの間」催される（GA39, 289）。それゆえ祝日とは、いつもこの婚礼の「祝祭」に向けた「前日」（GA52, 73）にあたるわけだが、ハイデッガーはそこに「祝祭〔の暫しの間（eine Weile）〕からのみ気分づけられた独自な滞留（Verweilen）」（ibid., 94）があると指摘する。[26] だが「滞留」といっても、それは何か停止や停滞、あるいは実体的な恒常性を意味するわけではない（vgl. EH, 144f.）。たとえば風は吹くことで、また河流は流れることで、それ自身の存在をつねに保ち続けるように、祝日は祝祭の前日として、つねに「既在的祝祭から将来的祝祭への超え行き」（GA52, 98）のうちにあり、いつもこの始源的な移行の途上に自らを留めおくのである。こうしたいわば移行としての留まりこそ、詩人が滞留するにふさわしい場所であろう（vgl. EH, 109）。こうして移行のうちへと率先的に飛び込みそこに立ち続ける詩人は、祝日の期間を保持するため、立て続けに詩作しなければならない。(27) 詩人が秘密の露呈されうる故郷の親密性へと先んじて「帰郷(28)」するのは、聖なる自然を留まる存在として詩作的に建立し続けることで、別の始源への移行を担う留まりの時空を開いておくためなのである（vgl. GA52, 194）。ここからすると、ドイツの詩人の回想において告げられるギリシアへの挨拶は、「この挨拶自体がそれ自身において移行である」（ibid., 124f.）ときにのみ唯一真正なものとなるだろう。

第五節　思索と詩作 ――『存在と時間』構想のより始源的な再設定

(1)『存在と時間』構想の消息

ヘルダーリンの詩作における存在の建立は今や、始源的な移行の基づけという歴史的な使命を背負うものとして把握されている。ではそのように解釈するハイデッガー自身の思索は、この「偉大」なヘルダーリンの詩作とどのようにかかわるのだろうか。そのとき『存在と時間』構想はどうなるか。この問題を究明することが、本章の最終目標であり、ひいてはハイデッガーの始源の思索を追究する本書全体の最終的な帰結でもある。

ここでまず指摘すべきは、ハイデッガーは、帰郷した詩人が立とうとする故郷の親密性のうちに、神々の動向や民族の歴史、全体としての存在者の一切をあらかじめ決定する「源泉」ないし「根源」を見出している、ということである（vgl. EH, 23f., 129f., 145f.）。この源泉への歩みは、「多くの者が／源泉へ行くことに対し物怖じする」（『回想』V. 38f.）とヘルダーリンが歌うように、終始「物怖じ」という根本気分に導かれている（vgl. GA52, 170f.）。ところで本章冒頭でも触れたように、詩作と思索が「由来を等しく」するのであれば、詩人が帰還するこの根源の領域は、同じく「物怖じ」のなかで思索が向かうとされた「かの所在」としての「存在の未踏空間」でもある（本書第六章第二節参照）。そしてハイデッガーは、ヘルダーリン読解を通じてそこに「別の始源」を見ている。だとするとハイデッガー自身の存在の思索も、この別の始源へと定位することになるのか。おそらくそうだろう。後期思想においてまさしく「別の始源への移行」が思索の根本課題とされるのは周知の事実である。だがそのこと以上に、われわれがこれまで論じてきた「神的な自然」や「存在の真理」をめぐる諸問題（存在の超力、被投的気分の重視、隠れの現れ等）、さらには「自己」や「他者」、「超越」に関する重要な諸々のモチーフ（本来性／非本来性の区別、相互解放、存在の建立等）、要するに、『存在と時間』構想を構成した根本諸問題がそのままヘルダーリンの詩作のうちに読み取られ、それらが全て別の始源へと結びつけられていること自体、そのことを暗に示していると言えなくもない。この点に関して、最後のヘルダーリン講義（一九四二年夏学期講義）と同年になされた一九四二／四三年冬学期講義での以下の指摘は注目に値する。

論考『存在と時間』は、ただ存在それ自身がより始源的な経験を西洋の人間形態に送り届けるという性起（Ereignis）への指示にすぎない。このより根源的な始源は最初の始源同様、詩人たちと思索者たちの西洋的で歴史的な民族のうちでのみ性起しうる。（GA54, 113f.）

ここで言われている「より根源的な始源」が「最初の始源」と対置された「別の始源」を意味することは文

脈上明らかである。驚くべきことにハイデッガーは、一五年も前に公刊された『存在と時間』のなかで、すでに存在のこの「より始源的な経験」を指示していた、と主張する。それはまた、ギリシア人にもほとんど思索できなかった、「親密性」における「アレーテイアのより始源的な本質」であるとも言われる（ibid., 199）。だが上で見たように、ヘルダーリンはこの親密性のうちに立って、逃亡する神々の既在性と到来する神々の将来との対立的統一性を始源的な移行として受け取り、それに耐え抜きつつ詩作していた。ハイデッガーはすでに最初のヘルダーリン講義（一九三四／三五年冬学期講義）のなかで、神性のこうした将来と既在性との統一性に注目しており、そこに「根源的な時間」の時熟を指摘しつつ、やはり『存在と時間』の主題であった「現存在の時間性」との接続を試みている。

既在するもの〔古い神々〕が〔新しい神々の〕将来のうちへとこのように前に‐向かって‐支配するなかで、将来は退きつつもすでに以前準備されていたものそのものをあけ開くのだが、〔そのなかで〕到‐来するものとまだ‐既在するもの（将来と既在性）はひとつとなり、根源的な時間を支配している。この時間の時熟が、詩作の基づく気分〔聖なる悲しみ〕の根本生起である。この根源的な時間がわれわれの現存在を将来と既在性のうちに抜き移す。あるいはむしろこの時間は、われわれの存在そのものを、それが本来的であるとするなら、抜き移されたものであるようにする。抜き移しとは反対に、そのつど変転する今日にそれ自身において執着すること、それはつねに非本来的である。この根源的時間性とその本質諸可能性の本質体制を、私は論考『存在と時間』のなかで叙述した。（GA39, 109）

ここでハイデッガーは、『存在と時間』の最も根源的な成果である「現存在の時間性」を、「詩作の本来的時間」（ibid., 112）としてより始源的に取り返そうとしている。実は『存在と時間』の草稿のひとつにあたる一九二五年夏学期講義でもすでに、「詩作」が卓抜な「語り」として「現存在自身の時熟の様態」とみなされる箇所がある（GA20, 375f.）。それは時熟様態としての詩作への注目がかなり早い時期にまで遡れることを示しているが[29]、ここではむしろ、「根源的な時間」の時熟それ自体を、神性の対立的統一性が「支配している」と言われている。この発言は極めて注目に値する。というのも、ここから『存在と時間』構想の消息がある程度うかがえるからである。神性の対立的統一性を本質的に担うのはヘルダーリンの歌う「聖なる自然」であるから、この発言は要するに、根源的な時間性の時熟に先立って「『自然』が最古の時間である」（EH, 59）と位置づけられたことの宣言に他ならない。他方で、この自然は別の始源としてつねに将来を規定しているため、「これからの全てにとって最も若いもの」（ibid.）でもある。最古にして最新という自然のこの規定は、以前に見た「新たにして一層古い」自然の根本経験に通じるものである（本書第五章第三節参照）。それはまた、全ての問いが「そこからそこへ」と向かう哲学的探究の始源（アルケー）にふさわしく、そもそも『存在と時間』構想はその端緒からまさにこうした始源の解明を目指していた（vgl. SZ, 38, 436）。したがってわれわれは、「存在と時間」という当初の問題設定が、超越論的な方法の挫折を経ることで、今や「存在と自然」へ深化したと主張する[30]。この深化のうちにこそ、上の引用で『存在と時間』が「指示する」と言われた、別の始源の「より始源的な経験」が存すると言えるだろう。『存在と時間』を主導した本来性／非本来性という構図がここで、神々の将来と既在性の統一を背景にしつつ、そこへの時間性の「抜き移し（Entrückung）」を軸に捉え返されていること自体、『存在と時間』構想のより始源的な深化・変様を示す何よりの証拠と言える[31]。

(2) 神話・詩作・思索

以上をもって、ハイデッガーが『存在と時間』からはじまる彼の思索の歩みを、ヘルダーリン読解を通じて、別の始源に向けて方向づけようとしていることが証示されたかと思われる。形而上学を基礎づけるために形而上学の始源を目指した『存在と時間』構想は今や、より始源的な仕方で「別の始源への移行」として設定し直されたのである。こうしてハイデッガーの始源の思索は、二重の始源への歩みとなる。では哲学・形而上学の始源に見出され、まさしく太古の「原－時間」(GA26, 270; GA28, 356) とも言われていた「神話」の問題は、一見すると表立っては言及されていないようにも見えるが、この再設定を通じてどうなったのか。『存在と時間』構想の最終局面に神話問題を位置づけた以上 (本書第四章第五節参照)、われわれは最後にこの点を明らかにしなければならない。ここでまず問うべきは、神話と詩作との連関性である。本章第一節で見たように、詩作が神々の言葉をその「超力」のうちで預言し、それを民族へもたらす「伝説」と規定されている時点で、詩作そのものがすでに「神話」と呼べなくもない (vgl. GA39, 31f.)。実際、先ほどの一九四二／四三年冬学期講義では「神々についての伝説は『神話』である」(GA54, 166) と言われ、また別の箇所ではホメロスの詩が引かれつつ、「詩人」が神話的な「伝説」を伝える「解釈者 (ヘルメーネウス)」とみなされている (ibid., 188)。加えて、同講義では「露現しつつ隠す」という詩作にのみ特徴的な語法が「神話」に対しても適用されている (ibid., 104)。これらから、ハイデッガーが神話と詩作を「隠れつつ現れる」という存在の真理の現出動向を語るのにふさわしい同型の言葉として捉えていることがうかがえる。問題はこのような神話と詩作の具体的な連関性であり、またそこにハイデッガー自身の存在の思索がどうかかわるかである。これらに関する重要な指摘が、最後のヘルダーリン講義にあたる一九四二年夏学期講義のなかで、以下のようになされている。

ところで「神話（Mythologie）」[32]が、まだ精密な物理学と化学には「成熟」していない人間たちの案出した神々の教説ではないとすれば、また神話が、そのなかで存在それ自身が詩作的に現出している歴史的な「プロセス」であるとするならば、本質的な思索の意味での思索は詩作との根源的な連関のうちに立つ。（GA53, 139）

ハイデッガーはここで、「本質的な思索」つまり存在の思索が「詩作との根源的な連関のうちに立つ」ための条件を設定している。まず神話が人間の案出した「教説」でないことについては本書でもすでに何度か触れた。神話とは何か古代人の愚かさや誤解、無知蒙昧などから恣意的に案出されたフィクションやファンタジーの類いではなく、むしろ自然（ピュシス）としての存在が自らを隠すという仕方で現れるための隠れ家である（本書第五章第二節参照）。ハイデッガーは神話におけるこうした「存在の現出」に関してここでも触れており、それを「詩作的」とか歴史的な「プロセス」と呼んでいる。神話とは、詩作を通じて存在が自らを現出する、つまりは隠れつつ現れる仕方なのである[33]。そうすると以前見た「神話が世界を隠す」という事態は、神話がまさしく「隠す」という仕方で、詩作的に存在の真理の現出動向に対応している、と捉え返すこともできるだろう。ここに存在の現出をめぐる神話と詩作の連関性がたしかに見受けられる。本章で見てきたことに従えば、神話における存在の現出が「詩作的」であるとは詩人による存在の建立を意味し、またその生起が歴史的な「プロセス」と言われるのは、そうした詩作が民族の歴史を基づけるため、と考えられる。ハイデッガーは、詩作のこのような働きが神話として遂行されることこそ、思索と詩作が「根源的な連関」を結ぶための前提条件とみなすのである。そうであるなら、ハイデッガー自身の思索がヘルダーリンの詩作と根源的に連関するためには、ヘルダーリンの詩作もすでに何らかの神話の役割を担っていなければならない。だがそれはいかなる「神話」か。

ハイデッガーが神話を問題にするときの「神話」とは、具体的にはホメロスやソポクレス、ヘシオドスらの語ったギリシアの神話が念頭におかれている。ギリシア神話が基づけるのはもちろんギリシア民族の歴史であるから、この神話のなかで詩作的に現出する「存在」とは第一に、ギリシアのピュシスということになる。こうしたギリシア神話との「根源的な連関」、つまり「再帰的なかかわり」のうちに立つことにより、ピュシスをめぐる自然哲学者たちの始源的な思索は誕生し、後に形而上学へと至る素地が準備されるのであった。[34] 神話が哲学・形而上学の始源に位置づけられたのはそのためである。ここから振り返るなら、ハイデッガーの『存在と時間』構想とは結局のところ、このような歴史的な進行過程に逆行し、最初の始源であるピュシスへと遡源する途上で神話の問題に直面した、と言うことができよう。だとすれば、そこで問題となる「神話」も、さしあたりはギリシア神話ということになる。だがまさしくこの局面でハイデッガーの存在の思索には、神的な自然や存在の真理といった根本現象を、拒絶されることなく〈あるがままに〉語るにふさわしい言葉、つまり「転回」を十分に切り抜けることができるだけの、形而上学とは別の言葉が要請された。それを模索するために彼は、ヘルダーリンとの「根源的な連関」のうちに立とうとする。[35] それはちょうど、自然哲学者たちとギリシア神話を語った詩人たちとの始源的な関係に似ている。しかし今や明らかになったことは、ハイデッガーの思索がヘルダーリンの詩作との対話を通じて、既在する最初の始源との結びつきを保持しつつも、さらに将来の別の始源への途上にある、ということである。洞窟の比喩に即して言えば、神話へと導いた洞窟内への「下降（Untergang）」の道は、超越論的－形而上学的な対決姿勢の「没落」を導くとともに、別の始源への「移行（Übergang）」にも通じていたのである（vgl. GA39, 122）。この歩みのなかで「形而上学の超克」が目指されるわけだが、そもそも向かうべき別の始源とは将来のドイツ人たちの歴史を基づけるものであった。そしてこの移行が、ハイデッガーの言うように、存在それ自身の根本動向に呼応しているとするなら、それを指し示すヘルダーリンの詩作は、まさに存在それ自身の現出する歴史的な「プロセス」と言える。その限りにおいて、ドイツの将来のために存在の真理を受けとめつつ、神々の到来を準備するヘルダーリンの詩作は、少なくともハイデッガーの思索にとっては、ドイツの将来の神話を担うものでなければならない[36]。ギリシアの神話が哲学・形而上学の始源（アルケー）として、隠れた仕方であるとはいえ、西洋の歴史を規定し続けてきたように、この将来のドイツの神話は西洋の「別の歴史の別の始源」を基づけるのだろう[37]（EH, 76; GA39, 1）。

だがそうはいっても、ヘルダーリンの詩作が示す将来とは「最もはるかな将来」に留まるため、この詩人は「今日でもまだ早すぎる者」と言われる（GA39, 219f.）。「彼はいまだ、われわれの民族の歴史において力となってはいない」（ibid., 214）のである。それはつまり「今日」、少なくともこの発言がなされた一九三四／三五年当時のナチス政権下のドイツ人たちにとって、彼の詩作はいまだ理解しえないものであり、そのため祝祭が生起するにはなお機が熟しておらず、さらなる長い期間を要するということである。それゆえ、たとえヘルダーリンの詩作が「ドイツの神話」であるとしても、それはいわゆる「二〇世紀の神話」とはなりえない。そうである以上、神々が到来するまでの長い間、ヘルダーリンの詩作が開く祝日の日々は、祝祭を準備するための聖なる「幸運（Glück）」（EH, 68）として、移行を担う留まりの時空のなかで、開いたままに保持され続けなければならない。ヘルダーリンは「だがそれをなしうるのは知者であった」（『ライン』V. 206）と言う。ハイデッガーはその理由を、「ただ思索する者たちだけが詩人を聴くことを許され、詩人の語を聴くことができる」（GA75, 9）からだと受けとめる。ゆえに「詩人は思索者を要求する」（GA39, 286）。ハイデッガーはおそらくここに、存在の真理を見守る放下の思索の使命を自らの運命として見出すのだろう。

こうして思索者と詩人は存在の真理という同じものをめぐって、互いに必要不可欠な「親しき者」（EH, 29）となり、ともに物怖じしつつ故郷の源泉へと向かう「友」（GA39, 287）となった。換言すれば、ハイデッガーの

「転回（Kehre）」はヘルダーリンの「祖国的帰還（Umkehr）」にいわば随行するものとして、より始源的に捉え返されている。[38] そのなかで思索者は先導する詩人の指示に従い、逆に「詩人は他者〔思索者〕たちを頼りにする」（EH, 30）。今や思索者と詩人の間に結ばれたこのような友情・結束に基づいて、将来のドイツ人たちが「結集」するための「根源的な共同体」が歴史的に準備されようとしている（vgl. GA39, 8, 72, 284）。われわれはそこに、存在の歴運（Geschick）を受け取ることで、先駆的に「最初の供儀」（EH, 150; GA52, 170）になろうとする、半神と牧人の共同運命（Geschick）をみとめることができるだろう。

注

（1） Vgl. GA20, 375f.; GA24, 244ff.; GA29/30, 7.

（2） Vgl. GA33, 128f.; GA34, 63f.; GA36/37, 164; GA38, 170.

（3） そうはいっても存在の真理を経験しうるのは、何も詩作という「言語芸術」のみに限定されているわけではない。ハイデッガーは『芸術作品の根源』（一九三五－三六年）において、存在の真理の生起を絵画、音楽、彫刻、建築物にいたるまで広く芸術活動全般にみとめている。それでも「芸術の本質は詩作である」と言われるように、詩作が芸術全体のなかで特権視されていることはたしかである（vgl. HW, 59, 62f.）。

（4） Vgl. KP, 258ff.; GA26, 211 Anm. 3; GA27, 362; GA28, 353.

（5） ヘルダーリンをロマン主義と見るか古典主義と見るかはドイツ文学史上の争点だろう。だがヘルダーリンを「将来のドイツ人たちの詩人」と呼ぶハイデッガーの関心が、古代ギリシアをめぐる文学史的な分類・位置づけにないことは言うまでもない（vgl. EH, 90 Anm.; GA39, 221; GA52, 2f.）。ハイデッガーはこう言っている。「それゆえヘルダーリンにとってギリシア精神は決して『古典的古代』ではない。かといってヘルダーリンにとってギリシア精神はロマン主義的な復興意欲の対象でもない」（GA53, 67）。

（6） ハイデッガーによれば、ヘルダーリンとの最初の出会いは第一次大戦前の彼の学生時代にまで遡る、ということである（vgl. GA12, 88）。

(7) ヘルダーリンの著作からの引用は、河出書房新社版『ヘルダーリン全集』および創文社版『ハイデッガー全集』の当該箇所を参考にしつつ、基本的には引用者が訳している。

(8) 『芸術作品の根源』では「詩作の本質は真理の建立である」と言われ、この「建立」について、「贈ること」「基づけ」「始源すること(Anfangen)」という三つの意味が語られている(vgl. HW, 63)。こうした三重の建立は、ちょうど民族に対する詩人の関係に重なる。なお一九三四/三五年冬学期講義では詩作における「存在」を論じる際、Sein と Seyn の二つの表記が見受けられるが、管見では両者の使用法に本質的な差異を認めることができなかった。そのため、また繁雑さも考慮して両者とも「存在」と訳している。おそらく Seyn 表記は、少なくともこの講義に限っては、ヘルダーリンの用例に倣ったものと推察される。他の文献(特に『哲学への寄与論稿』)における Seyn に関しては、いわゆる「存在者性(Seiendheit)」との区別や関係も含めて本書では扱わない。この問題に関する最近の研究として、『存在と時間』期の超越論的な態度との違いに着目しつつ、Seyn の独自性を分析した瀧の論文を参照。瀧将之「無から存在へ —— ハイデガーにおける Sein と Seyn の違いについての試論 ——」『現象学年報』第二八号、日本現象学会編、二〇一二年、一三九−一四七頁。

(9) 一九三一年夏学期講義においてすでに、「言葉はそれゆえ根源的にして本来的に〔……〕神の呼びかけにおける世界の呼び出しとしての詩作のうちにある」(GA33, 128f.)という同様の注目すべき指摘が見受けられる。

(10) だがもちろん、詩人の立場を「形而上学的」と呼ぶことは不十分な規定と言わざるをえず、何より形而上学とは別の言葉を模索しようとする試みに対して誤解や混乱を招きかねない。ハイデッガーはこの講義以後、解釈がより洗練されていくなかで、詩作に関してもはや「形而上学的」と形容することはなかった。この講義から七年後の、讃歌『回想』を主題とした一九四一/四二年冬学期講義では、ヘーゲルの立場との違いを強調しつつ、「ヘルダーリンの根本地位はもはや形而上学的ではない」(GA52, 99)と明言している。

(11) ハイデッガーは同様の見解をニーチェの「神の死」に関しても述べている(vgl. GA39, 95)。神の死を経験しうるのは真剣に神を探し求めている者だけなのだが、この「神捜索」自体神の存在・神性の先行的な理解に基づいてはじめて可能となる(vgl. HW, 267)。

(12) 論考『詩人は何のために』(一九四六年)では「神性」は「そのなかでのみ神々が神々であるエーテル」とされ、さらに「このエーテルの本質領域、つまりそのうちで神性すらもなお本質現成するところが聖なるものである」と言われる(HW, 272)。また翌年公刊された『ヒューマニズムについて』でもハイデッガーは「存在の真理からはじめて聖なるものの本質が思索されうる。聖なるものの本質からはじめて神性の本質が思索されうる。神性の本質の光のなかではじめて『神』という語の名指すべきものが思索され言われうる」(WM, 351)と述べ、存在の真理、聖なるもの、神性、神(神々)の位相関係はより精緻に整理されている。

(13) 「南西」とはヘルダーリンが実際に滞在した南フランス・ボルドーの方角を指している。ハイデッガーは『ベーレンドルフ宛書簡』（一八〇二年一二月二日付）を引き合いに出し、「南フランスの人間形態がギリシア人たちの本来的本質をヘルダーリンによりよく教えてくれた」（EH, 82）と解釈している。

(14) 同様の事態をハイデッガーは讃歌『ライン』におけるライン河の「方向転換」についても（vgl. GA39, 204, 234f.）、また讃歌『イスター』においてドナウ河が「逆流するように見える」ことのうちにも指摘している（vgl. EH, 79; GA52, 185f.; GA53, 42f., 178）。

(15) Friedrich Hölderlin, *Sämtliche Werke. Grosse Stuttgarter Ausgabe*, Bd. 6, hrsg. v. Friedrich Beissner, Cotta/Kohlhammer, Stuttgart, 1954, S. 425f. 手塚富雄他訳『ヘルダーリン全集　四』河出書房新社、一九六九年、四六四頁参照。

(16) ヘルダーリンの言う「ドイツ」「ゲルマーニエン」は「西洋的なもの」を指し、対して「ギリシア」は「東洋的なもの」を意味する（vgl. EH, 157）。この『ベーレンドルフ宛書簡』のなかにも、ギリシアにとって異郷のものであるドイツの「国民的なもの」としての「描写の明瞭さ」を指して「西洋的でユーノー的な冷静さ」（Hölderlin, op. cit., S. 425 手塚富雄他訳、前掲書、四六四頁）と言われている。

(17) この解釈を裏づけるようにハイデッガーは回想的な挨拶を「友たちとの対話」と捉え「彼ら〔対話者たち〕が各々独自な本質へと帰りつつ語りかけられ聴き取られる」というその独特な構造のうちに互いの「自己解放」つまり相互解放を指摘し、その上でそうした対話が開く互いに「故郷的でありうる」空間、互いを混同することなくあるがままにしうる「自由な開け」を指して、まさしく「この真理の形態が友情である」と述べている（GA52, 164f.; vgl. GA53, 176）。なおここではもっぱらドイツの側に重点をおいて見てきたが、ハイデッガーは同様にギリシアの側についても言及している。すなわち、ギリシアにとって異質なもの・描写の明瞭さを彼らの詩人が経験し、「涼しく落ち着いていられることで、彼らには初めて彼らの独自なもの〔天の火〕が所有となる。〔……〕そうして彼らは初めて十分な明るみの現前性のなかで、神々を迎え入れることができ」、そこから「ポリスの基づけと建設」がなされていく（EH, 87f.）。このときハイデッガーの念頭にあるギリシアの詩人とは、ソポクレスやホメロスである（vgl. GA39, 216; GA40, 155ff.; GA52, 184）。ちなみにハイデッガーによると、ヘルダーリンが見出したギリシアにとっての独自なもの（天の火）／異質なもの（描写の明瞭さ）というこの区別を、「後にニーチェがディオニュソス的なものとアポロン的なものという名称で再発見した」（GA39, 294）ということである。

(18) Hölderlin, op. cit., S. 432 手塚富雄他訳、前掲書、四七一頁。

(19) Vgl. EH, 77, 100f., 117f.; GA53, 167.

(20) Vgl. EH, 70, 121; GA39, 187ff.; GA52, 143; GA53, 7. それゆえヘルダーリンの「ディオニュソス」は冷静な陶酔における描写の明瞭さを象徴しており、それはちょうどニーチェの「アポロン的なもの」に対応する（本章注17も参照）。逆に「ヘルダーリンにとって『アポロン』は〔過剰な〕光、燃えるもの、輝くものの名であって――それはニーチェがディオニュソス的なものと考え、アポロン的なものに対置するものである」（GA52, 154）。ハイデッガーは若きニーチェに対するヘルダーリンの影響に注目しているが（ibid., 78; N I, 123f.）、アポロン／ディオニュソスをめぐる両者のこうした逆対応の関係は興味深い。またハイデッガーによれば、その研究スタイルがしばしばニーチェに比されるW・F・オットーの『ディオニュソス』（一九三三年）には、彼がオットーに語った「仮面」についての解釈が取り入れられているとのことだが（vgl. GA39, 190）、たしかに以下のようなそれらしき文言が確認できる。「それ〔仮面〕は現にあると同時に現にないものの象徴と現出であり、最も直接的な現在と絶対的な不在とがひとつになったものである」（Walter F. Otto, *Dionysos. Mythos und Kultus*, Vittorio Klostermann, Frankfurt am Main, 1960, 1. Aufl., 1933, S. 84 西澤龍生訳『ディオニューソス――神話と祭儀』論創社、一九九七年、一一一頁）。なお仮面の解釈をめぐるハイデッガーとオットーとのこのような関係に注目した関口は、両者のディオニュソス論を突き合わせて考察している（関口浩「神をめぐって」『ハイデッガーを学ぶ人のために』大橋良介編、世界思想社、一九九四年、二九〇－三〇九頁）。関口は、両者の見解がディオニュソスの「現前しつつ不在し、不在しつつ現前する」という仮面の本質を共有している点を確認したうえで、ヘルダーリンの『オイディプス王』解釈を、その中心的な主張である「オイディプス王は目がひとつ多すぎたのだ」を軸に検討している。関口によれば、両目を突くというこの悲劇の結末によって、オイディプスは「自らの顔をまさに仮面そのものとする」（同上、三〇五頁）のであり、それはつまり存在を担う「ディオニュソスとなる」（同上、三〇六頁）ことを意味する。関口は、そのようにしてオイディプスが仮面本質そのものである存在をその身に引き受けると同時に、それを観劇の人々に伝達していることに注意しつつ、そこに「観客としての人間たちと神とが出会い、一対のものとなることが生起する」（同上）というこの悲劇の祝祭的本質を捉えている。

（21）　すでに一九二七年夏学期講義のなかでハイデッガーは、繰り返し肝に銘じるべき「現象学の方法的格率」として「諸現象の謎を性急に回避したり、粗暴な理論の暴力行使によって謎を除去するのではなく、むしろ謎を謎として高めること」という同様の思索態度について触れており、また「そうしてのみ〔……〕謎が理解可能となり、具体的なものとなって、謎めいた事柄それ自身から現象を解明するための諸指示が発源してくる」とも述べている（GA24, 97）。しかし本書で繰り返し見てきたように、超越論的な対決姿勢をとっていたこの時期のハイデッガーは、たしかに「粗暴な理論の暴力行使」ではないものの、隠れの暴力的な暴露を「隠れ－なさ」としての真理を求める自らの哲学的方法論と定めており、その限りにおいて、この「謎を謎として高める」という態度はいまだ不徹底であったと言わざるをえない。

（22）　『芸術作品の根源』のなかで「真理の本質」（あるいは「存在の真理」）が、現れを本質とする「世界」と隠れを本質とする「大地」との間で、両者の「闘争」として、芸術作品のなかで「生起する」と言われるが（HW, 42f.）、その背景には親密性についての解釈が存していると思われる。実際「親密性」についての言及もあり（ibid., 35, 51）、講演の最後にはヘルダーリンの讃歌『旅』からの一節が引かれている（ibid., 66）。この点に関して、ガダマーによる証言「〔この講演の〕大地概念が、ハイデッガーが当時情熱的に集中して取り組んでいたヘルダーリンの詩作から彼の哲学のうちに取り入れられたことは明白だった」（Hans-Georg Gadamer, “Zur Einführung”, in: *Der Ursprung des Kunstwerks*, Philipp Reclam jun. GmbH & Co., Stuttgart,

1960, S. 99）はその傍証となろう。

（23） ヘルダーリン、ヘーゲル、シェリングの友人関係については改めて言うまでもないが、ここでは彼らが学生時代にヘラクレイトスの言葉「一ハ全ナリ（ἓν πάντα εἶναι）」を共通の思想的スローガンとして掲げていたことを指摘しておく（vgl. GA39, 129f.）。これに関しては、手塚富雄『ヘルダーリン　上』中央公論社、一九八七年、一五三頁も参照。ハイデッガーは、エックハルトからニーチェに至るまでのドイツ哲学がヘラクレイトスの深刻な影響下にあると見ているが（vgl. GA39, 133f.）、そこには以下のような「アジア的なもの」との関係性も指摘されている。「だがそれ〔ヘラクレイトスという名〕は西洋的‐ゲルマン的な歴史的現存在の根源力の名であり、しかもそれはアジア的なものとこの根源力との最初の対決におけるものである」（ibid., 134）。

（24） Vgl. EH, 120 Anm.; GA54, 95, 129, 199.

（25） 「始源の取り返し」についての同様の発言は、同時期の一九三五年夏学期講義（形而上学入門）にも見られる。「存在はどうなっているのかという問いは、われわれの歴史的‐精神的な現存在の始源を取り‐返すことに他ならない、そうしてその始源を別の始源へと変様するのだ。〔……〕始源が取り返されるのは〔……〕始源がより根源的に再び始源されることによってである」（GA40, 42）。また『哲学への寄与論稿』（一九三六‐三八年）でも、「始源的な思索」について、「最初の始源との対決として、それをより根源的に取り返すなかで、別の始源をはじめること」（GA65, 58）という記述が見られる。

（26） ハイデッガーは「讃歌（Hymne）」の語源であるギリシア語「ヒュムネイン（ὑμνεῖν）」のうちにこうした「祝祭の準備」という意味を読み取っている（GA53, 1, 13）。ヘルダーリンへの取り組みがとりわけ後期「讃歌」に集中するのは、ハイデッガーがそこに祝祭を準備する「祝日」の留まる時空が開かれていると考えたからであろう。

（27） 詩人の「留まり」は、別の始源へと向かう途上に「立て続けに‐立ち続けること（立続性）」である。それは以前よりも根源的に捉え返された時間性に基づく、有限的で、神不在の困窮という意味では無的な詩作的現存在の「自立性」を意味する（本書第一章参照）。このことは次節で述べる『存在と時間』構想との関係からも明らかであると思われる。したがって、この「留まり」のうちに、形而上学的‐キリスト教神学的な「留まる今（nunc stans）」の永遠性を読み込もうとするいかなる解釈も、不当であると言わざるをえない。ハイデッガーのヘルダーリン解釈において、「キリストは単に〔ギリシアの〕神々のうちのひとつの神にすぎない」（GA52, 141; vgl. hierzu EH, 74; GA39, 100, 146, 210, 220）。なお秋富は、ヘルダーリン解釈を通じて見出された「留まりの時空」が、ハイデッガー中期以降の「存在歴史的な思索」を、ニヒリズムをも包括するような独特な「留まりの思索」として特徴づけている、と指摘する（秋富克哉「留まりの時空 —— 中期ハイデッガーの思索空間 ——」『宗教研究』第二九八号、日本宗教学会編、一九九三年、四二頁以下参照）。筆者の「留まり」についての解釈は、秋富の研究に負っている。

（28） ヘルダーリン研究の権威ソンディは、『ベーレンドルフ宛書簡』（一八〇一年一二月四日付）から「帰郷」性格を読み取るハイデッガーの解釈を、ミヒェルやバイスナーらの唱えた「西洋的転向説」と同列に扱い、異郷を切り捨てるものとして批判している（vgl. Peter Szondi, *Hölderlin-Studien. Mit einem Traktat über philologische Erkenntnis*, Insel Verlag, Frankfurt am Main, 1967, S. 91, 98 Anm. 51 ヘルダーリン研究会訳『ヘルダーリン研究　文献学的認識についての論考を付す』法政大学出版局、二〇〇九年、一〇五、一一三、一八六頁注51参照）。（同様の批判は「ペーター・ソンディに捧げる」という献辞が付されたアドルノのヘルダーリン論『パラタクシス――ヘルダーリン後期の叙事詩に寄せて』（一九六四年）のなかにも、ハイデッガーの「国粋主義的な言いくるめ」として見出すことができる。Vgl. Theodor W. Adorno, *Noten zur Literatur*, Gesammelte Schriften, Bd. 11, hrsg. von Rolf Tiedemann, Suhrkamp Verlag, Frankfurt am Main, 1990, 1. Aufl., 1973, S. 456f. 三光長治他訳『アドルノ文学ノート　二』みすず書房、二〇〇九年、一七二頁以下参照。）それに対してソンディは、同じ『ベーレンドルフ宛書簡』の「独自なものは異質なものと同様にしっかり学ばれなければならない」という発言を論拠に、ヘルダーリンが求めるのは、ギリシアとドイツとの「調和的対立」（Szondi, op. cit., S. 96 前掲書、一一一頁）のうちに立ち、「独自なものと異質なもの〔……〕という二つの要素を詩人の言語に統合すること」（ibid., S. 98 同上、一一三頁）であると主張する。だがすでにハイデッガー自身、バイスナーらの弁証法的に解された西洋的転向説を批判しており、「ヘルダーリンはたしかに変転はしたが、転向はしなかった。彼はつねにそこへと向かっていた独自なものだけを、変転のなかではじめて見出したのだ」（EH, 90 Anm.）と述べている。また既述のようにハイデッガーの解釈によれば「帰郷」とは、まさしくギリシアとドイツとの調和的対立・対立的統一性のうちに立ち、異質のものをより始源的に取り返すことに他ならず、ソンディの言うような何か異郷のものの「犠牲」や「絶縁」の上に成り立つものではない（vgl. GA52, 140; GA53, 68）。このように異郷ギリシアとの本質的な連関のうちでのみ「帰郷」が可能となる以上、ハイデッガーの解釈する「ドイツ」を、偏狭で排他的な近代民族主義・国粋主義の意味で理解することは一面的である。この点に関しては、関口浩「歴史への省察――ヘルダーリンとの対話――」『ハイデッガーと思索の将来――哲学への〈寄与〉――』ハイデッガー研究会編、理想社、二〇〇六年、九六頁注（7）、さらに一九三九年に書かれたハイデッガー自身の覚書き『ヘルダーリンにおける「祖国」。その政治的誤解について』も参照（vgl. GA75, 277）。加えて付言するなら、ヘルダーリン解釈においては「歴史学的な考察の通常の諸領域や諸時代区分は抜け落ちていく」（EH, 90 Anm.）と見るハイデッガーからすれば、ヘルダーリンの語るギリシア／ドイツ関係のうちに古代／近代という歴史学的区分を無批判に持ち込み、「ヘルダーリンは古典から離反することなく古典主義を超克する」（Szondi, op. cit., S. 97 前掲書、一一二頁）とその文学史的な意義づけを強調するソンディの振舞い自体、この詩人に対する不適切な態度であろう。『ベーレンドルフ宛書簡』をめぐるソンディとハイデッガーの解釈を詳細に対比させた研究としては以下を参照。丸山英幸「詩作と歴史に共通する本質原則とは何か？――ハイデガーによるヘルダーリンのベーレンドルフ宛書簡の解釈」『人間存在論』第一六号、『人間存在論』刊公会編、二〇一〇年、八九‐一〇一頁。

(29)『存在と時間』のなかにも「情態性の実存論的諸可能性の伝達、つまり実存の開示が、『詩作する』語りの独自な目標になりうる」（SZ, 162）という指摘がある。ヘルマンはこれを、「詩作的実存の卓抜さが現れるのはさしあたり、この実存が非詩作的実存よりも一層多く情態性の開示に曝されていることにおいてである」と解釈し、この時期の「基礎的存在論の問いの地平」においてすでに詩作が、語りと情態性の観点から重視されていたと主張する（vgl. Friedrich-Wilhelm von Herrmann, ***Subjekt und Dasein. Interpretation zu "Sein und Zeit"***, Vittorio Klostermann, Frankfurt am Main, 1985, 1. Aufl., 1974, S. 180ff.）。

（30）ハイデッガーは『形而上学とは何か』の「前書き」（一九四九年）のなかで、「存在と時間」という表題の「時間」を「存在の真理の先名」であると述べている（WM, 376f.）。「存在の真理」はまさしくヘルダーリンの歌う「自然」のうちに見出されていた。「存在と時間」という表題に関してはさらに、晩年の講演『哲学の終わりと思索の課題』（一九六六年）の末尾で、隠れなさとしての真理が「空け透き（Lichtung）」となる場合、「そのとき思索の課題の表題は『存在と時間』に代わって空け透きと現前性になるのか」（SD, 80）との言及がある。この「空け透き」が存在の現出する場であることは間違いないが、他方この「現前性」はもはや形而上学の実体（ウーシア）概念ではなく、むしろそうした実体概念成立の根底に働くAnwesung であり、存在が歴史的に「本質現成」する仕方である。それはまた「出現しつつ－滞留しながら支配すること」（GA40, 16）と訳される始源的なピュシスの根本動向を意味する。ハイデッガーは、アリストテレスが『形而上学』第四巻第一章で語った言葉「ピュシスはあるウーシアである」のうちに、「ピュシス」という語のもつ「西洋哲学の最初の始源にしてギリシア哲学の偉大な始源の余韻」（WM, 300f.）を聴き取っている。

（31）ハイデッガーは現存在を「抜き移す」この時間性のうちにまた、「かの真正な時間」としての「民族のかの時間」の時熟をも指摘している（GA39, 109）。これはヘルダーリンの詩作に即して語られる既述の「根源的な共同体」や「民族」の生起にとって本質的なものと言える。ここに本書第二章で論じた『存在と時間』における歴史的な民族問題の深化した形態を見出すことも、あるいはまた、当時のナチス政権に対するハイデッガーの微妙なかかわり方を探ることも可能かと思われるが、本書では十分に論じることができない。

（32）ここでMythologieという語が括弧付で用いられているのは、文脈から見て、「神話（ミュートス）」を物理学と化学という科学的な「教説（ロゴス）」から対置し区別するためである。

（33）一九四二／四三年冬学期講義での以下の発言も参照。「『神話的なもの』――ミュートス的なものとは、露現しつつ隠す語〔詩作の言葉〕のなかで匿われた露現と隠しであり、そうしたものとして存在それ自身の根本本質が始源的に現出している。〔神話の語る〕死、昼、夜、大地、天空という名称は露現と隠蔽の本質的な仕方を名指す」（GA54, 104）。

（34）ハイデッガーによれば最初の始源に由来する「ギリシア精神（Griechentum）」の歴史はプラトンにおいて絶頂を迎え、そこからはじまる西洋形而上学の歴史は存在忘却の完成へと向かう「転落」の歴史となる（vgl. GA53, 95; GA54, 79, 207）。プラトンの偉大さはこうした移行の境目に立ち、歴史的な転換を体現したことにある。神話や詩作に対するプラトンのアンビバレントな態度は、ロゴスとミュートスの対立というこの微妙な立場を反映したものである、とハイデッガーは見ている

(vgl. GA 36/37, 124f.; GA53, 139ff.)。

(35) ハイデッガーの死後公表された『シュピーゲル対談』に次のようなくだりがある。「私の思索はヘルダーリンの詩作とのある不可避的な連関のうちに立っています。〔……〕ヘルダーリンは私にとっては、将来へと指示し、神を待望する詩人であり、したがって単に文学史的な諸表象におけるヘルダーリン研究の対象にのみ留まっていてはならない詩人なのです」(GA16, 678)。なおペゲラーは、後期の「四方界」の思想がヘルダーリン読解を通じて獲得された神話的世界観であるとし、「ハイデッガー自身、彼の世界の思索をヘルダーリンの神話的な世界経験へと架橋する。〔……〕おそらく神話の最古の知恵が思索のうちに取り入れられるときなのだろう」(Otto Pöggeler, *Der Denkweg Martin Heideggers*, Günther Neske, Pfullingen, 1983, 1. Aufl., 1963, S. 248) と述べている。

(36) 一九三四／三五年冬学期講義では「神々の現前性と不在を直接耐え抜く」祭司としての詩人が、日常性に対して「神殿と聖像」の優位を確保し、そこから「人倫と慣習」が成立する一方で、神喪失の「困窮」のなかでは歴史的現存在は次第に「頽落」する運命にあると言われる (GA39, 98)。このような事態は神話問題で語られていた、「聖俗の根本区分」の問題と「脱神話化」に向かう歴史的なプロセスに重なるものである (本書第四章第三節参照)。

(37) 『哲学への寄与論稿』において「別の始源への移行」が「将来的な者」および「最後の神の立ち寄り」と連関づけられている (vgl. GA65, VI, VII)。これらの関係は、本章で問題にした神話と詩作との連関からアプローチできると思われるが、本書では立ち入らない。なおこの点に関してトラヴニーは、ハイデッガーの「最後の神」の思想と悲歌『パンと葡萄酒』や讃歌『平和の祝い』で歌われたヘルダーリンの「来る神」とが、形而上学とは「別の将来の可能性」を開くという点で、「歴史的」な連関をもつと見ている (vgl. Peter Trawny, "Der kommende und der letzte Gott bei Hölderlin und Heidegger", in: *"Voll Verdienst, doch dichterisch wohnet/Der Mensch auf dieser Erde". Heidegger und Hölderlin: Schriftenreihe der Martin-Heidegger-Gesellschaft Bd. 6*, hrsg. von Peter Trawny, Vittorio Klostermann, Frankfurt am Main, 2000, S. 214f., 219f.)。

(38) アレマンはハイデッガーの「転回」とヘルダーリンの「祖国的帰還」を重ねて解釈している (vgl. Beda Allemann, *Hölderlin und Heidegger*, Atlantis Verlag, Zürich/Freiburg im Breisgau, 1954, S. 88, 126f. 小磯仁訳『ヘルダリーンとハイデガー』国文社、一九八〇年、一六四、二三四頁以下参照)。『アンティゴネーのための注解』と『ベーレンドルフ宛書簡』をもとに、ギリシア(東洋)とドイツ(西洋)の歩む軌道が、「独自なものに帰り行くために、国民的なものから反国民的なものへ」という仕方で互いに「双曲線を描く」とする彼の指摘は、今日でもなお重視すべきである (ibid., S. 29f. 同上、六一頁以下)。ただし、ハイデッガーがヘルダーリンをドイツ観念論の「絶対形而上学の圏域へ連れ戻した」という解釈は首肯できない (ibid., S. 160ff. 同上、二九六頁以下)。

結びにかえて

(1) 本書の要約

本書はハイデッガーの思索を「始源の思索」と捉え、その始源への歩みをたどってきた。振り返るとそれは、おおよそ次のような道のりであったと言える。

ハイデッガーはまず、「形而上学の基礎づけ」を目指して、哲学・形而上学がそこから由来してきた始源への帰還を試みる。われわれは『存在と時間』の現存在分析をその端緒に定め、この「由来への帰還」の解明を第一編の課題とし、以下の四章に分けて跡づけた。

第一章では、「立続け（ständig）」という語に注意しつつ、自己の「自立性（Selbständigkeit）」の問題を根源的時間性に向けて遡源的に解釈した。それにより、近代的な自我主観の自立性（自我同一性）は、非本来的な自立性（非自立性）から、後者はさらに、時間性に直接根差した本来的な自立性からそれぞれ発源したものであることが明らかになった。このような「基礎づけ関係」の解明は、現存在分析がさしあたり近代的な自我論・自我主観の基礎づけを担う、ということを意味する。われわれはそれを形而上学の基礎づけの出発点に位置づけるとともに、そこで明らかになった本来的な自立性というあり方を、ハイデッガーの始源への歩みの立脚する立場と捉えることで、本書の考察がつねに立ち帰るべき基点と定めた。

第二章では、「他者不在」という従来のハイデッガー批判を受けて、共存在としての他者との本来的なかかわり方を現存在分析のなかに探った。まず先駆的決意性のうちに他者の本来的な可能性が開示される場面を確保し、次に友の声という卓抜な現象を率先的顧慮として解釈することで、われわれは、他者との本来的な相互性・相互解放が遺産の伝承を軸とした現存在の歴史性において成立可能であることを明らかにした。このような現存在分析における他者論あるいは共同体論的な側面は、「道徳性の基礎づけ」を担いうるとともに、存在論の歴史的解体作業としての「本来的な歴史学」の構造的基盤にあたるものである。われわれはそこに、形而上学の基礎づけを目指す『存在と時間』構想全体の主導的な形式的方法論を見出した。

第三章では、存在の問い方および答え方を解明するため、『存在と時間』公刊直後の諸論考を手がかりに、現存在の超越の問題に取り組んだ。不安とともに現存在の超越が切り開く超越論的な時間地平のなかで、世界はそのものとして現れ、またそれと直列に接続する仕方で存在一般のイデーも開示される。この時間地平こそ存在が問われ、また答えられうる存在の意味の所在であり、あらゆる伝統的な存在論の展開する舞台でもある。それゆえ、ハイデッガーの超越への取り組みは「存在論の基礎づけ」を目指す基礎的存在論の核心をなすものと言えるが、われわれはそこから一歩踏み込んで、超越を通じて獲得される存在の問いの答え方の「具体的な仕上げ」を存在のテンポラールなアプリオリ性をめぐる問題連関のうちに探った。考察の結果明らかになったのは、このテンポラールなアプリオリという概念が「存在と時間」を仲介する〈と〉を担っており、またそれを手引きにすることで、存在論の歴史的解体が遂行されうるということである。しかしながら、ハイデッガーの始源への歩みはそこで止むことなく、むしろこうしたテンポラリテートの問題系を跳躍台にして、さらに伝統的な「神の問い（神学）」をも含むメタ存在論へと転回する。ここから、形而上学の基礎づけという構想の全体像が明らかになる。その第一段階を基礎的存在論（存在論の基礎づけと仕上げ）、第二段階をメタ存在論（全体としての存在者を主題）と捉えることによって、われわれは、現存在の超越を通じて存在論の転回・転換が遂行され、またそのなかでこの両者の統一的連関づけが可能となるとともに、そこから存在論と神学からなる形而上学全体の始源が開示される、というこの構想の形式的な設計図を明らかにした。

第四章では、メタ存在論の具体的な内実を追究するために、超越問題と同じく『存在と時間』公刊直後の時期に取り組まれた神話の問題に注目した。考察の結果、神話をめぐる諸問題は「存在論の基礎づけ（基礎的存在論）」の徹底化であるとともに、それがまた「神学の基礎づけ」をも担うものとして、メタ存在論（形而上学的存在者論）に属することが明らかになった。ここから帰結するのは、神話への取り組みを通じて、存在論－神学体制を本質とする形而上学が、長らく不明瞭なままであったその統一的な全体的連関性において明確化し、それでもって歴史的に基礎づけられうる、ということである。われわれはこの事態を、形而上学の基礎づけを目指す『存在と時間』構想の最終局面に位置づけた。それにより、この最終局面において、超越論的地平の光のうちで神話的世界の闇を暴露しようとするメタ存在論の主題が浮かび上がる。このことは、哲学・形而上学の本質をなす神話との根本対決を、ハイデッガーが自身の存在の思索においてより始源的に引き受けることを意味する。われわれはこの始源的な対決がどのようになされるのかを、「想起」という言葉の二義性を手がかりにして探り、最終的には、この対決はテンポラールなアプリオリという原理的な始源と神話という歴史的な始源との間の主導権をめぐる争いとして明らかになった。そしてここに、形而上学の基礎づけをあくまで超越論的に遂行しようとする、『存在と時間』構想の到達点が確認された。

神話問題が『存在と時間』構想の最終局面に位置づけられたことで、ひとまず「由来への帰還」としての始源への歩みの道程は明らかにされた。しかしこの局面において、ハイデッガーの存在の思索にはとりわけ方法論的な面で決定的な変様が生じ、それに対応して、始源への歩みも次第に一層ラディカルな次元へと踏み込むことになる。そのことを構成的に強調づけるため、本書の以下の三つの章は第二編「将来への移行」と題し、先の四つの章から区別した。

第五章では、ハイデッガーの思索における神話との対決の結末、つまりメタ存在論の行方を追跡するため、まずは『存在と時間』構想を反映していると思われる洞窟の比喩解釈に注目した。一九三〇年を挟んでなされた二つの比喩解釈の違いを検討した結果、洞窟の比喩の最後の場面で語られる哲学者の死・無力化という事態が、一九三〇年以後に重視されはじめること、およびこの事態が「隠れることを好む」自然（ピュシス）に対する哲学の敗北・挫折を意味することが明らかになった。ハイデッガーはこうした自然の超力的なあり方を、日常性を越えて支配する「偉大な」存在の根本動向とみなし、それ自体は決して暴露・超克されえない根本経験であるとして、哲学・形而上学の始源に位置づける。さらにわれわれは道具的な自然環境や科学的な自然対象には汲み尽くされない自然のより根源的なあり方を同時期の思索のうちに探るなかでハイデッガーが、暴力や魅力さらには神的な性格をも備えた自然の独特なあり方に注目していたことを明らかにし、それを神話問題を引き継ぐメタ存在論の深化形態として理解した。それにより、この局面における始源への歩みが、神話との対決に先立つさらなる古層領域へと突入していることが明らかになった。

第六章では、引き続き存在としての自然の隠れの根本経験に注目し、それを真理論の観点から追跡した。考察の結果、隠れの現れという卓抜な現象が「存在の真理」として浮上し、それが従来のハイデッガーの真理概念（隠れなさ）よりも一層根源的に捉え返されていることが明らかになった。こうした真理概念の捉え返しに対応して、ハイデッガーの存在の思索も超越論的な方法に定位した現存在の形而上学から放下の思索へと変様していく。この変様は一言で言えば、存在の隠れに対するかかわり方の変様である。ハイデッガーの思索態度は、隠れに対する暴露的な対決姿勢から、隠れを隠れとして〈あるがままにする〉従順な聴従的態度へと変様を遂げる。われわれはそこに哲学的思索の自由の完遂を見るとともに、転回の徹底化として「企投から被投性へ」という現存在の重心移動を指摘した。そのなかで、『存在と時間』構想を当初特徴づけていた超越論的‐形而上学的な問題設定は「挫折」を余儀なくされ、その延長線上に、「形而上学の超克」という思索のモチーフが浮上してくる。だがそれは始源への歩みを掲げる形而上学の基礎づけという試みからすれば、失敗や問題の撤回などを意味せず、むしろ存在の根本動向に対してより適切なかかわり方が可能となったこと、その意味で、この構想自体の幸運な成功でもある。それゆえこうした態度変様は、何か人間の主体的な転向や立場の変更ではなく、あくまで存在の真理それ自身からの現象学的な要求であると捉えられた。そのような存在からの呼声に聴き従うためには、ハイデッガーの始源の思索は、これまでの形而上学的な諸概念とは異なる、存在の真理を語るのに適した言葉が必要になってくる。われわれはここに、ハイデッガーがヘルダーリンの詩作へと接近する必然的な理由を突きとめた。

第七章では、一連のヘルダーリン読解を検討することにより、始源への歩みが突入した新たな思索領域の究明に取り組んだ。考察の結果明らかになったのは、ヘルダーリンの詩作のうちに、現存在の本来化、根源的共同体の生起、相互解放、存在の建立、聖なる自然、そして存在の真理といったこれまで見てきた諸問題の全てが読み込まれ、さらなる展開を遂げている、ということである。ハイデッガーの解釈によれば、ヘルダーリンの詩作は最終的に、既在するギリシアのピュシス・天の火を故郷の自然・冷涼な大地との結合を通じて、葡萄酒の暗き光のうちに宿すことで、将来のドイツのために保持しつつ、新しい神々の到来を準備する、という歴史的にして始源的な役割を背負うことになる。ハイデッガーはこうした偉大な詩作を将来のドイツの神話として受け取ることで、自らの始源への歩みをこの将来の別の始源に向けて方向づけようとする。われわれはそれを、哲学・形而上学の始源を目指した『存在と時間』構想が、別の始源への移行に向けてより始源的に設定し直されていることと理解した。この始源的な再設定を通じて、以前に神話や神的な自然として捉えられた哲学・形而上学の始源は、別の始源に対する最初の始源として捉え返されている。ハイデッガーの存在の思索はこうして、由来と将来という二重の始源への歩みを引き受けることになるのである。

(2) 研究の展望

本書の冒頭で触れたことを思い返すなら、こうした二重の始源への歩みは、存在の問いの「そこからそこへ」の動向、すなわち「由来と将来の重なり」へと定位した、始源の思索の具体的なあり方と言える。本書の考察を通じて今や、ハイデッガーの存在の思索を主導する始源は、ギリシアとドイツという二つの民族の歴史的な連関性のうちに求められている。言うまでもなく、この場合のギリシアとはドイツを含む「西洋的なもの」の始源にあたる。したがって、たとえヘルダーリン読解を通じて「別の歴史の別の始源」が問題になるとしても、ハイデッガーの思索する始源とは、あくまで第一義的には西洋の歴史にかかわる極めて西洋的なものに限定されるはずである。別の始源の経験は、「西洋的で歴史的な民族のうちでのみ生起しうる」(GA54, 114)のである。にも拘らず、他方でヘルダーリンはギリシアを「西洋とは別のもの」つまり「東洋的なもの(das Morgenländische)」とみなしており、ハイデッガーもそのことを十分承知している[1](vgl. EH, 157; GA52, 79)。そうすると、西洋にとっての最初の始源には東洋的なものがかかわっていることになる。このことはヘルダーリンの詩作に随伴するハイデッガーの始源への歩みのうちにはまた、西洋と東洋との始源的な連関性が、何らかの仕方でどこかにいわば「溶け込んでいる」ということを示唆する。だとすると、彼の始源の思索は単に西洋的なものにのみかかわる閉鎖的なものではなく、東洋的なもの、ひいては世界全体に開かれた国際的なものとなりうる可能性が出てくるだろう。もちろん、ハイデッガーの思索全体を見渡してみてもこの問題が前面に出てくることはなく、いわゆる「ハイデッガーと東洋思想」の関係は諸々の証言などから断片的にしか伺い知ることはできない。[2] しかしなぜヘルダーリンはギリシアのうちに東洋を見たのか。そしてそのことをハイデッガーはどう考え、いやそもそも彼の思索において「東洋」とは何であったのか。これらの問題は、本書の考察を終えたわれわれにとって決して瑣末なこととして無視できないものである。なぜなら他ならぬ本書の考察自体が、始源をめぐるハイデッガーとの対話の最初の糸口を、彼自身の手によるまさしく「日本人との対話」のうちに見出していたからである。そして、「異なる民族間の対話・対決が各々に独自なものをもたらす」というヘルダーリンおよびハイデッガーの主張[3]――これは「歴史の法則」(GA53, 179f.) とも呼ばれる――をわれわれ自身のこととして真剣に受けとめるなら、ヘルダーリンが異郷ギリシアでの経験を通じて故郷ドイツの独自なものを学ぼうとしたように、東洋の島国に住むわれわれ日本人も西洋の思想を学ぶことで、かえって独自なもの・国民的なものに気づき、場合によってはそれを新たな仕方で経験するように目覚めさせられることもあるかもしれない。本書を終えるにあたって、これまで論じてきたハイデッガーの思索を手がかりに、この問題を少し考えてみたい。

　辻村は、ヘルダーリンの詩想の重要なモチーフでありまた詩作のタイトルともなった「パンと葡萄酒」が日本の「茶と飯」に対応すると指摘し、「茶と飯について私は、ハイデッガーがなしたような現象学的記述をなし得ると思う」とその思索の可能性について言及している。[4]「飯」は今ひとつピンとこないが、「茶」の思想といえばわれわれはすぐに岡倉天心の『茶の本 (The Book of Tea)』(一九〇六年) を連想するだろう。仮に辻村の言うことを真に受けて「茶」の現象学的記述を試みようとするなら、岡倉の仕事は、それが西洋圏に向けて書かれていることも相俟って、現象学的な研究に適した豊かな材料を提供しうるものと期待される。ところで、この『茶の本』と他ならぬ『存在と時間』との関係について、せいぜい噂話の域を出ないが、これまでもときおり指摘されてきた。たとえば今道は、『存在と時間』の中心概念のひとつである「世界内存在(In-der-Welt-sein)」が、『茶の本』で論じられた「Being-in-the-world」に由来すると述べている。[5] その当否はさておき、この「being in the world」という語は岡倉が英語で『茶の本』を出版した際、荘子の「処世」の訳語として用いたものであり、[6] 二年後の一九〇八年にシュタインドルフによるドイツ語訳が出版された際、この言葉はまさしく「In-der-Welt-Sein」と訳し出されている。[7] 茶道の思想的背景として「道教と禅道」[8]を見る岡倉は、この書のなかで、道家の「処世術」、つまり「世界内存在」の仕方に関して、「浮世芝居」に模しつつ、以下のように語っている。

われわれはおのれの役を立派に勤めるためには、その芝居全体を知っていなければならぬ。個人を考えるために全体を考えることを忘れてはならない。このことを老子は「虚」という得意の隠喩で説明している。物の真に肝要なところはただ虚にのみ存すると彼は主張した。たとえば室の本質は、屋根と壁に囲まれた空虚なところに見いだすことができるのであって、屋根や壁そのものにはない。水さしの役に立つところは水を注ぎ込むことのできる空所にあって、その製品や形状のいかんには存しない。虚はすべてのものを含有するから万能である。虚においてのみ運動が可能となる。おのれを虚にして他を自由に入らすことのできる人は、すべての立場を自由に行動することができるようになるであろう。[9]

このように岡倉は、老子を引き合いに出しつつ、「物」の本質を「虚」のうちに見出し、それを個人の「処世」

にも重ねることで、個人の自由な行動について説いている。[10] われわれはここで、「室」や「水さし」の空所・空虚が、「すべてのものを含有する」と言われていることに注意を向けたい。というのもそこにこそ、突飛に思われるかもしれないが、ハイデッガーの始源の思索との共通性・共鳴性を指摘することができるからである。

後期の『ブレーメン連続講演』（一九四九年）のなかで、いわゆる「四方界」をはじめて定式化したときハイデッガーは、「瓶（Krug）」という「物」のうちに「大地と天空、死すべきものたちと神的なものたち」というおよそ世界の全ての集約された姿を見出し、その本質がまさしく瓶の「虚（Leere）」にあると述べた（vgl. GA79, 7f.）。瓶の虚は葡萄酒を注ぎ入れ保管するための空所であり、この葡萄酒のなかにはまた「天空と大地の結婚（Hochzeit）」（ibid., 11）、つまり太陽の灼熱と森の冷涼さの聖なる結合が宿っている。葡萄酒は死すべき人間たちののどを潤し、彼らの時間を晴れやかにすると同時に、不死なる神々に捧げられるべき献酒・神酒ともなる（ibid.）。このように瓶に注がれた葡萄酒の「一注ぎの贈与のうちに、四者の一重が滞在する」（ibid., 12）のなら、瓶の虚はこれら四者が出会い、相互に交わるためのいわば聖なる開け・空地とも言えるだろう。そして、本書第七章第三節で見たように、葡萄酒のこの「暗き光」にはまた、隠れの現れとしての存在の真理が宿っていた。ハイデッガーはこの講演と密接な関係にある『フライブルク連続講演』（一九五七年）のなかで、この点について再び触れており、やはり讃歌『回想』の例の一節「だが手渡せ／暗き光に満ちて／香ばしい杯を、誰か、私に」を引いた後で、以下のように、まさしく老子に言及する。

> 暗さの清澄を守ること、つまり、不相応な明るさが混じることを遠ざけておき、暗さにのみふさわしい明るさを見出すこと、このことは困難なままである。老子はこう述べている（第二八章、V・v・シュトラウス訳）。「自分の明るさを知る者は、自分の暗さに覆われている」[11]。これに対してわれわれは、誰もが知っているがそれをなしうる

者はほとんどいない、次の真理を付言する。すなわち、死すべきものの思索が日中に星を見るためには、井戸の深みの暗がりへと降りていかなければならない、と。(ibid., 93)

日中の星は太陽の過剰な明るさのために隠れてしまい、それを見るためにはかのタレスのごとく深い井戸のなかに降りるか、あるいは夜の暗がりを待たねばならない。星の輝きは「暗さにのみふさわしい明るさ」なのである。星のこの「暗さの明るさ」は、暗さを除去したり隠れを爆破することなく、むしろ暗さにおける隠れを隠れとしてそのままに露わにする。四方界が宿るとされる葡萄酒の暗き光も、同じく「暗さの明るさ」を湛え、そのなかで存在の真理を守っていた。ハイデッガーはそこに、老子の「タオ(道)」を重ねる。だがここにこそ、ハイデッガー自身の始源の思索、すなわち、ギリシアの既在性をドイツの将来に向けて取り返すという二重の始源の歩みの本領もある。したがって、老子へのこの言及は、存在の思索のうちに西洋と東洋との始源的な連関を垣間見たわれわれの先ほどの洞察を、「裏づける」とまでは言えないが、何ほどか「予感」させてくれるものではあろう。

しかしながら、このときの西洋と東洋との「連関」とはいかなるものか。それはまた、ハイデッガーの始源の思索のなかでどのように位置づけられるのか。『フライブルク連続講演』と同年になされた講演『言葉の本質』(一九五七/五八年)における「道」に関する以下の発言は、この問題に直結している。

「道」という語は、おそらく思慮する人間に向けて話しかけられた言葉のひとつの原語(Urwort)であろう。老子の詩作的な思索における主導語はタオと言い、「本来的」には道を意味する。だが、道は二つの場所を結合する道程として単に表面的にのみ表象されるから、人は早急にも、タオが言っているものをわれわれの「道」という語で名指すことは不適切であると思った。それゆえタオは、理性、精神、理由、意味、ロゴスによって翻訳されている。

／けれどもタオは全てを動かす（be-wëgende）道であるかもしれない、つまりわれわれがそこからはじめて、理性、精神、意味、ロゴスが本来的に、すなわちそれらの独自な本質の方から何を言おうとしているのかを、思索することができるかのものであるかもしれない。（GA12, 187）

ハイデッガーはここで、老子の「タオ」が「道（Weg）」ではなく「理性、精神、理由、意味、ロゴス」などと翻訳されてきた経緯について触れたうえで、むしろ逆に、「タオ」つまり「道」に基づいてこそ、これら西洋哲学・形而上学の根本語が示す事柄をその本来的な「本質」から「思索することができる」、という実に驚くべき可能性について触れている。「理性、精神、理由、意味」が結局のところギリシアの「ロゴス（λόγος）」概念からの派生態であるとすれば、この発言は、西洋と東洋との本質的な連関性を、思索の可能性として、「ロゴス」と「タオ」という古い言葉の交わる場所から捉え返したものと言える。この発言のなされた文脈からすると、おそらくハイデッガーは存在の真理をめぐる自身の始源の思索のうちに、このいわば「交わりの思索」の可能性を引き受けるつもりなのだろう（vgl. ibid.）。問題はこの場合の思索の「可能性」が何を意味するかである。

ここで消極的に指摘しておくべきことは、いくら西洋と東洋の連関性・交わりが問われているとはいえ、この問題の究明は、いわゆる比較思想・比較哲学、あるいは比較文化学の手法をもってしては十分に遂行しえない、ということである。なぜなら、「比較」の観点からなされるのはいつも、特定の分析方法に基づいた両者の表面的な類似性や親近性ないしは影響関係の説明にすぎず、そのような実証的な立場からは、ハイデッガーが重視した存在の真理に基づく始源的な対話の歴史的な領域を切り開くことがそもそもできないからである。ではどうすればよいか。実はハイデッガー自身この同じ時期に、まさしく地球的規模の「惑星的思索（das planetarische Denken)」を自らの思索の「道程（Strecke Weges)」のうちに見出す場面で、以下のような問題にぶつかっていた。

> ここ〔惑星的思索〕ではまた、次のことを思索するためには、いかなる予言者的な天稟も身振りも必要ではない。すなわちそのこととは、惑星的な建設にとって諸々の出会いが差し迫っており、しかもこれらの出会いには、出会う者たちが今日いずれの側においても成熟していない、ということである。このことはヨーロッパの言葉にとっても東アジアの言葉にとっても等しい仕方であてはまり、とりわけそれらの言葉の可能的な対話にとってあてはまる。両者の言葉いずれもが、それ自身の方からは、この領域を開き、建立することができないでいるのである。（WM, 424）

本書で考察してきたことに従えば、「言葉の可能的な対話」がなされうるこの「領域」を開き、「建立」するためには、まずもって、異郷のものと出会い学ぶことを通して、故郷の独自なものを、なかんずく自らの言葉を自得する必要がある。この長く困難な課題に取り組むことではじめて、そこで「出会う者たち」は相互にそれ自身として成熟し、それからようやく、ハイデッガーの言うところの「惑星的な建設」に向けた準備も開始されるものと思われる。始源の思索が指示する「将来」の対話の可能性は、何も西洋的なものに限定されたものではなく、このように、洋の東西を問わず成熟した諸国民同士の参与に対して開かれたものなのである。そこでは惑星的な建設に向けた深い対話と相互理解・相互傾聴、および共同の尽力が求められるだろう。おそらくそこに、ロゴスとタオの連関性を通じて示唆された始源的な交わりの可能性、つまり形而上学とは根本的に別様な始源の思索の可能性も存しているにちがいない。暗き光に満ちた星の瞬きがそうした思索の歩みを予感的に照らしている。

注

（1）ヘルダーリンの詩想は讃歌『回想』のなかで、ギリシアへの回想を越えて、さらに東方のインドに向かう（『回想』V. 49ff.）。ハイデッガーによれば、このインドの地「インダス河の岸辺」でドイツの詩人は自分の「両親」を見出すことにより、ようやく祖国ドイツへの「帰郷」の途につく（vgl. EH, 83, 139ff.; GA52, 184ff.）。加藤はその理由を「そこ〔インダス河〕は、インド・ゲルマン語族の歴史のひろがりを想起させるからである」と印欧祖語論の観点から指摘したうえで、「インドに思いをはせることは、ゲルマンを思うことであり、インド・ゲルマンの歴史を思うことであり、そのなかでのゲルマンの使命を思うことになる」と解釈している（加藤泰義「ハイデガーのヘルダーリン解釈」『理想』第五七四号、理想社、一九八一年、七五頁以下参照）。また讃歌『イスター』第三節冒頭で語られたドナウ河の「逆流」についてもハイデッガーはこう解釈している。「〔ドナウ河の〕旅はインダスから、つまり東の方から出発し、ギリシアを越えてこちらドナウ上流へと西に向かっている。だがドナウ河は現実にはまさしく逆方向に流れている。したがってもし河自身が東洋から西洋への行旅であるなら、そうありうるべきなら、イスター〔ドナウ河〕は自身の現実の流れに逆らって進んでいるにちがいない」（GA53, 42）。

（2）ハイデッガーが東洋思想、とりわけ老荘思想に強い関心を寄せていたことに関しては以下を参照。Otto Pöggeler, *Neue Wege mit Heidegger*, Karl Alber, Freiburg/München, 1992, S. 387–425. またハイデッガーと東洋思想との比較思想的研究としては以下の二つを参照。Reinhard May, *Ex Oriente Lux. Heideggers Werk unter ostasiatischem Einfluss*, Franz Steiner Verlag, Stuttgart, 1989; グレアム・パークス、高田珠樹訳「ハイデッガーと老荘思想　無の用、その可能性をめぐって」『理想』第六〇八号、理想社、一九八四年、二二一－四四頁。

（3）ハイデッガーは「民族間の真の相互理解」を主題とした、『討議への道』（一九三七年）と題する一文のなかで、ギリシアと「アジア的なもの」との歴史的な連関についてこう述べている。「それ〔ギリシア精神〕にとって最も異他的で最も困難なもの――アジア的なもの――との最も鋭く、それでいて独創的な対決によってのみ、この民族はその歴史的な一回性と偉大さの短い軌道へと成長した」（GA13, 21）。この主張がヘルダーリン読解に基づいてなされていることは明白である。

（4）辻村公一『ハイデッガーの思索』創文社、一九九一年、三五〇頁参照。旧仮名使いは現代的に改めた。

（5）今道友信『地の光を求めて――一哲学者の歩んだ道』中央公論新社、二〇〇〇年、一一五頁以下参照。

（6）Cf. Kakuzo Okakura, *The Book of Tea*, Kodansha International, Tokyo/New York/London, 2005, p. 58.

（7）Vgl. Kakuzo Okakura, übersetzt v. Maruguerite und Ulrich Steindorff, *Das Buch vom Tee*, Insel Verlag, Leibzig, 1925, S. 31.

（8）岡倉覚三、村岡博訳『茶の本』岩波文庫、一九六一年、四〇頁以下参照。

（9）同上、四五－四六頁。

（10）岡倉は道家のこうした「虚」の思想がまた、「精進静慮することによって、自性了下の極致に達することができる」と主張する禅にも通じるものと見ている（同上、四七頁参照）。

（11）原文と書き下し文は以下の通り。「知其白、守其黑、爲天下式」「其の白を知りて、其の黒を守れば、天下の式と為る」（蜂屋邦夫訳注『老子』岩波文庫、二〇〇八年、一三二頁）。

あとがき

本書は、二〇一一年一二月に京都大学大学院に提出し、二〇一二年七月に学位を授与された課程博士論文『始源の思索――ハイデッガーと形而上学の問題』をもとにしている。当初の計画では、なるべく博士論文をそのままに若干の修正のみで留め昨年内に出版する予定であったが、点検作業を重ねるに連れて不十分な点が目につくようになり、結局、時間が許す限り全面的に見直すこととなった。とくに、本書第三章第四節の「アプリオリ」をめぐる議論は、この作業中に着想を得たものであり、独立した論文として発表するよりも本書に組み入れたい思いが強く、急遽書き下ろし、半ば突貫工事のような形で当該箇所に挿入した。これにより、相当な時間と労力を費やしてしまい、一時は今年度中の出版も危ぶまれたが、何とか上梓にこぎつけることができた。しかしながら、ヘルダーリン読解と同時期の一連のニーチェ講義および『哲学への寄与論稿』、さらには前プラトン期の自然哲学者（パルメニデス、ヘラクレイトス、アナクシマンドロス）への取り組みなど、ハイデッガーにおける始源の思索と形而上学の問題を考えるうえで重要な文献に関して主題的に取り組むことができなかった。これはひとえに筆者の力量不足と時間的な制約から十分な準備ができなかったためである。またナチズムをめぐる問題、および総かり立て体制（Gestell）や技術論などの後期思想に関しても、本書の構成上どうしても割愛せざるをえなかった。以上の残された諸問題は、筆者に課せられた当面の研究課題である。本書執筆にあたって筆者は、取り組むべきテーマをそのつど取捨選択し、一貫した筋道を必然性のもとに提示するべく心を砕いてきたのだが、はたして本書のような括り方・まとめ方でよかったのかどうか、いささか心許ない。読者諸賢からのご意見・ご批判を賜りたく思う。

以下は各章執筆の原型となった雑誌論文、学会発表原稿の初出である（論文として雑誌掲載された発表原稿は除く）。もちろん、これらは本書に収めるにあたって大幅に加筆・修正され、ときには分割・統合されてもいるが、筆者の研究の足跡として記しておく。

第一章　自己――自立性について
『存在と時間』における自己の問題――「自立性」について」『宗教哲学研究』第二四号、京都宗教哲学会（現 宗教哲学会）編、二〇〇七年、八五‐九八頁。

第二章　他者――友情について
「ハイデッガー行為論の本来的射程」『文明と哲学』第三号、日独文化研究所編、二〇一〇年、一六一‐一六九頁。„Heideggers Daseinsanalyse als Freundschaftslehre: Um die Miteinander-Befreiung"『宗教学研究室紀要』第九号、京都大学文学研究科宗教学専修編、二〇一二年、三‐二〇頁。

第三章　超越――存在の問いの答え方
「ハイデッガーの超越論――「存在の問い」の答え方」『実存思想論集』第二七号、二〇一二年、一五三‐一七一頁。

第四章　神話――始源への歩み（1）
「ハイデッガーの神話問題」『宗教研究』第三六〇号、日本宗教学会編、二〇〇九年、二五‐四五頁。

第五章　自然――メタ存在論の行方

「ハイデッガーと洞窟の比喩――哲学者の死について」日本宗教学会第六八回学術大会、於京都大学、二〇〇九年九月。「自然災害の現象学――ハイデッガーを手がかりに」『現象学年報』第二九号、日本現象学会編、二〇一三年、一二五―一三二頁。

第六章　真理――隠れの現れ

「ハイデッガーの真理の本質――隠れの経験をめぐって」『親鸞と人間――光華会宗教研究論集 第四巻――』光華会編、二〇一三年、三〇一―三二二頁。

第七章　詩作――始源への歩み（2）

「神話・自然・詩作――ハイデッガーの始源の道とヘルダーリン」『宗教哲学研究』第三〇号、宗教哲学会編、二〇一三年、九五―一〇九頁。

筆者の勉学は、三重大学に提出した卒業論文『自覚とポイエーシス――西田〈己事究明〉の道とそのシステム論的解釈――』のタイトルが示すように、西田哲学から出発している。京都大学大学院に進学するにあたって、当面の研究対象を西洋の哲学者に絞るよう勧められた際、筆者は迷わずハイデッガーを選んだ。それはハイデッガーこそが西田と並んで京都学派の思想的・精神的支柱である、とちょうど一〇年前の筆者が確信していたからである。当時はほとんど直感的に、西田の「絶対無の場所」とハイデッガーの「存在の問い」が近代的な自己意識や主観―客観関係を突破しうるという一点において、相互に切り結んでおり、京都学派の思想もこの点をめぐって、まさしく「近代の超克＝ポストモダン」を各々の哲学課題に引き受けている、と考えていた。この確信は現在においても変わらない。それどころか、伝統的諸概念を解きほぐしつつ古代哲学の始源にまで遡源しようとする西田とハイデッガーの歩みが、それぞれ独自な仕方で西洋形而上学とは別様の思索の可能性に突入しているとするなら、京都学派の引き受けた課題の広大さ、その底知れぬ深遠さには眩暈すら覚えてしまう。本書を書いた今、筆者は将来の進むべき方向性を、西洋と東洋のはざまで、あるいは哲学と宗教の折衝地帯において、格闘し尽力し続けた彼らと同じ視線の先に見定めている。とはいっても、どのようにこの「惑星的」（あるいは「世界史的」）とも言うべき課題に対し取り組めばよいのか、現時点では途方に暮れている。本書の最後にいささか勇み足気味に記した「研究の展望」は、こうした困惑のなかで見出したかすかな可能性であり、筆者の今後の目指すべき遥かな方角を指し示すものとなるだろう。

最後になったが、筆者が大学院に進学してから博士論文を審査していただくまでの足かけ九年にわたり、筆者の研究活動を指導してくださった氣多雅子先生、杉村靖彦先生に心からの感謝を申し上げたい。お二人を前にして行う宗教学第二演習での研究発表は、研究とはいかなるものかを身をもって学ぶ貴重な機会であり、研究に対する筆者の態度・心構えはすべてそこで養われた。また藤田正勝先生にも、博士論文の審査の労をとっていただき感謝申し上げる。そして、谷口静浩先生、小野真先生、秋富克哉先生にはハイデッガーの演習で大変お世話になった。さらにハイデガー・フォーラム、関西ハイデガー研究会を始めとする学会・研究会、院生主催の読書会、宗教学研究室および光華会の各位に対してもこの場を借りて感謝を申し上げる。皆様からの学恩がなければ、本書は完成することはなかったであろう。三重大学時代の恩師である伊藤敏子先生にも衷心より謝意を表したい。本書が先生からいただいたご恩に対し、少しでも報いるところがあれば何よりの幸せである。

本書の編集で労をいただいた京都大学学術出版会の國方栄二氏にもお礼を申し上げる。入稿が予定より一月あまり遅れてしまったこともあり、出版までの間ぎりぎりの調整をしていただいた。加えて、土佐中学以来の畏友佐々木太郎君とは大学院時代を通じて誠に愉快な時間を過ごした。君と共有した日々が筆者の研究生活を豊かにし、ときに勇気を与えてくれた。ここに記すとともに、心からの感謝を申し上げる。

筆者が今日まで研究生活を続けることができたのは、ひとえに両親の理解と援助のお陰である。本書は両親に捧げたい。

二〇一四年一月一〇日

田鍋良臣

本書の刊行にあたっては、京都大学の平成二十五年度総長裁量経費　若手研究者に係る出版助成事業による助成を受けた。このような機会を与えてくださった関係者の方々に、深く感謝申し上げる。

索　引

◆人名索引

◆事項索引

［ア行］

挨拶　269f., 272, 281
あるがままにすること（das Seinlassen）　228, 232ff., 237, 250, 252
アプリオリ（アプリオリ性）　105f., 118ff., 125ff., 131ff., 173f., 179, 216f.
アポロン　273, 291f.
移行（der Übergang）　156, 158, 166ff., 184, 218, 275, 279ff., 287f., 295f.
遺産（der Erbe）　65ff., 77f.
生れ（die Geburt）　64, 66, 77
慮り（die Sorge）　27, 33f., 36f., 39, 51f., 62, 73, 88ff., 97f., 129, 141, 208, 218, 243

［カ行］

解体（die Destruktion）　19, 68, 71, 103, 108, 114, 119ff., 126, 135, 171, 173, 243
匿い（die Bergung）　152ff., 161ff., 173, 175, 179f., 184, 193, 195, 201, 211ff.
匿われ（die Geborgenheit）　152, 155, 166ff., 178f., 192, 213
隠れ（die Verborgenheit，レーテー）　178ff., 193ff., 209ff., 217ff., 242ff., 254, 257, 273ff., 285f., 292, 305f.
隠れなさ（die Unverborgenheit，アレーテイア）　152, 166, 179, 198ff., 229ff., 233, 235, 239, 242, 247, 254, 283
構え（die Haltung）　154ff., 168, 172, 175, 178, 184, 186, 198, 211
神（神学、神の問い、神的な働き）　1, 13, 47, 121, 124ff., 134, 137ff., 169ff., 172f., 177, 181f., 200f., 221f., 254, 260, 290, 293
神々　260, 262f., 263, 265ff., 273, 277, 279f., 283, 285, 288, 290, 296
基礎的存在論（存在論の基礎づけ）　81f., 108, 110, 117f., 122ff., 129f., 137f., 141, 143, 171ff., 179ff., 183, 185, 215ff., 240
共同体　67f., 70f., 76ff., 186, 263, 289, 295
ギリシア　266f., 269ff., 278f., 281, 283, 287ff., 291, 293ff., 301ff., 306f., 309
キリスト教（キリスト）　1, 13, 73, 134, 182, 254, 293
暗き光（das dunkle Licht）　274f., 278f., 305f., 308
形而上学の基礎づけ　6ff., 43, 71, 121ff., 134f., 137ff., 169ff., 173, 179ff., 185, 193, 214, 219, 249, 297ff.
形而上学の超克　249, 253, 257, 259f., 287, 301
結束（die Verbundenheit）　52f., 66f., 74, 289
原-時間（die Ur-zeit，太古）　162, 168, 180, 186, 213, 219, 243, 285
行為（die Handlung）　23ff., 45, 59ff., 66, 75, 79, 156, 196
根本-構え（die Grund-haltung）　162ff., 175, 178, 211, 213, 219, 221

［サ行］

再帰的なかかわり　160, 165, 168ff., 173ff., 179f., 191, 193, 213, 287
最広義の眼前性　145, 158, 183, 206
最初の始源　279, 282, 287, 293, 295
支え（der Halt）　30, 150ff., 159, 161, 167, 184, 247
死（哲学者の死）　19f., 54ff., 64, 66, 73, 75ff., 129, 195ff., 199, 202, 214f., 248, 255
自我主観　18ff., 26f., 35, 40, 42, 45f., 70, 108, 133, 143f.
時間（時間性）　35ff., 46f., 85f., 90f., 98, 101, 104, 108f., 111ff., 119ff., 130ff., 144f., 150, 176, 179, 185f., 216f., 225, 243, 283f., 295
始源（der Anfang，アルケー）　3ff., 64, 72, 119, 126f., 135, 162ff., 168f., 173, 176f.,

[タ行]

[ハ行]

[マ行]

［ヤ行］

［ラ行］

文献一覧

【本書で言及したハイデッガーの文献】

＊翻訳があるものについては適宜参考にさせていただいた。訳者各位に感謝申し上げる。ここに掲載した翻訳は，本書で直接言及・引用したものである。

SZ *Sein und Zeit*, Niemeyer, Tübingen, 2001, 1. Aufl., 1927 辻村公一, ハルトムート・ブフナー訳『有と時　ハイデッガー全集　第 2 巻』創文社，1997 年

KP *Kant und das Problem der Metaphysik*, Vittorio Klostermann, Frankfurt am Main, 1998, 1. Aufl., 1929

Vj "Vorrede zur japanischen Übersetzung von » Was ist Metaphysik? « (1930)", in: *Japan und Heidegger. Gedenkschrift der Stadt Messkirch zum 100. Geburtstag Martin Heideggers*, hrsg. Hartmut Buchner, Jan Thorbecke Verlag, Sigmaringen, 1989, S. 209–210 湯浅誠之助訳『形而上学とは何ぞや』理想社出版部，1930 年

EH *Erläuterungen zu Höldelins Dichtung*, Vittorio Klostermann, Frankfurt am Main, 1996, 1. Aufl., 1944

HW *Holzwege*, Vittorio Klostermann, Frankfurt am Main, 2003, 1. Aufl., 1950

Gel *Gelassenheit*, Günter Neske, Stuttgart, 2000, 1. Aufl., 1959

NI *Nietzsche*, Bd. 1, Günter Neske, Stuttgart, 1998, 1. Aufl., 1961

NII *Nietzsche*, Bd. 2, Günter Neske, Stuttgart, 1998, 1. Aufl., 1961

WM *Wegmarken*, Vittorio Klostermann, Frankfurt am Main, 1996, 1. Aufl., 1964

SD *Zur Sache des Denkens*, Niemeyer, Tübingen, 2000, 1. Aufl., 1969

Schel *Schellings Abhandlung über das Wesen der menschlichen Freiheit (1809)*, Niemeyer, Tübingen, 1995, 1. Aufl., 1971

ZS *Zollikoner Seminare. Protokolle-Gespräche-Briefe*, hrsg. von Medard Boss, Vittorio Klostermann, Frankfurt am Main, 1987

GA *Gesamtausgabe*, Vittorio Klostermann, Frankfurt am Main, 1975ff.

GA11 *Identität und Differenz*, 2006

GA12 *Unterwegs zur Sprache*, 1985

GA13 *Aus der Erfahrung des Denkens*, 1983

GA15 *Seminare*, 2005, 1. Aufl. 1986

GA16 *Reden und andere Zeugnisse eines Lebensweges 1910–1976*, 2000

GA18 *Grundbegriffe der aristotelischen Philosophie*, 2002
GA19 *Platon: Sophistes*, 1992
GA20 *Prolegomena zur Geschichte des Zeitbegriffs*, 1994, 1. Aufl., 1979
GA21 *Logik. Die Frage nach der Wahrheit*, 1976
GA22 *Die Grundbegriffe der antiken Philosophie*, 2004, 1Aufl., 1993
GA23 *Geschichte der Philosophie von Thomas bis Kant,* 2006
GA24 *Die Grundprobleme der Phänomenologie*, 1997, 1. Aufl., 1975 溝口兢一，松本長彦，杉野祥一，セヴェリン・ミュラー他訳『現象学の根本諸問題　ハイデッガー全集　第 24 巻』創文社，2001 年
GA25 *Phänomenologische Interpretation von Kants Kritik der reinen Vernunft*, 1995, 1. Aufl., 1977
GA26 *Metaphysische Anfangsgründe der Logik. Im Ausgang von Leibniz*, 1990, 1. Aufl., 1978
GA27 *Einleitung in die Philosophie*, 2001, 1. Aufl., 1996
GA28 *Der deutsche Idealismus (Fichte, Schelling, Hegel) und die philosophische Problemlage der Gegenwart*, 1997
GA29/30 *Die Grundbegriffe der Metaphysik. Welt-Endlichkeit-Einsamkeit*, 2004, 1. Aufl., 1983
GA31 *Vom Wesen der menschlichen Freiheit. Einleitung in die Philosophie*, 1994, 1. Aufl., 1982
GA32 *Hegels Phänomenologie des Geistes*, 1997, 1. Aufl., 1980
GA33 *Aristoteles, Metaphysik Θ 1–3. Von Wesen und Wirklichkeit der Kraft*, 2006, 1. Aufl., 1981
GA34 *Vom Wesen der Wahrheit. Zu Platons Höhlengleichnis und Theätet*, 1997, 1. Aufl., 1988 細川亮一，イーリス・ブフハイム訳『真理の本質について　ハイデッガー全集　第 34 巻』創文社，1995 年
GA36/37 *Sein und Wahrheit. 1. Die Grundfrage der Philosophie 2. Vom Wesen der Wahrheit*, 2001
GA38 *Logik als die Frage nach dem Wesen der Sprache*, 1998
GA39 *Hölderlins Hymnen »Germanien« und »Der Rhein«*, 1999, 1. Aufl., 1980
GA40 *Einführung in die Metaphsyk*, 1983
GA45 *Grundfragen der Philosophie. Ausgewählte »Probleme« der »Logik«*, 1992, 1. Aufl., 1984
GA52 *Hölderlins Hymne »Andenken«*, 1992, 1. Aufl., 1982
GA53 *Hölderlins Hymne »Der Ister«*, 1993, 1. Aufl., 1984
GA54 *Parmenides*, 1992, 1. Aufl., 1982
GA56/57 *Zur Bestimmung der Philosophie*, 1987

GA61 *Phänomenologische Interpretationen zu Aristoteles. Einführung in die phänomenologische Forschung*, 1994, 1. Aufl., 1985
GA62 *Phänomenologische Interpretationen ausgewählter Abhandlungen des Aristoteles zur Ontologie und Logik*, 2005
GA65 *Beiträge zur Philosophie (Vom Ereignis)*, 1994, 1. Aufl., 1989
GA75 *Zu Hölderlin/Griechenlandreisen*, 2000
GA79 *Bremer und Freiburger Vorträge*, 1994

【本書で言及したハイデッガー以外の文献】

Adorno, Theodor W., *Negative Dialektik/Jargon der Eigentlichkeit*, Suhrkamp, Frankfurt am Main, 2003, 1. Aufl., 1966 木田元，渡辺祐邦訳『否定弁証法』作品社，1996 年

———, *Noten zur Literatur*, Gesammelte Schriften, Bd. 11, hrsg. von Rolf Tiedemann, Suhrkamp Verlag, Frankfurt am Main, 1990, 1. Aufl., 1973 三光長治他訳『アドルノ文学ノート 2』みすず書房，2009 年

Allemann, Beda, *Hölderlin und Heidegger*, Atlantis Verlag, Zürich/Freiburg im Breisgau, 1954 小磯仁訳『ヘルダリーンとハイデガー』国文社，1980 年

Bernasconi, Robert, *Heidegger in Question: The Art of Existing*, Humanities Press, New Jersey, 1993

Binswanger, Ludwig, *Grundformen und Erkenntnis menschlichen Daseins*, Ernst Reinhardt Verlag, München/Basel, 1964, 1. Aufl., 1942

Blust, Franz-Karl, *Selbstheit und Zeitlichkeit. Heideggers neuer Denkansatz zur Seinsbestimmung des Ich*, Königshausen und Neumann, Würzburg, 1987

Brasser, Martin, *Wahrheit und Verborgenheit*, Königshausen & Neiman, Würzbug, 1997

Cassirer, Ernst, *Philosophie der symbolischen Formen. Zweiter Teil: Das mythische Denken*, Bruno Cassirer Verlag, Berlin, 1925 木田元訳『シンボル形式の哲学 (2)』岩波文庫，1991 年

Courtine, Jean-François, *Heidegger et la phénoménologie*, VRIN, Paris, 1990

Derrida, Jacques, *Politiques de l'amitié*, Galilée, Paris, 1994 鵜飼哲，大西雄一郎，松葉祥一訳『友愛のポリティックス 2』みすず書房，2003 年

Dostal, Robert, "Friendship and Politics. Heidegger's Failing", in: *Political Theory*, Vol. 20, No. 3, 1992, pp. 399–423

Dreyfus, Hubert, "Heidegger's History of the Being of Equipment", in: *Heidegger. A Critical Reader*, ed. by H. Dreyfus & H. Hall, Brackwell Publishers, Cambridge, 1992, pp. 173–185

Enders, Markus, *Transzendenz und Welt. Das daseinshermeneutische Transzendenz- und Welt- Verständnis Martin Heideggers auf dem Hintergrund der neuzeitlichen*

Geschichte des Transzendenz- Begriff, Peter Lang GmbH, Frankfurt am Main, 1999
Fell, Joseph P., "The Familiar and the Strange. On the Limits of Praxis in the Early Heidegger", in: *Heidegger. A Critical Reader*, ed. by H. Dreyfus & H. Hall, Brackwell Publishers, Cambridge, 1992, pp. 63–80
Franzen, Winfried, *Von der Existenzialontologie zur Geschichte des Seins*, Hain Verlag, Bodenheim, 1997, 1. Aufl., 1975
Fynsk, Christopher, *Heidegger. Thought and Historicity*, Cornell University Press, Ithaca and London, 1986
Gadamer, Hans-Georg, "Zur Einführung", in: *Der Ursprung des Kunstwerks*, Philipp Reclam jun. GmbH & Co., Stuttgart, 1960, S. 93–114
Gethmann, Carl Friedrich, "Vom Bewußtsein zum Handeln. Pragmatische Tendenzen in Deutschen Philosophie der ersten Jahrzehnte des 20. Jahrhunderts", in: *Pragmatik. Handbuch pragmatischen Denkens Bd. 2. Der Aufstieg pragmatischen Denkens im 19. und 20. Jahrhundert*, hrsg. von Herbert Stachowiak, Felix Meiner Verlag, Hamburg, 1987, S. 202–232
———, *Dasein: Erkennen und Handeln. Heidegger im phänomenologischen Kontext*, Walter de Gruyter & Co., Berlin, 1993
Görland, Ingtraud, *Transzendenz und Selbst. Eine Phase in Heideggers Denken*, Vittorio Klostermann, Frankfurt am Main, 1981
Greisch, Jean, "Das große Spiel des Lebens und das Übermächtige", in: *"Herkunft aber bleibt stets Zukunft." Martin Heidegger und die Gottesfrage: Schriftenreihe der Martin-Heidegger-Gesellschaft Bd. 5*, hrsg. von Paola-Ludovica Coriando, Vittorio Klostermann, Frankfurt am Main, 1998, S. 45–65
Hölderlin, Friedrich, *Sämtliche Werke: Grosse Stuttgarter Ausgabe*, Bd. 6, hrsg. v. Friedrich Beissner, Cotta/Kohlhammer, Stuttgart, 1954 手塚富雄他訳『ヘルダーリン全集 4』河出書房新社，1969 年
Kant, Immanuel, *Kritik der reinen Vernunft*, Felix Meiner, Hamburg, 1998 篠田英雄訳『純粋理性批判（上）』岩波文庫，1961 年
Kettering, Emil, *NÄHE. Das Denken Martin Heideggers*, Günter Neske, Pfullingen, 1987 川原栄峰監訳『近さ　ハイデッガーの思惟』理想社，1989 年
Kisiel, Theodore, *The Genesis of Heidegger's Being and Time*, University of California Press, Berkeley/Los Angeles, 1993
Lee, Yu-Taek, *Vom Seinkönnen zum Seinlassen. Heideggers Denken der Freiheit*, Ergon Verlag, Wurzburg, 2000
Löwith, Karl, *Das Individuum in der Rolle des Mitmenschen*, Wissenschaftliche Buchgesellschaft, Darmstadt, 1969, 1. Aufl., 1928 熊野純彦訳『共同存在の現象学』岩波文庫，2008 年

———, *Heidegger. Denker in dürftiger Zeit*, S. Fischer Verlag, Frankfurt am Main, 1953 杉田泰一，岡崎英輔訳『ハイデッガー　乏しき時代の思索者』未来社，1968 年

Marx, Werner, *Heidegger und die Tradition. Eine problemgeschichtliche Einführung in die Grundbestimmungen des Seins*, W. Kohlhammer, Stuttgart, 1961

May, Reinhard, *Ex Oriente Lux. Heideggers Werk unter ostasiatischem Einfluss*, Franz Steiner Verlag, Stuttgart, 1989

Opilik, Klaus, *Transzendenz und Vereinzelung. Zur Fragwürdigkeit des transzendentalen Ansatzes im Umkreis von Heideggers „Sein und Zeit“*, Karl Alber GmbH, Freiburg/München, 1993

Otto, Walter F., *Dionysos. Mythos und Kultus*, Vittorio Klostermann, Frankfurt am Main, 1960, 1. Aufl., 1933 西澤龍生訳『ディオニューソス ── 神話と祭儀』論創社，1997 年

Pöggeler, Otto, *Der Denkweg Martin Heideggers*, Günther Neske, Pfullingen, 1983, 1. Aufl., 1963

———, *Philosophie und Politik bei Heidegger*, Karl Alber, Freiburg/München, 1974, 1. Aufl., 1972

———, *Neue Wege mit Heidegger*, Karl Alber, Freiburg/München, 1992

Riedel, Manfred, *Hören auf die Sprache. Die akroamatische Dimension der Hermeneutik*, Suhrkamp, Frankfurt am Main, 1990

Rosales, Alberto, *Transzendenz und Differenz. Ein Beitrag zum Problem der ontologischen Differenz beim frühen Heidegger*, Martinus Nijhoff, Den Haag, 1970

Szondi, Peter, *Hölderlin-Studien. Mit einem Traktat über philologische Erkenntnis*, Insel Verlag, Frankfurt am Main, 1967 ヘルダーリン研究会訳『ヘルダーリン研究　文献学的認識についての論考を付す』法政大学出版局，2009 年

Theunissen, Michael, *Der Andere. Studien zur Sozialontologie der Gegenwart*, Walter de Grunter & Co, Berlin, 1965

Trawny, Peter, “Der kommende und der letzte Gott bei Hölderlin und Heidegger”, in: *“Voll Verdiest, doch dichterisch wohnet/Der Mensch auf dieser Erde.” Heidegger und Hölderlin: Schriftenreihe der Martin-Heidegger-Gesellschaft Bd. 6*, hrsg. von Peter Trawny, Vittorio Klostermann, Frankfurt am Main, 2000, S. 199–220

Tugendhat, Ernst, *Der Wahrheitsbegriff bei Husserl und Heidegger*, Walter de Gruyter & Co., Berlin, 1970

Villwock, Jörg, “Welt und Mythos. Das Mythische in Heideggers Seinsdenken,” in: *Zeitschrift für philosophische Forschung*, Bd. 38, 1984, S. 608–629

von Herrmann, Friedrich-Wilhelm, *Subjekt und Dasein. Interpretation zu “Sein und Zeit”*, Vittorio Klostermann, Frankfurt am Main, 1985, 1. Aufl., 1974

————, *Heideggers „Grundprobleme der Phänomenologie“. Zur „Zweiten Hälfte“ von „Sein und Zeit“*, Vittorio Klostermann, Frankfurt am Main, 1991
————, *Hermeneutische Phänomenologie des Daseins*, Bd. 3, Vittorio Klostermann, Frankfurt am Main, 2008
von Krockow, Christian Graf, *Die Entscheidung. Eine Untersuchung über Ernst Jünger, Carl Schmitt, Martin Heidegger*, Ferdinand Enke Verlag, Stuttgart, 1958 高田珠樹訳『決断 ― ユンガー，シュミット，ハイデガー ―』柏書房，1999 年
秋富克哉「留まりの時空 ―― 中期ハイデッガーの思索空間 ―」『宗教研究』第 298 号，日本宗教学会編，1993 年，27–49 頁
————「深淵としての構想力」『ハイデッガー『存在と時間』の現在』秋富克哉，関口浩，的場哲朗編，南窓社，2007 年，132–152 頁
安部浩『現 / そのロゴスとエートス ―― ハイデガーへの応答 ―― 』晃洋書房，2002 年
阿部将伸「ハイデガーの「メタ存在論」再考 ―― 現存在の被投性とモナドの有限性」『人間存在論』第 17 号，『人間存在論』刊行会編，2011 年，47–58 頁
池田喬『ハイデガー　存在と行為 ――『存在と時間』の解釈と展開』創文社，2011 年
伊藤徹「作品のなかの自然―ハイデッガー『芸術作品の根源』における世界と大地」『現象学年報』第 10 号，日本現象学会編，1995 年，49–68 頁
今道友信『地の光を求めて ―― 一哲学者の歩んだ道』中央公論新社，2000 年
上田閑照『実存と虚存 ―― 二重世界内存在』ちくま学芸文庫，1999 年
魚谷雅広「自律性と二義性 ―― ハイデガーとレーヴィットにおける「他者」―― 」『倫理学年報』第 57 集，日本倫理学会編，2008，217–229 頁
岡倉覚三，村岡博訳『茶の本』岩波文庫，1961 年
————*The Book of Tea*, Kodansha International, Tokyo/New York/London, 2005 übersetzt v. Maruguerite und Ulrich Steindorff, *Das Buch vom Tee*, Insel Verlag, Leibzig, 1925
小野真「ハイデッガーの形而上学構想（メタ・オントロギー）とシェーラー」『宗教研究』第 322 号，日本宗教学会編，1999 年，1–25 頁
カッシーラー，エルンスト他　岩尾龍太郎・岩尾真知子訳『ダヴォス討論（カッシーラー対ハイデガー）　カッシーラー夫人の回想』みすず書房，2001 年
加藤恵介「和辻哲郎のハイデガー解釈」『神戸山手大学紀要』第 7 号，2005 年，1–11 頁
————「実存と民族 ――「ハイデガーとナチズム」問題に寄せて ―― 」『倫理学年報』第 55 集，日本倫理学会編，2006 年，97–111 頁
加藤泰義「ハイデガーのヘルダーリン解釈」『理想』第 574 号，理想社，1981 年，71–80 頁
鎌田学「ハイデガーの思考と神話的世界（一）『哲学入門』を手がかりに」『工学院大

学　共通課程　研究論叢』第36–2号，1998年，65–75頁
賀茂百樹『日本語源　下巻』名著普及会，1987年
川原栄峰『ハイデッガーの思惟』理想社，1981年
木田元『ハイデガー『存在と時間』の構築』岩波現代文庫，2000年
九鬼周造『九鬼周造全集　第三巻』岩波書店，1981年
氣多雅子『宗教経験の哲学 —— 浄土教世界の解明』創文社，1992年
———「自然災害と自然の社会化」『宗教研究』第373号，日本宗教学会編，2012年，85–107頁
壽卓三「相互存在の存立地平 —— ハイデガー存在論の倫理学的意義」『倫理学年報』第33集，日本倫理学会編，1984年，101–117頁
酒井潔「モナド論・基礎有論・メタ有論 ——〈もうひとつのライプニッツ-ハイデッガー問題〉」『思想』第930号，岩波書店，2001年，47–71頁
佐々木一義『ハイデッガーの人間存在の哲学』松柏社，1973年
茂牧人『ハイデガーと神学』知泉書館，2011年
鈴木雄大「ハイデガーにおけるカテゴリー的直観とアプリオリ ——『論理学研究』から道具分析へ —— 」『哲学・科学史論叢』第13号，東京大学教養学部哲学・科学史部会編，2011年，55–75頁
関口浩「神をめぐって」『ハイデッガーを学ぶ人のために』大橋良介編，世界思想社，1994年，290–309頁
———「歴史への省察 —— ヘルダーリンとの対話 —— 」『ハイデッガーと思索の将来 —— 哲学への〈寄与〉—— 』ハイデッガー研究会編，理想社，2006年，81–97頁
総田純次「眼前性の概念の多義性と問題系の変遷 —— 事実性の解釈学から基礎的存在論へ —— 」『ハイデガー『存在と時間』を学ぶ人のために』宮原勇編，世界思想社，2012年，130–155頁
瀧将之「無から存在へ —— ハイデガーにおけるSeinとSeynの違いについての試論 —— 」『現象学年報』第28号，日本現象学会編，2012年，139–147頁
田鍋良臣『『有と時』に於ける「可能性」について』京都大学大学院文学研究科修士論文，2006年
———「ハイデッガーにおける「転回」についての予備的な輪郭付けの試み ——『道標』におさめられた三つの論考を手がかりにして」『宗教学研究室紀要』第4号，京都大学文学研究科宗教学専修編，2007年，30–49頁
———「ハイデッガー行為論の本来的射程」『文明と哲学』第3号，日独文化研究所編，2010年，161–169頁
———「自然災害の現象学 —— ハイデッガーを手がかりに —— 」『現象学年報』第29号，日本現象学会編，2013年，125–132頁
辻村公一『ハイデッガーの思索』創文社，1991年

手塚富雄『ドイツ文学案内』岩波文庫，1963 年
────『ヘルダーリン　上』中央公論社，1987 年
轟孝夫『存在と共同 ── ハイデガー哲学の構築と展開』法政大学出版局，2007 年
長縄順「ハイデガーにおけるアプリオリの時間的意味について」『アルケー：関西哲学会年報』第 16 号，関西哲学会編，2008 年，115–126 頁
仲原孝『ハイデガーの根本洞察 ──「時間と存在」の挫折と超克』昭和堂，2008 年
西谷啓治『宗教とは何か　宗教論集Ⅰ』創文社，1961 年
パークス，グレアム　高田珠樹訳「ハイデッガーと老荘思想　無の用，その可能性をめぐって」『理想』第 608 号，理想社，1984 年，22–44 頁
東専一郎『同時性の問題』創文社，1975 年
プラトン　藤沢令夫訳『国家（下）』岩波文庫，1979 年
細川亮一『ハイデガー哲学の射程』創文社，2000 年
松本直樹「真理と自己 ── 前期ハイデガーにおける対人関係論 ── 」『倫理学年報』第 54 集，日本倫理学会編，2005 年，99–113 頁
丸山英幸「詩作と歴史に共通する本質原則とは何か？ ── ハイデガーによるヘルダーリンのベーレンドルフ宛書簡の解釈」『人間存在論』第 16 号，『人間存在論』刊行会編，2010 年，89–101 頁
マレット，ロバート　竹中信常訳『宗教と呪術 ── 比較宗教学入門 ── 』誠信書房，1964 年
三木清『三木清全集　第八巻　構想力の論理』岩波書店，1967 年
三宅剛一『ハイデッガーの哲学』弘文堂，1980 年
森一郎『死と誕生 ── ハイデガー・九鬼周造・アーレント』東京大学出版会，2008 年
────『死を超えるもの ── 3・11 以後の哲学の可能性』東京大学出版会，2013 年
湯浅誠之助「教場に於けるハイデッガー」『理想』第 16 号，理想社，1930 年，274–295 頁 übersetzt v. Elmar Weinmayr, “Heidegger im Vorlesungssaal”, in: *Japan und Heidegger. Gedenkschrift der Stadt Messkirch zum 100. Geburtstag Martin Heideggers*, hrsg. von Hertmut Buchner, Jan Thorbecke Verlag, Sigmaringen, 1989, S. 109–126
吉本浩和『ハイデガーと現代の思惟の根本問題』晃洋書房，2001 年
老子　蜂屋邦夫訳注『老子』岩波文庫，2008 年
和辻哲郎『風土』岩波文庫，1979 年
────『和辻哲郎全集　別巻 1』岩波書店，1992 年
────『人間の学としての倫理学』岩波文庫，2007 年

著者紹介

田鍋良臣（たなべ　よしおみ）

1980 年高知県生まれ．2009 年京都大学大学院文学研究科博士課程研究指導認定退学．
2012 年京都大学博士（文学）．専攻，宗教哲学．
現在，京都大学非常勤講師．

研究論文
「ハイデッガーの神話問題」（『宗教研究』第 369 号），「ハイデッガーの超越論 ――「存在の問い」の答え方」（『実存思想論集』第 27 号），「Heideggers Daseinsanalyse als Freundschaftslehre: Um die Miteinander-Befreiung」（『宗教学研究室紀要』第 9 号），「神話・自然・詩作 ―― ハイデッガーの始源の道とヘルダーリン」（『宗教哲学研究』第 30 号），「自然災害の現象学 ―― ハイデッガーを手がかりに」（『現象学年報』第 29 号），他．

（プリミエ・コレクション　49）
始源の思索
――ハイデッガーと形而上学の問題

2014 年 3 月 31 日　初版第一刷発行

著　者　　田　鍋　良　臣
発行人　　檜　山　爲　次　郎
発行所　京都大学学術出版会
京都市左京区吉田近衛町 69 番地
京都大学吉田南構内（〒606-8315）
電　話（075）761-6182
FAX（075）761-6190
URL http://www.kyoto-up.or.jp
振　替　01000-8-64677

ISBN978-4-87698-400-8
Printed in Japan
印刷・製本　㈱クイックス
定価はカバーに表示してあります